Family
Education

Children's
Development
and
Education

0-6岁儿童家庭教育指导丛书
江苏省高校哲学社会科学研究重大项目

0–1岁

儿童的发展与教育

刘晶波　李　旭　编著

南京师范大学出版社
NANJING NORMAL UNIVERSITY PRESS

图书在版编目(CIP)数据

0—1岁儿童的发展与教育 / 刘晶波,李旭编著. —南京:南京师范大学出版社, 2020.8

(0—6岁儿童家庭教育指导丛书)

ISBN 978-7-5651-4648-0

Ⅰ. ①0… Ⅱ. ①刘… ②李… Ⅲ. ①婴幼儿—家庭教育 Ⅳ. ①G781

中国版本图书馆CIP数据核字(2020)第108321号

书　　名　0—1岁儿童的发展与教育
丛 书 名　0—6岁儿童家庭教育指导丛书
编　　著　刘晶波　李　旭
策划编辑　彭艳梅
责任编辑　彭艳梅
出版发行　南京师范大学出版社
地　　址　江苏省南京市玄武区后宰门西村9号(邮编:210016)
电　　话　(025)83598919(总编办)　83598412(营销部)　83598312(邮购部)
网　　址　http://press.njnu.edu.cn
电子信箱　nspzbb@njnu.edu.cn
照　　排　南京凯建文化发展有限公司
印　　刷　兴化印刷有限责任公司
开　　本　787毫米×960毫米　1/16
印　　张　19.5
字　　数　252千
版　　次　2020年8月第1版　2020年8月第1次印刷
书　　号　ISBN 978-7-5651-4648-0
定　　价　58.00元

出 版 人　张志刚

丛书使用说明

一、 丛书简介

“0—6 岁儿童家庭教育指导丛书”分为 6 个分册，每个年龄段一册。各分册由“儿童家庭教育指导纲要”“儿童敏感期与教育指导”“儿童发展进程与教育指导”三大部分构成。三大部分从宏观教育理念到中观教育规划，再到微观教育行为，层层深入，逐步细化，最终落脚在孩子的具体发展上。家长在教育自己孩子的时候，首先必须明确：“我应该以怎样的观念来教育孩子？”“我应该让孩子在哪些方面获得发展？”“这些能力在什么时候、用什么方法来培养最适应、最高效？”而“0—6 岁儿童家庭教育指导丛书”的编排正是顺应这种逻辑系统展开的。

“儿童家庭教育指导纲要”以条文的方式，将科学且先进的家庭教育观念进行了分门别类、简明扼要的归纳和提炼，以便于家长建立系统完整的家庭教育观念体系。这些条文性的家庭教育常规语言通俗、义理明确，每个家长都能理解，但践行先进理念、改变落后观念、革除教育恶习对每个家长来说却并非易事。因此，本部分的重要意图在于帮助家长树立正确的家庭教育观念，同时本部分也是家庭教育警示录，忠告家长务必杜绝消极教育行为的发生，确保孩子始终能在积极、健康、温馨、和睦的家庭教育氛围中幸福快乐地成长。尽管本部分篇幅不大，但它是整套丛书的灵魂，对家庭教育目标、教育内容、教育行为和教育方法具有全局性的统领作用。

“儿童敏感期与教育指导”以列表的方式，将0—6岁儿童各关键能力的发展敏感期按其大体出现的先后顺序一一呈列出来，对各敏感期内儿童的典型行为表现进行了描述，以便于家长据此观察和判断，同时还为家长提供了相应的教育指导策略以备参考。本部分篇幅也不大，主要是让家长对0—6岁阶段需要关注儿童哪些关键能力的发展以及各种关键能力发展的最佳时期有一个整体把握，以便于家长在大脑中形成一个总体的教育蓝图。因此，第二部分内容可以说是第一部分的宏观教育理念和第三部分的微观教育行为之间的中观教育规划。

“儿童发展进程与教育指导”是本书的实践部分，是家庭教育理念和家庭教育规划的具体化，也是本书的核心。本部分从营养与保健、护理与自理、感知觉发展、粗大动作、精细动作、视觉空间、绘画与书写、音乐与律动、学习能力、语言发展、数理逻辑、认知与探索、情绪情感、社会认知与交往、自我意识与个性等15个领域，系统展现了0—6岁儿童的身心发展进程，并精心设计了与各发展阶段及各发展领域相适宜的教育活动。本部分内容体系庞大，为了便于家长清晰地把握各个领域、各种能力的发展进程、教育目标和教育要求，本丛书采用了信息编码技术，既便于家长在庞大的课程体系中查找所需信息，也使各领域及其关键能力自成体系。比如，在“发展进程与目标评价”中，“精细动作”领域中的“叠高（积木）”这一能力的发展进程和目标如下。

（10个月）叠高：10个月开始玩积木，能尝试把一块积木搭在另一块

上。(→11 个月)

(11 个月)叠高:用拇指、食指与中指,自积木的上端拿起,将 2 块积木叠高。(10 个月 · 12 个月)

(12 个月)叠高:能叠高两三块积木。(11 个月 · 13 个月)

(13 个月)叠高:能叠高两三块积木。(12 个月 · 14 个月)

(14 个月)叠高:能叠高两三块积木。(13 个月 · 15 个月)

(15 个月)叠高:能叠高 3 块积木。(14 个月 · 16 个月)

(16 个月)叠高:能叠高 4 块积木。(15 个月 · 17 个月)

…………

(38—40 个月)叠高:能叠高 10 块以上积木。(→36 个月)

从上述范例可见,孩子从 10 个月开始就能尝试玩“叠高(积木)”的游戏了。但孩子的能力也仅是“尝试把一块积木搭在另一块上”。编码符号“(→11 个月)”则指示孩子到 11 个月大时的“叠高”能力:能用拇指、食指与中指,自积木的上端拿起,将 2 块积木叠高。从 11 个月的能力表述来看,孩子叠高积木时动作的精细程度有所提高,12 个月时已经“能叠高两三块积木”了。11 个月时“叠高”能力表述条目后面的编码符号“(10 个月 · 12 个月)”则可以帮助家长往前查找孩子“10 个月大时的叠高能力是怎样的”,往后查找孩子“12 个月大时的叠高能力是怎样的”。如果孩子在 12 个月时还达不到“叠高两三块积木”的水平,家长也不必强迫孩子去玩“叠高 3 块积木”的游戏,可以降低一点难度,先玩“叠高 2 块积木”的游戏,即执行 11 个月大时的能力标准。从 12、13、14 个月的“叠高”能力发展进展来看,似乎没有什么明显提高,这说明孩子的能力发展并非是匀速上升的,都有一个由笨拙到熟练再到提升的过程。没有 12、13、14、15 这几个月的反复练习,就不可能有 16 个月时的“能叠高 4 块积木”的飞跃。上述范例还表示,孩子“叠高(积木)”能力的训练期开始于“10 个月”,经过系统化训练,大约成熟于“38—40 个月”。因此,信息编码在一定程度上也规范着家长的教育节奏,既不要超前,也不要错失良机,要使教育的节奏符合孩子发展的节奏。在适当的时候,用适当的方式进行适当的教育,这才是真正的教育智慧。

“实现途径与教育指导”中的若干教育活动设计,与“发展进程与目标评价”中的相关发展目标具有一定程度上的一一对应关系,以使每一项能力的发展都有相应的教育途径来实现,而且这些途径都是游戏化、生活化、情景化的,符合孩子的认知和情趣特点。比如,“(10 个月)叠高:10 个月开始玩积木,能尝试把一块积木搭在另一块上。(→11 个月)”,其相应实现途径是“叠高积木(2 层):给孩子提供大一点的积木,示范如何在一块积木上叠放另一块积木,然后引导孩子模仿”。需要说明的是,在促进孩子某一能力的发展方面,文中提供的案例是相当有限的,而且不一定适合于每一个家庭或每一个孩子,因此,“举一反三”是家长必须具备的“教育智慧”,不必生搬硬套现成的案例。

第三部分各章节开头的“本章导读”,可以让家长从整体上了解本月龄段的孩子在相关发展领域的教育重点。“综合益智玩具”部分向家长简要介绍了各年龄段孩子适用的益智玩具,这些玩具的最大特点就是“多种功能,多种玩法”,对孩子在“精细动作、视觉空间、数理逻辑、认知与探索、学习能力、互动交往、愉悦心情、个性涵养”等方面的发展具有综合价值。为了帮助家长根据孩子的年龄特点和发展水平适当地使用这些玩具,该部分以“近期教育功能”“后期教育功能”“玩具的运用”等方式,指导家长如何正确利用这些玩具所蕴含的教育功能。

最后需要说明的是,“0—6 岁儿童家庭教育指导丛书”可谓是一部教科书式的亲子教育课程,而成为课程者,必须具备“全面的科学性”和“合理的规划性”。“0—6 岁儿童家庭教育指导丛书”是在广泛参阅相关研究成果和成功实践的基础上编撰而成的,具有较高程度的科学性、规范性和可操作性。然而,人们对儿童发展规律的认识目前尚不够全面、不够系统。为了确保“0—6岁儿童家庭教育指导丛书”的全面性和系统性,本丛书在某些方面对部分研究空白进行了必要的承上启下式的合理规划。这必然在一定程度上削弱了本丛书的“科学性”,但也给本丛书的进一步“科学化”留下了深入探索的空间。本丛书将密切关注教育科学的新近研究成果,并将之不断充实到丛书中来,使本丛书随着教育科学研究的进展而逐步完善,使家庭早期教育更加儿童化、科学化、规范化、系统化、情趣化和游戏化。这是一个永无止境的探索过程!

二、 本册简介

《0—1岁儿童的发展与教育》,遵循0—12个月儿童的身心发展规律,尤其是该阶段儿童关键能力发展敏感期的先后顺序,0—12个月儿童的教育要点主要包括:

前依恋期(0—2个月)——与养护者形成初步依恋关系;

信任感建立敏感期(0—1.5岁)——初步建立对养护者的基本信任感;

感知动作思维发展敏感期(0—2岁)——发展依靠感知动作来适应外部世界的能力;

感官发展敏感期(0—6岁)——发展通过多种感觉(视觉、听觉、触觉、味觉、嗅觉)感知对象的能力;

大肌肉发展敏感期(0—3岁)——依次发展孩子如下大肌肉动作:0—3个月,俯卧、抬头、挥臂、转头、蹬踢、侧翻、双臂支撑、扶坐,4—6个月,翻身、靠坐、扶站、扶持弹跳,7—9个月,独坐、匍匐爬、手膝爬、扔、靠站、扶物

挪步,10—12 个月,独站、手足爬、扶物迈步、投掷,12 个月左右,爬楼梯;

视觉敏感期(0—1 岁)——依次发展追视物体、图案感知、颜色感知、指认颜色、图形感知等能力;

触觉敏感期(0—2 岁)——发展对肌肤抚摸、物体质料、冷热、干湿、手部触摸等感觉能力;

听觉敏感期(0—2. 5 岁)——依次发展寻找声源、分辨声音、视听统合、声音定位、音乐感知、倾听、声音感知等能力;

空间敏感期(0—6 岁)——依次发展深度知觉、立体知觉、距离知觉、寻声找物等能力;

口腔敏感期(0—1 岁)——用口(包括舌、唇、齿)来感觉和认识外在世界的能力;

依恋建立期(2—7 个月)——逐渐对亲密的养护者更加偏爱、产生情感联结和特殊依赖;

语音辨别敏感期(6 个月—1 岁)——发展对母语的语音辨别能力(如说话的语音、语调、语气等)和语音模仿能力;

味蕾敏感期(6 个月—1 岁)——提供广泛的味道体验(酸、甜、苦、咸、辣等),乐于接受各种食物;

依恋明确期(7 个月—2 岁)——形成对亲密养护者(如母亲)的特别依恋;

手的敏感期(8 个月—2 岁)——逐步发展抓握、拍打、触摸、拿取、拨弄、摇晃、推开、双手持物、传递、互击、投放、撕纸等能力;

理解语意敏感期(8 个月—1. 5 岁)——能听懂不同语气及语调所表达的不同意义,能将语音与人、物、动作联系起来,能对简单的指令做出动作反应,能听懂一些有具体实物或动作伴随的词语,能听懂 3—4 个字组成的一句话等。

序 一

教育作为人类的一种社会实践活动，实质上担负着三个方面的正向功能：一是帮助个体适应他当下的社会生活并生存下去，二是帮助每一个族群传承他们积淀下来的文明与创新，三是帮助个体与族群建立积极的连接，让个体在其自身潜能得以发挥的同时推进人类文化的发展。在先民那里，这三项功能大部分是由家庭——这个个体最早归属、人类社会最基础的组织单位来实现的，是在孩子与大人之间从早到晚的家庭生活里、从春到冬的日子里得以实现的。随着人类社会生产力水平的不断提高、社会分工的日益细化，以及人们关于“术业有专攻”认知的增强、对效率至上的无尽追求，独立于家庭的、专门化的教育机构被创立出来，并逐步对应、覆盖到了人类个体成长过程中的各个年龄阶段。

幼儿园的设立，在人类社会所有的专门教育机构中来得最为晚近。相比于其他教育机构而言，除了及早开端、规范教育之外，幼儿园还兼具为家庭提供社会福利和保障的功能——替代家长照护幼儿的日常生活、饮食起居。“孩子可以在安全、美观的环境中，由训练有素的专业人员照顾，跟着他们按计划学习本领；自己不仅放心，而且可以有整块的、可以自由支配的时间!”这对于任何一位自从孩子出生就每天不离其左右的父母来说都是一个巨大的解放。所以,不论你去访问哪位家长,在问及“你第一次把孩子送入幼儿园的感觉”时,都会从他们的言谈举止中感到他们由衷的放松。然而,有趣的是,在幼儿园教育推进的过程中,教师从不认为家长们可以如“甩手掌柜”般放松,家长自身也时不时会因为孩子的教育问题而体验多种焦虑。究其原因,在幼儿园一方,比较经典的理由应该是对“5+2=0”现象①的觉察:如果没有家长的配合,幼儿园教师付出再多的努力,教育效果也难以达到既定的目标并保持下去;在家长方面,动因则在于一个普遍的困惑:我真的很想好好教育这个孩子,可是真的不知道怎样才能教育好他。两者相加,我们看到的是以下两个不争的事实:其一,优质的、有效的幼儿教育是以幼儿园与家庭、幼儿教师与家长之间形成积极的教育合力为必要条件的;其二,家长,尽管他们都有过当孩子的经历,但是他们和孩子的沟通效果却往往并不理想,更谈不上可以顺理成章地履行好家庭教育的职责。由此,也便敦促一些教育研究者在立足于幼儿教育理论与实践领域研究的同时,还必须开辟一条辅路——探寻、建构并最终能够引导家长们去践行理想的家庭教育。李旭和我,以及我们研究团队的其他成员是此类研究者中的一部分,“0—6岁儿童家庭教育指导丛书”则是我们相关研究成果中的一部分。

李旭对于家庭教育问题研究的执着早在他就读南京师范大学硕士期间就有充分的显现。彼时,他初为人父,铆足了劲想用自己所学给他的宝贝女儿以最好的教育、最好的人生。这份执着在他进入南京市实验幼儿园工作以后,在他面对众多的家长、目睹了众多的家庭教育困境之时得到了升华。我清楚地记得那个隆冬的正午,他来我办公室参加午餐会,动情地

① 幼儿园教育实践中的一个通俗现象,指孩子一周5天在幼儿园里养成的良好行为习惯等,因为周末两天在家里家长没有或者降低要求而消失殆尽。

讲起他想为在家庭教育实践的沼泽中挣扎的家长们提供尽可能切实的支持与帮助的神情，以及他语气中的那份坚定。

我的基础研究方向是幼儿社会性发展与教育，常规的工作是对幼儿显性的行为及其背后隐性的心理需要进行分析，对如何帮助孩子养成适宜的社会行为、管理自己的情绪提供策略与方法。在进行这项工作的过程中，尤其是在对幼儿的行为与情感偏差进行纠偏与修复的时候，我从对亲子互动行为的分析进入了家庭教育研究领域。从1995年起，我以志愿者的身份为深陷养育困境的家长提供咨询与辅导服务，数不清的第一手案例带给我太多的发现，我也归纳出了之前所不曾想到的多个判断。比如：生理父母并不必然和其社会角色匹配一致；父母们对家庭教育的理解与担当是需要借助其“父母龄”这一指标来核定的；家庭教育决不能只被看作家庭中成年人对未成年人的教养，而必须扩展到对父母自身社会性发展的支持与引导；家庭教育实践需要有足够强大的外力机构推动；所有外力支持机构中，幼儿园是最佳选择；我们应该以幼儿园为基地，分步骤、多维度、递进式地提升家庭教育的质量等。

2016年，我们团队接手了一所处于毛坯状态的幼儿园。在对之进行目标定位、环境设计、课程设计、教师培训时，我们便将先前累积的家庭教育的相关研究成果分步骤带入到教育实践过程中，一方面是想检验、丰富这些研究成果，另一方面则确实是想实现“用教育研究去革新教育实践”的人生理想。在这一教育实践过程中，我们因为家长的进步、家长与孩子的共同成长而不断地收获一个又一个欣喜，与此同时也强烈地意识到：我们的研究成果虽然丰富、细致，但是整体的逻辑与脉络不够严密，这种情况对于在一所我们倾力打造、寸步不离的幼儿园中引导家庭教育、促进家长的社会性发展是可行的，但是如果要对之进行扩展或者复制，以便使更多的家庭、家长、孩子获益则是受限的。我们需要把这项研究放在更广的视角重新梳理、加深、扩宽、整合。为此，2018 年我们的课题“新时代家庭教育理论与实践创新”申报了江苏高校哲学社会科学研究基金重大项目并最终获批准，这个课题从两个大的分支：支持家长对幼儿心理与行为发展的认知与教育、支持家长自身作为成年人的社会性行为与心理发展，来深度推动我们的研究。目前，课题研究工作按计划进展顺利。

为避免结题时成果堆积，我们决定先将第一分支的研究成果进行整理出版。“0—6 岁儿童家庭教育指导丛书”本着科学而务实的家庭教育指导理念，立足于 0—6 岁儿童全面、和谐、优质与可持续发展，遵循 0—6 岁儿童的发展规律、年龄特点和教育规律，对 0—6 岁儿童家庭教育方案进行了一体化设计。该丛书共分 6 册，每个年龄段一册。各分册由三大部分构成，第一部分为“儿童家庭教育指导纲要”，第二部分为“儿童敏感期与教育指导”，第三部分为“儿童发展进程与教育指导”。该丛书基于家庭早期教育理论和实践前沿与家庭早期教育困境，遵循严谨的学术研究规范，在自有研究的基础上，适度融合了中外 0—6 岁儿童发展与教育的相关理论和实践智慧，是一套较为系统而实用的家庭教育指导用书，可为不同家庭和不同家长在孩子早期教育方面提供有益的参考。

或许因为太过热爱自己的专业，或许也因为年少时所植根下的人生理想，我们无比期待可以“把研究成果写在大地上”，无比期待能因为我们的努力帮助到每一位为了教育好孩子而不遗余力的、值得被尊敬和爱戴的父母。

刘晶波

2020 年 7 月 1 日

序 二

怎么理解"教育"?

古往今来,一些教育家、思想家和哲人把教育界定得偏学术化,以至于在"什么是教育"这个问题面前,许多人乃至一些教育学者都会感觉到困惑。而当我们不知道"什么是教育"的时候,我们却在"教育"我们的孩子!这就像不懂医术的人去给病人看病一样!

什么是教育?简而言之,教育就是"促进人的快乐成长"。

具体而言:

"成长"是目的。要成长,就必须做出合理的"人文"选择——在人的自身发展和社会发展之间取得平衡。

"促进"是手段。要促进,就必须遵循一定的"科学"规律——人的发展规律以及教育的内在规律。

"快乐"是体验。要快乐,就必须使教育成为一门"艺术"——把愉快的事情做愉快,把不愉快的事情也做愉快。

因此,教育学也是人文、科学与艺术相互融合的智慧之学。

依据"教育就是促进人的快乐成长"这一前提,再来判断一些"所谓的教育能否称其为教育”的标准就不言自明了。对教育者(家长、教师等)来说,这个标准就是:我促进孩子成长了吗?孩子快乐吗?对受教育者来说,这个标准仍然是:我成长了吗?我体验到快乐了吗?有快乐没成长,不应称其为教育;有成长没快乐,也不应称其为教育。促进人的快乐成长,这是教育称其为教育的最低标准,是教育的底线。不论是家庭教育还是学校教育,都必须遵循这个最基本的标准。

因此,促进孩子的快乐成长,既是本丛书秉持的最基本的教育理念,也是本丛书最基本的价值追求。

早期教育有多重要?

人具有发展各种能力的可能性,但发展并不等速,且有着不同的关键时期。而人一生中几乎所有关键能力的发展关键期都在0—6岁,以后所有的发展都是基于其上的。因此,0—6岁的教育对人一生的发展具有决定性的影响。一个成年人的言行举止和个性品质与他幼年的生活经历和教育影响密切相关。“三岁见大,七岁见老”虽是古训,但其中也不乏对儿童发展规律性的认识。

强调早期教育的重要性,并不意味着认同“不要让孩子输在起跑线上”的论断,也不赞成所谓的“顺其自然”的观点。早期教育应该且必须在遵循儿童发展规律的基础上有所作为。这也是本丛书所秉持的基本立场。

早期教育有规律可循吗?

不难理解,人的高级能力的获得都是建立在前期能力的基础之上的,这个前期能力最早可以追溯到人出生时与生俱来的原始本能。在原始本能与高级能力之间有无数个成长阶梯,你不可能让新生儿独自站立起来,他必须经历“七坐八爬九扶站”这一不可逾越的成长过程。因此,教育必须清清楚楚地知道各种高级能力的发展需要经过哪些前期阶梯，并严格沿着这些阶梯一步一步地使各层级能力获得坚实的发展，否则对任一成长阶梯的忽视或拔高，都会给下一阶梯的发展造成不良后果。

本丛书的独到之处就在于对儿童各种能力的发展阶梯做了具体明确的特征描述，并将教育指导与发展进程一一匹配起来。教育不超前，不滞后，只按婴幼儿发展规律进行教育。不追求超常发展，只追求正常、全面、和谐的发展，为婴幼儿未来多种可能的发展培养基本素质。我们认为，把当下的发展任务做扎实，就是对未来高品质发展的最好投资。

早期教育的核心任务是什么？

早期教育不是提前让孩子掌握多少知识，会背多少诗，会写多少字，会算多难的算术题。单纯追求知识学习是一种极其狭隘的早期教育观念。本丛书的核心任务是促进孩子综合素质的全面发展——身体健康、心智发达、情感积极、个性和谐、自理自律。现实一点地说，即使把孩子当成“学习工具”，也必须“工欲善其事，必先利其器”。我们要考虑的不是“小时候有没有学多少东西”，而是其“心智发展是否完善”“是否愿意去做他该做的事”。如果我们希望孩子入学后能够成为一个学习高手，我们首先就要让孩子在入学前具备良好的学习能力和学习态度，具备良好的学习准备状态。“磨刀不误砍柴工”正是这个道理！

早期教育最适合的教育方法是什么？

以成人为中心的教育，孩子不得不按照成人的意愿去学习成人化的知识和成人化的经验，教育方法也多是强行灌输、死记硬背、机械重复。而本丛书力图以孩子为中心，从孩子的兴趣和需要出发，选择孩子易于理解的内容，采用符合孩子认知和情趣特点的方式，让孩子在游戏化、生活化、情境化的活动过程中建构自己的认知和经验,丰富自己的情感体验,塑造自己的个性品质,锻炼自主解决问题的能力。

本丛书教育方法的基本指导思想就是:孩子能想的就让孩子自己想,孩子能说的就让孩子自己说,孩子能做的就让孩子自己做,孩子能承担的责任就让孩子自己承担。

快乐成长,可能吗?

没有一个家长不希望自己的孩子快乐成长,但很少有家长能让孩子真正体会到成长的快乐。究其根源,在成人主导的社会里,孩子多是被迫的。当一个人被迫去做即使是他该做的事情的时候,他是不会感到快乐的。如何让孩子乐意去做他该做的事情呢?这全依赖于家长的教育智慧了。你急于获得这些教育智慧吗?请你走入“0—6岁儿童家庭教育指导丛书”吧!

李　旭

2020年3月5日

目 录

第一篇 0—3岁儿童家庭教育指导纲要

第二篇　0—1 岁儿童敏感期与教育指导

第三篇　0—1 岁儿童发展进程与教育指导

第一篇　0—3岁儿童家庭教育指导纲要

篇首语　“0—3岁儿童家庭教育指导纲要”在“缔造家庭教育新生代”的鲜明旗帜下，容纳名家之说，汇聚经典智慧，凝练精辟之言，旨在呼吁为人父母者务必“明悟家教之理、力行家教之道”，把孩子从旧教育中解脱出来，让他们在民主、自由、自律、自强的教育环境下茁壮成长。

第一章 儿童观与教育观

第一条　儿童首先是人。儿童享有人应有的尊严、权利及其他基本人权。成人要尊重儿童的人格、权利和合理的需求。

第二条　儿童是完整的个体。教育要动员儿童的体力、智力、情感、意志等要素的整体参与,促进儿童身体、认知、品德、情感、个性等方面的整体协调发展。

第三条　儿童是独立的个体。儿童有他特有的看法、想法和感情。成人不要用自己的看法、想法和感情去代替儿童的看法、想法和感情。

第四条　每个儿童都是不同的。不同的遗传因素、环境教育和主观努力决定了个体间发展水平的差异。教育必须尊重儿童之间的差异,发展儿童的个性。

第五条　儿童具有天真、纯朴、自然、自由的天性。教育的使命就是要处理好个性自由和外部控制的关系,使儿童的本性、天赋和能力得到自由发展,并获得快乐和幸福。

第六条　儿童是不成熟的。儿童会经常犯错误,有些错误还会反复出现。失误和犯错是儿童成长过程中不可避免的。

第七条　儿童具有与生俱来的社交本能、建造本能、探究本能和表现本能。成人必须为儿童内在潜能的发展提供有准备的环境,促进其潜在力量的自然生长。

第八条　儿童是好奇的。儿童刚降生时是无知无识的,对陌生的世界充满求知欲望,一切事物都会引起儿童强烈的好奇心。

第九条　儿童是好游戏的。游戏是儿童的基本生活方式,且终日乐此不疲。要让儿童尽情地去享受他的游戏、他的嬉笑和愉快的本能。

第十条　儿童是好模仿的。儿童对成人的一言一行和同伴的一举一动都会主动模仿。模仿是人的本能，是儿童学习、成长的重要方式。

第十一条　儿童是喜欢合群的。儿童群体本身就是一种社会形态，儿童的好群性是培养其服务精神、合作精神的根本。

第十二条　儿童是喜欢野外生活的。野外生活是一种情趣，充满冒险趣味。走出家门，回归自然，才符合儿童好玩的天性。

第十三条　儿童具有无与伦比的想象力和创造力。成人要解放儿童的头脑，让他充分思考；解放儿童的双手，让他动手操作；解放儿童的眼睛，让他亲自观察；解放儿童的嘴巴，让他充分表达。

第十四条　儿童的发展呈现阶段性及各阶段发展的不均衡性。教育必须遵循儿童身心发展的内在规律。不能让儿童过早地承受生活和学习压力，不能揠苗助长。

第十五条　儿童发展存在着敏感期。各种敏感期的出现具有一定的顺序性和延续性，儿童就是通过经历一个又一个敏感期不断得到发展的。

第十六条　儿童是主动的学习者，而不是被动的接收器。教育要充分调动儿童学习的积极性、主动性和创造性，不能用灌输的、机械的、强制的方式迫使儿童学习。

第十七条　儿童不是旧时代的继承者，而是新时代的创造者，是建设国家和文明的重要力量。成人应当对儿童充满敬畏与期待。

第二章　家庭教育的基本观念

第十八条　视孩子为独特个体和发展对象，摒弃掌上明珠的宝贝观和传宗接代的工具观。

第十九条　成长环境极为重要。近朱者赤,近墨者黑;蓬生麻中,不扶而直。

第二十条　任何时候都要对孩子满怀希望,任何时候都要让孩子看到希望。

第二十一条　对孩子确立合理期望值。过高期望或过分挑剔会引起压抑与叛逆。

第二十二条　永远相信孩子的能力,尊重并培养孩子的个性,不与他人攀比。

第二十三条　习惯决定命运。习惯养得好,终身受其益;习惯养不好,终身受其累。

第二十四条　让孩子从小养成读书习惯,且让孩子多读能够打动心灵的好书。

第二十五条　培养孩子踏踏实实从小事做起的习惯,积小成方能成大事。

第二十六条　培养孩子的诚实品格,谨防蓄意作伪或欺骗,一旦发现绝不姑息。

第二十七条　孩子常常是利己的。要教导孩子不经允许绝不拿别人的东西。

第二十八条　尽量满足孩子的合理需求,对不当要求不做无原则的妥协或让步。

第二十九条　对孩子的规约要是非分明、始终如一。不可出尔反尔、反复无常。

第三十条　行为规范的实施应考虑孩子的心理感受。乐于接纳才有助于内化。

第三十一条　积极、客观地评价孩子，既赞扬优点也指出(但不是批评)不足。

第三十二条　多赏识少挑剔。要用淘金般的工夫在最细微处发现孩子的闪光点。

第三十三条　多表扬少批评。表扬使人自信、坚定，批评使人孤僻、悲观。

第三十四条　多训练少训斥。好习惯是靠训练养成的，训斥只会增加挫败感。

第三十五条　多放手少干预。过多干涉会阻碍孩子的独立、自主与创造性。

第三十六条　多引导少数落。引导容易使孩子明事理，数落容易让孩子生厌恶。

第三十七条　多沟通少强制。犹如大禹治水，“疏通”比“封堵”的效果好。

第三十八条　要让孩子真正成为自己的主人，就要从小培养他的独立自主能力。

第三十九条　鼓励孩子不依赖成人，多提供独立思考的空间和自主决定的机会。

第四十条　在力所能及的事情中培养孩子的自主性、独立性和责任感。

第四十一条　鼓励孩子发现问题、分析问题、解决问题。培养问题意识和行动能力。

第四十二条　善于发现、肯定和鼓励孩子的每一点新意和创意，培养创新思维。

第四十三条　让孩子积极乐观地认识自己的才干，培养独立生存的能力和智慧。

第四十四条　不要仅停留于物质奖赏，还要让孩子体会到努力与创造的真正喜悦。

第四十五条　经历就是财富！要让孩子亲身去体验，不论是成功还是失败。

第四十六条　引导孩子积极参与各种有益的社交活动，培养孩子的社交能力。

第四十七条　塑造孩子良好的行为习惯，使之逐步自觉遵守规则，形成规则意识。

第四十八条　让孩子逐步学会自我约束、自我评价，对自己的行为负责。

第三章　合格父母的基本要求

第四十九条　教育好孩子是父母的天职，绝不能以任何借口不履行教子的义务。

第五十条　不以事业为借口掩盖家教的失职。真正的成功是事业与家庭双赢。

第五十一条　养育子女在于使其独立。施恩图报有悖亲情本意，更易招致对立。

第五十二条　尽可能多抽时间与孩子共度亲子时光，一起游戏、读书、交流或休闲。

第五十三条　不在孩子面前争吵。纷争迭起的家庭必定给孩子的成长留下阴影。

第五十四条　不把工作中的烦恼带回家，不让不良情绪影响孩子，更不迁怒于孩子。

第五十五条　在孩子面前要言行自律。对孩子许诺的事情一定要说到做到。

第五十六条　无条件尊重孩子的人格，不分时间、场合，不论优点、缺点。

第五十七条　不要认为“孩子是自己的”就可以随心所欲，想怎么说就怎么说。

第五十八条　不要为了自己的尊严伤害孩子的自尊，可用适当方式承认自己的过错。

第五十九条　对孩子的关爱要理智有度，不能忽冷忽热、喜怒无常。

第六十条　用全面和发展的眼光看待孩子，不一叶障目，只盯缺点，忽视优点。

第六十一条　合理把握民主与规则的尺度，要宽松有度，言出必行，赏罚分明。

第六十二条　不恐吓、辱骂、体罚孩子，不讥讽孩子的过错，不翻孩子的陈年旧账。

第六十三条　不欺骗孩子。欺骗一旦败露就会失去信任，孩子也会从中习得欺骗伎俩。

第六十四条　批评孩子时不以强权压倒孩子，给孩子解释和辩解的机会。

第六十五条　谅解孩子的无知与过失。处困境时多鼓励，受伤害时多安慰。

第六十六条　冷静机智地处理棘手问题，对孩子的惩罚务必三思而后行。

第六十七条　不可因一时之怒，痛骂或毒打孩子，以致酿成追悔莫及之事。

第六十八条　不要视孩子的反抗为大逆不道，它能促使家长反思教育观念和行为。

第六十九条　不断革新教育观念，改进教育方法，割除不良的教育行为和习惯。

第七十条　最大可能地读懂孩子的情绪、行为、想法和感受，习惯换位思考。

第七十一条　尊重孩子的自主权，不强迫孩子，给孩子自己选择和判断的机会。

第七十二条　凡是孩子自己能做的事尽量让孩子自己做，家长不插手、不包办。

第七十三条　对孩子的帮助要恰到好处，既不包办代替也不袖手旁观，该帮则帮。

第七十四条　孩子做事有畏难情绪时切记不要指责，要采取具体措施帮助他们。

第七十五条　对孩子的提问不敷衍塞责，必要时可与孩子一起去探讨、去解决。

第七十六条　给孩子讲道理要浅显易懂，切合孩子的理解水平，注意说话技巧。

第七十七条　机智地拒绝孩子的不合理要求，让孩子学会自我克制和耐心等待。

第七十八条　给孩子找点需要长期坚持的事情做，以磨炼孩子的意志和韧性。

第七十九条　合理规划、精心安排家庭日常生活，尽量让孩子过有规律的生活。

第八十条　要让孩子领悟到世上最宝贵的是时间，培养珍惜时间的优良家风。

第八十一条　父母要养成写家庭教育日记的习惯，以促进经验总结与自我反思。

第四章　家庭教育原则

第八十二条　民主原则：家长不能认为“我的孩子我做主”，要给予并尊重孩子的话语权。但民主化的家庭教育必须以合理、严明的规范为保障。

第八十三条　平等原则：孩子与父母在人格与尊严面前应彼此平等。“独裁”对孩子人格的影响将是灾难性的。

第八十四条　尊重原则：父母不得以严格为借口对孩子言辞苛刻，乃至伤其自尊。强权和训斥下言听计从的孩子很可能成为唯唯诺诺的人。

第八十五条　感情交流原则：教育之道在于以心换心，精诚所至，金石为开。忽视或缺乏情感交流，孩子的心会离家长越来越远。

第八十六条　自由原则：尊重并培育孩子合理的自主意识和自我管理能力。管教不当往往吃力不讨好，甚至酿成悲剧。

第八十七条　榜样原则：孩子是家长的影子，家长在孩子面前一定要做好榜样。别在孩子稚嫩的心灵里种下不良的种子。

第八十八条　统一原则：家长的教育观念和教育行为要尽量协调一致。观念分歧、口径不一可能使孩子无所适从或投机钻营。

第八十九条　信任原则：家长的信任会增添孩子的信心、勇气与力量。

家长的不信任与苛刻容易导致孩子的挫败、气馁与谎言。

第九十条　宽容原则：人非圣贤，孰能无过？更何况是成长中的孩子！在错误中学习也是一种成长方式，家长应宽容对待。

第九十一条　鼓励原则：没人喜欢被批评、受指责，更何况是需要鼓励的孩子，所以“数子十过，不如赞子一长”！

第九十二条　严慈相济原则：对孩子来说，家长应该扮演“亦亲亦师亦友”等多重角色。家长要严中有爱、爱中有严。严在当严处，爱在细微中。

第九十三条　宽严有度原则：孩子思维无疆界、行为无法度。过严过宽均有失平衡。既给予充分机会以发展其自主，也给予必要限制以养其规范。

第九十四条　因材施教原则：每个孩子天资不同，生性有别，兴趣各异，发展有快慢。教育的方式、方法要因人而异，不可教条化。

第九十五条　长善救失原则：善于发现并发挥孩子的长处，改正缺点、弥补偏差。但扬长比补短更重要，不要只顾补救短处而忽略长处。

第九十六条　训导结合原则：对孩子的教育既要晓之以理，又要动之以情。更要在合理准则下建立行为规范，使其养成良好的行为习惯。

第九十七条　积极暗示原则：孩子爱听好话，不爱听命令，尤其反感恶言恶语。积极暗示比消极命令更容易使孩子主动改过并争取进步。

第九十八条　防微杜渐原则：不良的性情和行为习惯一旦形成就很难改变。家庭教育要未雨绸缪，防患于未然。

第九十九条　循序渐进原则：任何能力与习惯的培养既不能操之过急，也不能掉以轻心。要依循身心发展的阶梯顺势引导，亦步亦趋，避免“过”与“不及”。

第五章　家庭教育法则

第一百条　归属法则:保证孩子在积极健康、温暖和睦的家庭环境中成长。

第一百零一条　希望法则:永远让孩子看到希望,千万不能使其陷入自暴自弃的境地。

第一百零二条　力量法则:孩子的心灵稚嫩而脆弱,家长永远不要与孩子斗强。

第一百零三条　心境法则:孩子的情绪强于理智,要为孩子营造良好的做事心境。

第一百零四条　管理法则:孩子未成年之前,引导和管束是父母不可推卸的责任。

第一百零五条　声言法则:要倾听孩子的心声,做孩子最忠实可靠的倾诉对象。

第一百零六条　迂回法则:灵活变通地应对孩子的执拗。此路不通,可另辟蹊径。

第一百零七条　自然法则:遵循和顺应孩子的成长规律和年龄特点,不揠苗助长。

第一百零八条　游戏法则:游戏是孩子的天性。游戏教育法能减少许多痛苦和麻烦。

第一百零九条　距离法则:尊重并培养孩子的独立意识,并与之保持适度的距离。

第一百一十条　奖惩法则:激励为上策,惩罚永远是下策,且易招致逆反和报复。

第一百一十一条　界限法则:让孩子从小就体认到道德和规则的界限,不明知故犯。

第一百一十二条　后果法则:让孩子了解乃至体验其行为可能产生的不良后果。

第一百一十三条　目标法则:学习和习惯的养成都需要有具体可行的目标和计划。

第六章　家庭教育戒律

第一百一十四条　不要过多帮助孩子。自己的事情自己做,以免孩子好逸恶劳。

第一百一十五条　不空洞虚伪地奉承孩子,以免孩子养成贪图虚荣的不良习气。

第一百一十六条　不要无限制地满足孩子的欲望,以免孩子养成贪得无厌的习性。

第一百一十七条　不要对孩子过于严厉,以免养成唯唯诺诺或阳奉阴违的习性。

第一百一十八条　不要在无意过失上小题大做,以免孩子处处谨小慎微、缩手缩脚。

第一百一十九条　不要当他人之面批评、数落孩子,以免造成孩子的心理畸形。

第一百二十条　千万别骂孩子蠢笨,以免伤害乃至毁灭孩子的自信和自尊。

第七章 家庭教育智慧

一、劝诫的智慧

第一百二十一条　人对斥责生来就有排斥的本性。与其善意责备，不如正面引导。

第一百二十二条　对孩子的辩解或反抗，不要以父母的权威或霸道去强行压制。

第一百二十三条　要让情绪激动的孩子坦然接受，就要用比平常低的声音说话。

第一百二十四条　给孩子适当发泄情绪的机会和场所，孩子的不满就能消除。

第一百二十五条　以提议或商量的语气提出意见，孩子会因受到尊重而更易接受。

第一百二十六条　纠正孩子时，不要说“别做什么”，而要说“应该做什么”。

二、纠错的智慧

第一百二十七条　孩子是生理、心理都尚不成熟的人，所以他们是最容易犯错误的人。

第一百二十八条　尝试错误是孩子认识世界的重要方式。有尝试就有可能出现错误。

第一百二十九条　在孩子过错方面，“树大自然直”或“不打不成器”的观念都是很危险的。

第一百三十条　孩子犯错而自感羞愧已是一种惩罚，就不要再责难他，令他难堪了。

第一百三十一条　对孩子成长中的种种过失要多一点宽容，多一点引导，少一点苛责。

第一百三十二条　要客观分析孩子的错误及危害，但不要刻意渲染或放大孩子的错误。

第一百三十三条　把错误当作教育资源和教育契机，而不是让错误成为孩子成长之痛。

第一百三十四条　不替孩子的错误“擦屁股”。要让孩子自己承担责任、弥补过失。

第一百三十五条　将帮助孩子改错的过程当作教育孩子辨别是非、美丑、善恶的过程。

第一百三十六条　帮助孩子分析错误，增强孩子对自我行为的自我监控和自我纠错能力。

第一百三十七条　纠错要以情感之、以理服之。强行改过只能暂禁其行，很难革除其念。

第一百三十八条　对孩子改正错误的愿望和行动予以充分肯定，并且做到既往不咎。

三、赞美的智慧

第一百三十九条　表扬和奖励要坚持原则，掌握分寸，既不吝啬也不滥用。

第一百四十条　表扬要及时、具体、真诚，不仅要看结果，还要看过程。

第一百四十一条　每天至少捕捉到孩子一到两个良好的行为表现并给予适当的赞美。

第一百四十二条　赞美孩子时，必须由衷地表现出和他一样高兴。

第一百四十三条　在他人面前，或借他人的话来赞美孩子，孩子会更加信心百倍。

第一百四十四条　他人赞美自己孩子时要坦然接受，以增强孩子的自我认同感。

第一百四十五条　鼓励和表扬应更多倾向于孩子的后天努力，而不是天资或聪颖。

四、评价的智慧

第一百四十六条　学会欣赏自己的孩子，不将他的缺点与别人的优点相比较。

第一百四十七条　为避免消极评价产生负面影响，在评价前先提值得赞美的地方。

第一百四十八条　与缺点多的孩子说话时，要多用积极言语，少用或不用消极言语。

第一百四十九条　父母嘴边常挂“没出息”等消极话语，可能会使孩子将来真的没出息。

第一百五十条　在孩子面前常说“反正”等话语，孩子会觉得被看贬而放弃努力。

第一百五十一条　不论是积极评价还是消极评价，尽量让孩子自己做出客观评价。

名家名言

大自然希望儿童在成人以前就要像儿童的样子。如果我们打乱了这个次序，我们就会造成一些早熟的果实，它们长得既不丰满也不甜美，而且很快就会腐烂：我们将造成一些年纪轻轻的博士和老态龙钟的儿童。

（法国哲学家、教育家　卢梭）

本篇重要参考资料

· 陈鹤琴. 陈鹤琴全集(第二卷)[M]. 南京:江苏教育出版社,1989.

· 陶行知. 陶行知全集(第七卷)[M]. 成都:四川教育出版社,1991.

· [美]杜威. 学校与社会·明日之学校[M]. 赵祥麟,等译. 北京:人民教育出版社,1994.

· 刘晓东. 儿童教育新论[M]. 南京:江苏教育出版社,1998.

· [法]卢梭. 爱弥儿[M]. 李平沤,译. 北京:商务印书馆,1978.

· 王志明. 关于儿童观的研究[J]. 学前教育研究,1994(1).

· 虞永平. 论儿童观[J]. 学前教育研究,1995(3).

· 霍力岩. 试论蒙台梭利的儿童观[J]. 比较教育研究,2000(6).

· [美]Elena Bodrova,Deborah J. Lenong. 心灵帮手——Vygotsky学派之幼儿教学法[M]. 蔡宜纯,译. 台北:心理出版社股份有限公司,2009.

· [美]詹森. 基于脑的学习:教学与训练的新科学(修订版)[M]. 梁平,译. 上海:华东师范大学出版社,2008.

· [意]蒙台梭利. 发现孩子[M]. 胡纯玉,译. 北京:中国发展出版社,2003.

· [瑞士]Hildegard Ressel. 孩子真正需要什么[M]. 肖素弟,译. 北京:中国轻工业出版社,2002.

· [英]洛克. 约翰·洛克的家庭教育[M]. 海鸣,译. 福州:海峡文艺出版社,2005.

· [英]夏洛特·梅森. 儿童生来是人[M]. 邵燕楠,等译. 北京:中国发展出版社,2003.

· [英]夏洛特·梅森. 教育是一种训练[M]. 赵昌荣,等译. 北京:中国发展出版社,2003.

· [英]夏洛特·梅森.如何培养孩子的性格[M].刘扬,等译.北京:中国发展出版社,2003.

· [英]夏洛特·梅森.夏洛特·梅森家庭教育法[M].程红艳,等译.北京:中国发展出版社,2003.

· [英]夏洛特·梅森.父母与孩子[M].赵昌荣,等译.北京:中国发展出版社,2013.

· [美]西诺蒙.培养有个性的孩子[M].刘月,译.北京:中国商业出版社,2005.

· [美]斯考特·J.拉尔森,等.我们这样管孩子[M].杜江,等译.北京:金城出版社,2004.

· [美]塞德兹.俗物与天才[M].柏桦,译.北京:京华出版社,2001.

· [美]德雷屈尔,卡塞尔.快乐教育法[M].张荣福,等译.上海:上海古籍出版社,2004.

· 晨曦.斯宾塞的科学家庭教育[M].台北:高富国际文化股份有限公司,2004.

· 陈建翔.他们影响了全世界家庭 国外最著名的十大家教主张[M].北京:北京出版社,2005.

· 贾戴翊.世界最伟大的教育法则[M].北京:海豚出版社,2005.

· 曾知寒.世界名人家教智慧[M].北京:新世界出版社,2005.

· 晨曦.世界一流的美国家庭教育:哈佛素质教育理念的成功实践[M].北京:海潮出版社,2004.

· [美]斯托夫人,等.哈佛教子枕边书[M].亚北,等译.北京:中国妇女出版社,2006.

· [美]特恩布尔.做称职的父母[M].吕博,译.桂林:广西师范大学出版社,2002.

· 卢勤.写给世纪父母[M].北京:中国妇女出版社,2001.

· [美]华森.犹太家教圣经[M].北京:中国妇女出版社,2004.

· 王中合.犹太人教子枕边书[M].北京:中国商业出版社,2004.

· [美]杰弗里·布拉尼.犹太人的家庭教育[M].厉志红,王燕,编译.开封:河南大学出版社,2003.

· 张挚,陈静.婴幼儿养育指南[M].北京:中国妇女出版社,2006.

第二篇　0—1岁儿童敏感期与教育指导

篇首语　所谓敏感期，是指处在不同发展阶段的儿童表现出对于某种事物或活动的特别敏感或特别感兴趣。在特定敏感期内，儿童对该种能力的学习特别容易而迅速，是该种能力培养的关键时期，因此敏感期有时也称为关键期。

本篇导读

儿童各种敏感期的出现具有一定的顺序性和延续性。在某一特定的敏感期内,该种能力的发展将为下一个敏感期敏感能力的发展奠定基础。儿童就是通过经历一个又一个敏感期不断得到发展的。0—1岁儿童大致经历如下敏感期:脑发育第一加速期(孕晚期)、前依恋期(0—2个月)、信任感建立敏感期(0—1.5岁)、感知动作思维发展敏感期(0—2岁)、感官发展敏感期(0—6岁)、大肌肉发展敏感期(0—3岁)、视觉敏感期(0—1岁)、听觉敏感期(0—2.5岁)、空间敏感期(0—6岁)、口腔敏感期(0—1岁)、依恋建立期(2—7个月)、大脑发育第二加速期(5—10个月)、语音辨别敏感期(6个月—1岁)、味蕾敏感期(6个月—1岁)、依恋明确期(7个月—2岁)、手的敏感期(8个月—2岁)、理解语意敏感期(8个月—1.5岁)。

在整个童年期,有的敏感期出现后就过去了,而有些敏感期将一直伴随着孩子的发展。这些敏感期就称为“螺旋状的敏感期”。所谓螺旋状,是指在孩子的每个年龄段都会出现,比如绘画、音乐、语言、审美、动作发展、视觉空间、数理逻辑、社会交往、情绪情感、自我认识等敏感期。这些敏感期在每一个年龄段又会有不同层次的表现,如绘画敏感期,2岁左右的孩子就能涂鸦了,到了3岁左右可以画出大体的形象,然后开始喜欢使用色彩,到了5岁左右就能画出简单的作品,等到了6岁左右时,有的孩子就能画简单的连环画了。

敏感期出现的时间虽有一定的规律，但又因个体差异而各有不同，无法整齐划一，需要成人客观细心地去观察和发现。当观察到孩子某项敏感期出现时，应尽可能为孩子提供一个满足他成长需求的环境。同时我们也应该认识到，在人生发展中并不存在一个魔术般的时期，强调敏感期的教育并不等于否认或忽视非敏感期的教育作用，教育在儿童心理发展中始终起着主导作用。

0—1 岁儿童敏感期与教育指导一览表

敏感期	敏感期时间	表现特点	教育指导
脑发育第一加速期	孕晚期（自胎儿25周起）	胎儿的大脑在第20周左右形成。孕20周时，脑的记忆功能开始工作，胎儿能够记住母亲的声音并产生安全感。孕25周时，大脑发育进入第一个高峰期，这时候大脑细胞迅速增殖分化，体积增大。孕28—32周时，大脑皮质已相当发达。孕32周时，胎儿大脑已如新生儿，通过脑电波已能清楚分辨出胎儿的睡眠状态和觉醒状态，这是胎儿意识的萌芽时期。	为胎儿大脑发育营造良好条件。包括： （1）远离环境污染，包括水源污染（重金属汞、铅等）、空气污染（汽车尾气、吸烟等）、放射污染（X射线、微波等）、噪音污染等。 （2）丰富而均衡的营养。若孕妇在孕早期营养不良，会导致胎儿脑细胞及神经系统发育障碍；在孕晚期营养不良，会使胎儿脑细胞数量增长不足，脑皮质沟回发育障碍。 （3）疾病和药物：孕早期病毒感染性疾病和不恰当用药都可能影响胎儿脑细胞发育。
前依恋期	0—2个月	不能区分母亲和别人，对所有人的反应都一样，只要看到人的脸，听到有人说话就高兴，手舞足蹈。	孩子出生后，母亲要尽可能自己带养，亲自给孩子喂奶、换洗尿布、洗澡、游戏和逗乐，让孩子充分感受温馨的母爱。
信任感建立敏感期	0—1.5岁	1岁以内的孩子最需要的是信任感。刚刚降生的孩子对这个新奇的世界是陌生的，他的眼睛还不适应周围的明亮，他还听不懂爸爸妈妈的话，他时时感到不安全。这时的孩子只能用哭来表达他的需要——饿了，	要形成孩子基本的信任感，不仅要重视育儿技巧，更要重视亲子关系的性质，其中母亲扮演了最重要的角色。在婴儿期应充分适当地满足孩子的生理需要，不宜过分满足和过分剥夺；同时，在满足程度和方式上要尽可能保持一致性、一贯性，不能随意转变，即使变化也要渐进地、

续表

敏感期	敏感期时间	表现特点	教育指导
		尿湿了，不舒服。孩子对社会信任的最初表现是他吃奶时的愉快，睡觉时的深沉和大小便后的放松。	有规律性地进行，使孩子能很快适应。
感知动作思维发展敏感期	0—2岁	这是语言和表象产生前的阶段，这个阶段的主要特点是孩子依靠感知动作来适应外部世界。解决问题的方式是依据当前的感知觉与实际操作（比如触摸、摆弄物体等），离开了动作就不能思维。孩子最初的动作是无目的的，在动作与客体的相互作用中，逐渐产生了动作与结果的认识，使动作的目的性越来越明确。思维发展的总趋势是：感知动作思维——具体形象思维——抽象逻辑思维。	（1）通过感知和动作的系统训练，让孩子动用各种感官去感知、体验和操作。 （2）进行系统的感觉统合训练，如（1—4个月）视觉与听觉结合的“用眼睛寻找声源”；（4—9个月）视觉与抓握动作结合的“触摸、摆弄物体”；听觉与动作结合的“摇拨浪鼓使之发出声音”等。 （3）目的性动作的训练，如（9—12个月）“揭开盖布找玩具”；（11个月—1.5岁）“拉桌布得到桌布上的玩具”；（1.5岁—2岁）“借助工具够取远处的玩具”等。 （4）经常和孩子一起玩各种玩具和动作游戏。
感官发展敏感期	0—6岁	（1）从出生起，就会借着听觉、视觉、味觉、触觉等感官来熟悉环境、了解事物。3岁前，孩子透过潜意识的“吸收性心智”吸收周遭事物，3—6岁则更能具体地透过感官分析、判断环境里的事物。 （2）各感官敏感期分别为：0—2.5岁是听觉发育敏感	（1）尽量让孩子直接与实物接触。通过多种感觉（看、听、嗅、摆弄），多渠道地感知对象。 （2）给孩子提供运用他们的感官去探索的机会。比如利用感官教具（如听觉筒、触觉板等）训练孩子感官的敏锐性。也可准备多种感官教材（如不同颜色、大小、形状的玩具，不同风格的音乐等），或在生活中随

敏感期	敏感期时间	表现特点	教育指导
		期;0—1 岁是视觉发育的敏感期;0—2 岁是触觉发育的敏感期;2.5—3 岁是大小知觉发展的敏感期;3 岁左右是方位知觉发展的敏感期;3—6 岁是观察力发展的敏感期。	机引导孩子运用五官感受周遭事物。尤其当孩子充满探索欲望时,只要是不具危险性或不侵犯他人他物时,应尽可能满足孩子的探索需求。 (3) 开展专门的游戏活动锻炼孩子的感知觉。
大肌肉发展敏感期	0—3 岁	处于动作敏感期内的孩子仿佛体内有着无穷的冲动力,喜欢活动,会不厌其烦地重复相同的动作。在这个时期内孩子会完成坐、爬、抓握、行走等人生基本动作的发展。尤其是 2 岁左右的孩子,已经会走路,是最活泼好动的时期。	不同阶段实施不同训练。如 0—3 个月:抬头训练、侧翻训练、手部动作训练;4—6 个月:俯卧训练、翻身训练、坐训练、手部动作训练、站立训练;7—9 个月:独坐训练、爬行训练、站立训练、手部动作训练;10—12 个月:站立和行走训练、手部动作训练;12 个月左右:攀爬(楼梯)训练;1.5—4 岁:动作协调性与肌肉发展训练。
视觉敏感期	0—1 岁	1 周岁前的孩子认识事物主要靠视觉和听觉,眼睛能够看到的事物较多,而亲身能够接触的事物还较少。此时大脑发育最快的也是视觉区所在的脑区枕叶,因此这一时期可以看作视觉发展的敏感期。	(1) 生活环境的光照不能过于昏暗,应让孩子多见光,多看五颜六色的东西。 (2) 在婴儿床上方吊一些色彩鲜艳能发出响声的玩具吸引孩子的眼球。 (3) 引导孩子多看远处的事物,让孩子更多地去观察和体验,允许孩子以自己的情绪和兴趣来观察事物。
听觉敏感期	0—2.5 岁	尽管周围有各种不同的声音飘进孩子的耳中,但他总能准确无误地判断出一种自己需要的声音。比如孩子在很小的时候就能听出	(1) 让孩子听大自然和生活中的声音,如走路声、开关门声、说话声、流水声、风声、雨声、鸟叫声等。 (2) 制造一些适合孩子听觉的声音,如摇动响声玩具等。

续表

敏感期	敏感期时间	表现特点	教育指导
		爸爸妈妈的声音,甚至能准确地判断出妈妈的脚步声、开门声。喜欢处在有声音的环境中。	(3) 经常玩亲子听觉游戏,如叫名回头、听声找物、听声拿玩具等。 (4) 给孩子放些柔和欢快的音乐,给他哼唱一些歌曲。
空间敏感期	0—6 岁	视觉空间能力在 0—6 岁持续发展,2.5 岁是孩子空间概念进步最快的阶段。对空间的探索和认识,每个年龄阶段的发展内容都有所不同。典型表现: (1) 1 岁左右,喜欢将小东西从洞眼儿塞进去、取出来;爬来爬去;抓这抓那;移动物体等。 (2) 2 岁左右,喜欢爬高(如爬窗台、爬桌子、爬楼梯等);钻进不同大小的空间;喜欢乱丢东西等。 (3) 3 岁,喜爱攀爬楼梯,从高处往下跳(如跳下矮墩),钻进狭窄的空间,喜欢将物品垒高、排列(如积木的垒高和排序),喜欢跑、跳、跨、登、旋转等。 (4) 4 岁以后,通过物体的具体位置(直观的位置)探索空间,还能通过不在视野中的物体(直观外的位置)探索空间。通过反复排列,	(1) 0—1 岁:这一时期,虽然孩子并没有什么明确的空间概念,视力也还不是很好,但他出生时就有听觉,可以运用声音帮助孩子建立方向感(如寻声找物等)。 (2) 1—2 岁:这一时期的孩子能够熟练地爬,开始蹒跚学步,对周围的任何事物都充满好奇。父母可以给孩子创造一个安全的爬和学走的环境,让孩子在爬和走的过程中加强空间意识。 (3) 2—5 岁:此时期是空间智能发展最快的时期,尤其是在 3 岁以后,进入方位敏感期,已能够对物体的大小、形状、上下、前后、左右、远近产生准确的空间概念,并能通过自身的运动来确定物体的空间位置关系。这一时期,可通过让孩子拍球、画画、搭积木、排序、拼插、捏橡皮泥、转动、变换位置、帮助家长收拾和摆放东西等,从理解空间和表述空间两方面发展孩子的空间智能。 (4) 5—7 岁:这一时期,孩子已能够利用明显的标记或路标对物体定

续表

敏感期	敏感期时间	表现特点	教育指导
		他们探索空间的形状,感知空间的层次。空间感有助于孩子学习数学和自然科学。	位。家长可以指导孩子去感受、体验行走的路线和认明标志物,引导孩子学习看地图找方向等。
口腔敏感期	0—1岁	口腔的敏感期在0—1岁出现,孩子尝试着用口(包括舌、唇、齿)来感觉和认识外在世界。孩子一出生就具有吮吸本能,靠口唇来感受能够接触到的东西。半岁左右长牙时口腔感觉能力更加敏感,会不断地用舌头、牙齿探索环境,不断咬、咀嚼东西,拿到东西就喜欢往嘴里塞,但并不咽下。有的孩子口腔敏感期度过得很好,1岁之后不再有这一特征,但很多孩子却在2岁左右开始"咬"人。	(1) 母乳喂养是满足口欲的最佳途径,吮吸母亲乳头使孩子能意识到母亲的感觉,也意识到母亲通过乳头对他的回应。 (2) 在长牙的敏感期,应该给孩子提供较硬的食物让他练习咀嚼。可以给孩子提供可以咬、尝的东西,比如各种软硬不同的食物,干净的、不同质地的物品等,以满足他的口腔的味觉和触觉。饼干、苹果、萝卜都是孩子发展口腔的好东西。 (3) 根据孩子口腔发育特点(如味觉、牙齿生长等),为孩子提供系统的味觉和口腔触觉训练。
依恋建立期	2—7个月	对人的反应有了区别,对母亲的脸更为偏爱,在母亲面前表现出更多的微笑、咿呀学语、依偎,而在其他熟人面前这些反应就少一些,对陌生人反应更少。	生命的第一年是大脑的关键情感构造形成的时期,有一个安全并且可预知的环境是最重要的,包括给孩子很多关爱,及时满足他的需要。母亲要对孩子发出的信号做出积极的反应,要用热情、温和的语言与孩子交流,并用语言或玩具与孩子逗乐。

续表

敏感期	敏感期时间	表现特点	教育指导
大脑发育第二加速期	5—10个月	(1) 5—10个月是大脑发育的第二个高峰期。从脑部发育曲线图可以看到,孩子12个月时,脑部发育比起出生时增长175%,18个月后比12个月时增长就只有18%了,大大减慢。 (2) 人类的平均脑重是1 350—1 400克。新生儿脑重390克,约占成人脑重的25%;第一年脑重增加最快,以每天1克的速度递增,第一年末已达成人脑重的50%,2岁已达成人脑重的75%;3岁时脑重900—1 011克,约占成人脑重的80%;6岁时已达1 280克,约占成人脑重的90%,可以说6岁时大脑已基本发育成熟;7岁时,儿童神经纤维已基本髓鞘化,髓鞘化增加了传导信息的速度和准确性,是脑内部成熟的重要标志。但科学研究证明,大脑发育第二加速期是出生第5个月到第10个月。	除了遗传因素外,大脑神经系统的发育主要取决于营养状况、大脑的使用情况、大脑所面对环境的多样性、丰富性。 (1) 对5—10个月的孩子,应通过全面、营养的膳食给孩子提供质量较高的母乳,保证孩子脑细胞的机能活动。 (2) 提供丰富的外界环境刺激,包括有人和他说话、玩耍,以及有一个多样的、能刺激他的环境。 (3) 要保证充足的营养和充分的休息。 (4) 早期经验对大脑的发育很重要。早期的经验在很大程度上决定着孩子大脑的具体结构。因此要引导孩子多接触各种人群和外部环境,去感受自然,认识各种事物,丰富各种经验,锻炼观察力。 (5) 充分调动和训练感觉器官,包括视觉、听觉、味觉、嗅觉、触觉刺激。 (6) 要循序渐进地训练抓、握、捏、扔、接、拍及走、跳等各种动作。 (7) 进行适当的游戏,培养孩子的娱乐性和趣味性,充实精神生活。

续表

敏感期	敏感期时间	表现特点	教育指导
语音辨别敏感期	6个月—1岁	6—10个月的孩子对母语的语音辨别能力大幅度提高，同时对母语中同一音位范畴内的不同语音以及外语中语音的辨别能力下降。因此，最初10个月的特定语言经验会使大脑对该语言的语音很敏感，6个月—1岁是孩子区分各种不同语音的敏感期。	(1) 创设良好的语言学习环境。一是为孩子创造一个讲普通话的环境，用规范化的语言来刺激孩子、训练孩子。二是要特别注意讲究说话的艺术。和孩子说话要语速适中，口齿清晰，声调温和亲切。 (2) 经常和孩子一起玩发音游戏，比如模仿各种动物的叫声，或在不同的叫声中找出某种动物的正确叫声等。
味蕾敏感期	6个月—1岁	婴儿期是孩子早期口味培养的敏感期。6个月是咀嚼和喂干食物的关键年龄。6个月—1岁尤其是培养良好饮食行为的关键期。1岁前口味基本就固定了。	要特别重视孩子断奶期的味觉体验，这个时期感觉性较强，可让孩子充分拥有广泛的味道体验。要在1岁前尽可能多地让孩子品尝多种食物的味道，要让他味蕾敏感起来。
依恋明确期	7个月—2岁	出现了明显的对母亲的依恋。与母亲在一起特别高兴，母亲离开时则哭闹不停，而当母亲一回来就马上停止哭泣并转为高兴。母亲在身边，就能安心游戏，母亲一离开则紧张、哭泣、大喊大叫或边哭边追随，对陌生人则有怯生反应。	(1) 鼓励、支持孩子独自玩耍，如通过捉迷藏逐渐延长母亲离开的时间和距离，使孩子知道母亲会回来的。 (2) 母亲要了解孩子的气质特征，针对孩子的特点采取相应的养育方式。 (3) 父母可根据自身的特征，配合着和孩子互动，互补地与孩子建立依恋关系。

续表

敏感期	敏感期时间	表现特点	教育指导
手的敏感期	8个月—2岁	喜欢通过“抓、捏、摸、揪、捅、按、拧、插、撕”等动作来探索环境、认识世界。所有与手有关的事情都是这个年龄阶段的孩子最爱做的事情。	(1) 根据孩子不同阶段手部动作的发育特点,提供各种操作玩具和操作材料。 (2) 生活环境是让孩子发展手的最好环境,可以给孩子参与各种力所能及的动手劳动,提供动手能力。
理解语意敏感期	8个月—1.5岁	8个月开始进入理解语言意义的关键时期,1—1.5岁是孩子积极理解言语的时期,这时孩子虽然自己主动发出的言语不多,但理解成人言语的能力发展迅速。以前,孩子都处于理解言语阶段。	(1) 尽量用形象化的语言和孩子交流,提高孩子对语言的感知力和接受力。 (2) 家长和孩子说话时要把语言和动作结合起来,边说边做,同时引导孩子将人、事物、动作等联系起来进行理解和表达。 (3) 利用不同场合创造言语交流的机会,教日常用语,启发孩子说话。

名家名言

对孩子的成长来说,最重要的是教育而不是天赋。孩子最终成为天才还是庸才,不取决于天赋的大小,关键决定于他或她从生下来到五六岁的教育。即使仅具备一般禀赋的孩子,只要教育得法,也能成为非凡的人。

(德国　卡尔·威特)

本篇重要参考资料

· [意]蒙台梭利. 童年的秘密[M]. 马荣根,译,单中惠,校. 北京:人民教育出版社,1990.

· 孙瑞雪. 捕捉儿童敏感期[M]. 北京:中国妇女出版社,2010.

· 马莹. 发展心理学(第 3 版)[M]. 北京:人民卫生出版社,2018.

· 罗勤. 把握母婴接触的关键期[J]. 家庭医学,2009(3).

· 刘慧敏. 别错过儿童发展的敏感期[J]. 家庭教育(幼儿家长),2010(10).

· 陈伙平. 心理敏感期是幼儿教育的关键期[J]. 幼儿教育,1997(12).

· 李黎波. 儿童关键期的教育[J]. 牡丹江师范学院学报(哲学社会科学版),2004(4).

· 殷红博. 成功的潜能开发来自关键期的科学教育[J]. 现代特殊教育(优才教育版),1999(12).

· 陈建华,刘丹. 当代脑科学视野中的儿童学习关键期研究及其启示[J]. 外国中小学教育,2008(1).

· 钟燕. 3 岁前敏感期的教养[J]. 母婴世界,2010(1).

· 黄小莲. "亲子依恋"印刻期[J]. 早期教育(家教版),2007(1).

· 宋改敏,赵建斌. 儿童心理发展的关键期与早期教养[J]. 兵团教育学院学报,1999(1).

· 童娇胜. 人的社会化过程的关键期[J]. 湖北师范学院学报(哲学社会科学版),2002(2).

· 卢乐珍. 别错过幼儿感知觉发展关键期[J]. 家庭教育,2004(2).

· 马超.感官敏感期——让孩子尽情地感知世界[J].家庭教育(幼儿家长),2009(1).

· 宋艳.抓住宝宝的视觉发育关键期[J].启蒙(0—3岁),2007(8).

· 刘闯,董光恒.童年的秘密——敏感期[J].幼儿教育,2008(20).

· 徐敏.童年的秘密——敏感期[J].幼儿教育,2009(C5).

· 杨红梅,刘闯.童年的秘密——敏感期[J].幼儿教育,2009(4B).

· 杨红梅.童年的秘密——敏感期[J].幼儿教育,2009(6).

· 王曙光.幼儿的敏感和敏感期[J].家庭教育(幼儿家长),2004(2).

· 张丽敏.语言敏感期——打好孩子全面发展的基础[J].家庭教育(幼儿家长),2009(6).

· 曾亚军."关键期"理论与幼儿语言能力的培养[J].中小学电教,2010(8).

· 赵焕明.幼儿语言关键期的教育[J].新疆教育学院学报,2004(2).

第三篇　0—1岁儿童发展进程与教育指导

篇首语　“0—1岁儿童发展进程与教育指导”从营养与保健、护理与自理、感知觉发展、粗大动作、精细动作、视觉空间、绘画、音乐与律动、学习能力、语言发展、数理逻辑、认知与探索、情绪情感、社会认知与交往、自我意识与个性等15个领域，系统展现了0—1岁儿童的身心发展进程，并精细设计了与各发展阶段及各发展领域相适宜的教养活动。

本篇导读

营养与保健

“营养与保健”领域，简单介绍了 0—1 岁孩子不同生理阶段的身体发育、微量元素供给、营养观念、饮食结构、膳食安排、食材选择、饮食习惯、口腔护理、眼睛保健、睡眠习惯、疾病预防等方面的科学常识。

护理与自理

0—1 岁孩子护理与自理领域包括：穿戴、盥洗等。

感知觉发展

就感知觉发展而言，孩子最初的感知觉，包括视觉、味觉、听觉、嗅觉、皮肤觉、运动觉、空间知觉等。孩子在最初的 3 个月里是通过眼、耳、皮肤、肌肉和关节的感受器来接收和感知外部信息的。感觉信息可以用来帮助产生对环境的运动反应。而早期的大部分运动反应都是出于与生俱来的条件反射。孩子此后的诸多自主技能都是在这些原始条件反射的基础上发展起来的。孩子出生 4—6 个月时的动作还部分地受到早期原始反射的影响。当原始反射完成了孩子早期的生命维系作用之后，就会被大脑的更高级中枢所抑制和控制。最终，这些反射被一体化，被自主控制所取代，发展成为更高级的生存技能。

粗大动作

0—1岁孩子粗大动作领域的能力谱系和主导活动包括：抬头、转头、蹬踢、翻身、坐、站、扶持蹦跳、爬、体位转换、扶物挪步、投掷等。

精细动作

0—1岁孩子精细动作领域的能力谱系和主导活动包括：抓握、拍打、触碰、拿取、摇晃、推开、双手持物、传递、互击、投放、撕纸、拨弄、拍手、捏、盖、抠、按、拔、倾倒、叠高、戳、握笔、翻书等。

视觉空间

0—1岁孩子视觉空间领域的能力谱系和主导活动包括：追视、视力、视觉偏好、目光聚焦、颜色感知、图形感知、立体知觉、视觉辨识、空间方位等。

绘画

0—1岁孩子绘画领域的能力谱系和主导活动包括：画点、手指画。

音乐与律动

0—1岁孩子音乐与律动领域的能力谱系和主导活动包括：辨音、律动、节奏。

学习能力

0—1 岁孩子学习能力领域的能力谱系和主导活动主要包括：记忆、模仿、注意、专注、观察等能力的培养。

语言发展

0—1 岁孩子语言领域的能力谱系和主导活动包括：反应性行为、非语言交流、发音、辨音、语音、音韵、语言理解、模仿说话、倾听谈话、听从指令、使用语词、阅读等。

数理逻辑

0—1 岁孩子数理逻辑领域的能力谱系和主导活动包括：动作发展水平、客体永存性、对关系的理解（因果关系、整体与部分关系）、游戏水平（关系性游戏、功能性游戏）、比较、数的理解等。

认知与探索

0—1 岁孩子认知领域的能力谱系和主导活动包括：认识物品、认识动物、认识植物等；探索领域的能力谱系和主导活动包括：探索性行为（触摸、摆弄、扔、摇晃、撞击、捅、抠、拨弄、敲打、打开、抛掷等）、探究能力（观察）、科学品性（好奇心、探究欲）等。

情绪情感

情绪情感发展，包括一般情绪状态、情绪情感表达与控制、同情心、责任感等。

0—1 岁孩子的情绪表达方式包括：哭闹、生理性微笑、微笑、咯咯笑、发脾气、愤怒等；一般情绪表现包括：恐惧、喜怒哀乐、焦虑、胆怯、害羞；情绪体验能力包括：情绪感应、情绪反应、情绪感知、情绪理解等；情绪调控能力主要显现为自我安慰。

0—1 岁孩子的情感表达一般包括：依恋、拒绝、同情、好恶感等；情感体验和表达的方式包括：感受、体验、反应等。此外，幽默感也是情绪情感的重要方面。

社会认知与交往

0—1 岁孩子社会认知领域的能力谱系和主导活动包括：认识他人（如认识熟人、认识生人）等。

0—1 岁孩子社会交往领域的能力谱系包括：交往态度（意愿、兴趣、主动性）、交往技能（注视、表情、发声、互动、关注、肢体语言、拒绝、求抱）；规则意识（感知规则、执行要求）；社会性游戏水平（亲子嬉戏、亲子游戏、同伴平行游戏）等。

自我意识与个性

0—1 岁孩子自我意识领域的能力谱系和主导活动包括：自我认识（认识自己的身体、名字）、自主意识、所有权意识、自我评价、自尊心、自信心、自主性、独立性等。

第一章　新生儿的发展与教育

本章导读

敏感期：新生儿期处于前依恋期（0—2 个月）和信任感建立敏感期（0—1.5 岁）。孩子出生后，母亲要尽可能自己带养，亲自给孩子喂奶、换洗尿布、洗澡、游戏和逗乐，让孩子充分感受温馨的母爱。相关敏感期的表现特点与教育指导详见“第二篇 0—1 岁儿童敏感期与教育指导”。

营养与保健：为了孩子的健康成长、智能发育和良好亲子依恋关系的建立，一定要做到诸如母乳喂养等科学养育的要求。

关注先天本能：新生儿是带着与生俱来的若干本能降临到这个世界上的，这些本能是以后高级能力发展的基础。父母要善于捕捉这些本能的外在表现，选择最适切的训练方式循而导之，使之循序渐进地向高级智能发展。

感官刺激的内容：孩子出生后头 4 个月是感官信息输入期。感官刺激训练以吸吮、按摩、伸展、嗅闻、注视、倾听等训练为主。

感官刺激的时机：新生儿一天几乎都在睡觉，各种刺激与训练应在孩子清醒状态下进行，且根据孩子的反应和兴趣来决定持续时间的长短。应该以保证睡眠为主，刺激训练为辅。

新生儿发展进程与教育指导

一、营养与保健

（一）营养保健常识

1. 母乳与牛奶:母乳是孩子的最佳食品

牛奶是仔牛的天然食品。母乳和牛奶相比,母乳中的蛋白质比牛奶中的蛋白质更易于新生儿吸收,孩子只有到了3个月后才能很好地利用牛奶中的蛋白质,所以至少前3个月应采用母乳喂养。尤其是产后2—3天的初乳含有多种抗病物质。初乳喂养的孩子,与一开始就采用牛奶喂养的孩子不同,结肠内大肠杆菌少,而对身体有益的双歧杆菌占多数。与单纯母乳喂养的孩子相比,牛奶喂养的孩子易患特异性皮炎,痰多易喘的孩子也较多。此外,母乳喂养的母亲,产后恢复快。孩子的吮吸可刺激子宫收缩。而且,母乳喂养的母亲与非母乳喂养的母亲相比,乳腺癌的发病率要低。世界卫生组织提出,每个孩子以母乳喂养至少到生后4个月,这是母亲的义务。

2. 按需哺乳与按时哺乳

究竟应该“按时哺乳”还是”按需哺乳”? 有人主张给孩子“按时喂奶”,因为实验表明,喝了牛奶以后,牛奶在胃中大约要停留3—4个小时;人奶的凝块虽然比较小,但也要3个小时左右才能从胃中完全排空,所以认为每隔3个小时喂1次奶比较合理。但是人毕竟不是机器,影响孩子消化吸收的因素十分复杂,在实际喂哺中若严格实行定时喂奶常常会遇到一些困难,如到了预定时间,孩子却睡意正浓,有时虽未到预定时间,孩子已饿得哇哇直哭。我国自古以来民间的传统习惯是“按需哺乳”,而反复的对比研究也发现“按需哺乳”是一种顺乎自然的,最符合人体生理需要的哺乳方法。按照这种方法,只要孩子想吃,就可以随时哺喂,如果母亲涨奶了,而孩子肯吃,也可以喂,不必拘泥于是否到了“预定的时间”。另外,实践也证明，只要母乳充足，自3—4个月之后孩子也会逐渐地自觉做到按时吃奶，即每隔3—4个小时要哺乳1次。

3. 1次喂奶时间不超过20分钟

1次喂奶时间要多长？正常婴儿哺乳每侧乳房10分钟，两侧20分钟已足够了。从一侧喂奶时间10分钟来看，最初2分钟内可吃到总奶量的50%，最初4分钟内可吃到总奶量的80%—90%，以后的6分钟几乎吃不到多少奶，但后6分钟也是必需的，它可刺激催乳素释放，同时加强母婴感情的联结。

4. 母乳不足

孩子出生后3周，食欲会急剧增加。如果以前每3小时喂奶1次，现在吃奶刚过2小时就开始哭，就应该给孩子测体重了。5天内，如果体重增加不足100克的话，就是母乳不足，需要加牛奶了，每天可以喂3—4次母乳、3次牛奶。（不要先吃母乳再用牛奶补充不足的部分，而应在母乳分泌最不充足的时候单独喂牛奶）如果每5天体重增加100—150克，就可以每天喂母乳4—5次、牛奶2次。每次喂牛奶100—120毫升。过5天称体重，如果增加了150克以上，就可以这样坚持下去。但孩子在半个月时就完全改为牛奶喂养是不可取的，因为一般母乳分泌量都是在孩子出生1个月后才增加。

5. 微量元素

孩子在6个月以内，每日需要钙600毫克，而他从母乳或奶粉中只能摄取到300毫克左右的钙。孩子出生后第15天就可以开始服用鱼肝油和易溶于水的钙剂，但要在医生指导下服用。鱼肝油最主要的成分为维生素A和D，还蕴含丰富的DHA，有助于孩子大脑、视网膜的发育，同时富含丰富的球蛋白、核蛋白、赖氨酸、谷氨酸、甘氨酸等多种免疫营养物质，能够增强孩子抗病能力，预防和治疗佝偻病。

6. 神经发育与营养

孩子出生后两年内是神经元数量的增殖期，尤其出生后6个月内是神经元数量增长的快速期。此时期营养不足会直接减少神经元的数量而影响智力。

7. 适应环境

从产院把孩子抱回来在房间里睡觉时，如为气候宜人的春秋季节，应尽可能将窗户打开，但应避免凉风直接吹到孩子身上。夏天空调房间室温应保持在低于外界温度4—5℃，但一般不要低于25℃。冬天，在日照充足的时候，也应该每1小时打开窗户通风1次。新生儿对外界环境的适应能力，需要经过2—3周的生理调节，才能逐步提高。

8. 预防接种时间

一类疫苗：出生时，卡介苗（第一剂），乙肝疫苗（第一剂）。1个月，乙肝疫苗（第二剂）。2个月，脊髓灰质炎疫苗（第一剂）。3个月，脊髓灰质炎疫苗（第二剂），百白破疫苗（第一剂）。4个月，脊髓灰质炎疫苗（第三剂），百白破疫苗（第二剂）。5个月，百白破疫苗（第三剂）。6个月，乙肝疫苗（第三剂），A群流脑疫苗（第一剂）。8个月，麻疹疫苗（第一剂），乙脑疫苗（第一剂，第二剂，间隔7—10天）。9个月，A群流脑疫苗（第二剂）。（查询：中国疾病预防控制中心免疫规划中心，http://nip.chinacdc.cn）

（二）家庭养育指导

1. 母乳喂养

有的新生儿出生后2小时就哭着要奶，此时如母亲身体状况允许，应开始喂奶了。但有的孩子过了12小时才想要奶，此时开始喂奶也不是不可以。不论母乳分泌好与不好（第1周每次泌乳量多在50毫升左右，2周后分泌70—80毫升），初乳必须喂养。泌乳不好的母亲，以后需要加用牛奶或换成牛奶喂养，但都有初乳，所以，至少应坚持哺乳1周。

2. 牛奶喂养

有的母亲虽然想用母乳喂养,无奈泌乳不如意,用尽各种措施也无济于事。尽管母乳喂养有许多优点,也不得不选用牛奶喂养。但孩子在5个月以前不宜用鲜牛奶喂养,而应选择相应月龄婴儿适用的配方奶,并且应按奶粉罐上标明的调配方法进行,并记住标明的奶量。出生1周至15天的孩子,一般每次吃牛奶70—100毫升,此量在10—20分钟吃完较为适宜。出生后10天左右的孩子,若每次都吃不了50毫升,应去请教医生。出生后15天前后的孩子一般每3个小时吃1次奶,每日吃7次,每次100毫升左右。半个月到1个月大的孩子,只用牛奶喂养时,1次喂100—120毫升比较合适。1个月大的孩子如果能吃,可吃到150毫升或160毫升,但应尽可能限制在140毫升左右。不管3个月以前的孩子多么能吃,每天总的奶量应限制在1000毫升以内。即使是3个月以上的孩子,如果每天喂5次奶,每次的奶量不要超过200毫升。食量大的孩子啼哭要奶吃时,可喂些加糖的温开水(100毫升水中加5克白糖)。喝奶量与孩子的体重和性别有关。大致来说,体重1千克的孩子每天需要喝奶150—180毫升,体重2.5千克的孩子每天喝奶350—450毫升是正常的,如果每天7次,间隔3小时很勉强的话,就可以改为每天8—9次。

3. 洗澡

孩子洗澡的水温应控制在37—38℃。孩子皮肤娇嫩,洗澡时绝对不要用力擦洗孩子皮肤。每天洗一次澡,每次约10分钟就可以了。

4. 衣着

孩子的衣服、被褥不宜裹得太紧,以免压迫肌肉,限制四肢活动,影响发育。衣服应柔软、宽松、舒适,以不妨碍身体自由活动为宜。衣服也尽量不要穿得过多,夏天应尽可能多使皮肤接触外面的空气。

5. 睡眠

新生儿中枢神经系统发育尚未完善,大脑皮层主要处于抑制状态,除吮乳时间外，多数时间处于睡眠之中，一天睡眠时间达20多个小时。

6. 户外活动

夏天出生的孩子7—10天、春秋出生的孩子15天左右、冬天出生的孩子20—30天，在天气晴好无风的日子，就可以抱到户外，让孩子呼吸新鲜空气、晒太阳，促进新陈代谢，增强适应能力。开始时每天1—2次，每次3—5分钟，逐渐延长时间、增加次数。当室外温度在10℃以下，或日光直射且很强时，就不要带孩子出去了。

二、新生儿护理

（一）护理常识

1. 为新生儿准备合适的衣服

孩子衣服的多少要根据家庭的经济状况、不同的出生季节和地区而有所不同。但至少要准备以下几件：

（1）贴身的单衣3件，因新生儿容易吐奶，需要勤洗勤换。

（2）夹衣2件，在春天、初夏或秋天都很需要。

（3）绒线背心和绒线衣各1件，在气候变化较大时可随时穿脱。

（4）棉衣1—2件。最好稍大一点，这样可多穿一段时间。

（5）包被2条，可起到较好的保暖作用，弄脏了也方便更换。

（6）小线毯1条。外出时可起挡风保暖作用。

新生儿的皮肤娇嫩，衣服料子最好选用质地柔软的绒布或旧布做成，贴身的单衣千万不能用化纤品和丝绸，以免引起皮肤过敏。新生儿的头相对比较大，所以尽量不做成套头的衣服。贴身的单衣可以做成无领的"和尚式"开襟衫。

2. 解读新生儿的身体"暗语"

（1）宁静睡眠期：双眼闭着，呼吸平稳、规则，没有自发性运动，外观一看便知在睡觉。该阶段不宜叫醒孩子。

（2）活动型睡眠期：双眼闭着，呼吸快、不规则，偶尔手脚会动或眼睛微睁开、笑或做出表情，照顾者常以为孩子并未睡着，该阶段不宜叫醒孩子。

（3）昏昏欲睡期：想睡的样子，眼睛半睁、目光迟滞，呈迷糊状态，通常有反应，给予刺激时，容易改变状态，此时期可叫醒孩子。

（4）宁静警觉状态：孩子清醒、目光炯炯有神、没有自发性活动、注意力提高，最容易有反应的状态，是喂食、说话、互动的最佳时机。

（5）活动型警觉期：睁开眼，有自发运动，脸部及身体活动多，对刺激敏感，较易哭吵、情绪激昂不安，需先安抚情绪，才宜喂食及互动。

（6）哭泣：大声哭叫、情绪不安。不宜进行任何活动，照顾者需先安抚。

以上6种状态，在任何时候，都有可能交互出现，可以依孩子的情况需要，而给予适当的照顾。

3. 新生儿的需要

孩子的需要是不断变化的。刚出生的时候他什么都需要：喂奶、换尿布、洗澡、让人抱着和听人说话。在出生的第一年里，不断被人照顾的体验让孩子建立起对他人最基本的信任感，还形成了他对这个世界的乐观态度。

（二）教育指导

1. 怎样依孩子的需要，而给予照顾呢？

孩子的肢体语言可以透露某些信息。

（1）我饿了，要吃奶了：孩子饥饿时会以表情或动作来告诉您。如脸转向照顾者，嘴巴有吸吮动作，手紧抓住不放，轻触嘴角会寻找食物或吮吸手。若喂奶时间到，但孩子仍在睡觉，表示他不饿，请勿打扰。根据研究发现，喂食母乳的孩子其睡眠时间比喂食婴儿奶粉者长，哭得比较少。

(2) 我吃饱了：孩子的表情及肢体动作，让您觉得“我很满足了”，将母亲奶头或是奶瓶推开、把头转开，四肢呈现松弛、舒服的样子，此时应让孩子休息，不宜再强迫喂食。

(3) 我要您跟我说话、玩耍：表情微笑，头转向照顾者，眼睛睁开，脸部及身体活动多。照顾者可与孩子面对面，予以视觉刺激、听觉刺激，如将包裹的毛巾打开，将孩子直立起来，和孩子说话，给孩子一些东西吸吮等。

(4) 我要休息了：累了、想睡觉，头转向他侧，不注视照顾者，打哈欠、打呃……在此状态下，请将孩子安置于舒适的位置让他休息，请勿打扰，孩子将会长得更快些。

2. 和善地照料孩子

当你给孩子喂奶、拍他打嗝、帮他洗澡、穿衣服、换尿布、抱着他的时候，都要平静而友好地对待他，他也都会感觉到你们之间的深厚情意，你对他的爱都会促进他的精神成长，这种作用就如同乳汁会促进他的骨骼发育一样。所以，不要把照料孩子当成一件苦差事，而应把它当成一种天伦之乐。你的温柔、随和的陪伴对孩子的成长是最有好处的。

3. 正确怀抱孩子

出生不久的新生儿，颈肌未完全发育，头部软弱无力，当你试着竖起他的头时，很快就垂了下来。从发展的情况来看，90%的孩子在出生后21天才会抬头15°左右，两个半月抬头45°左右，直到3个月才能抬头至90°左右，4个月以后的孩子就完全能自如抬头了。可见，孩子的颈肌发育大约在3—4个月才能完成。因此，大人怀抱孩子应随月龄而变换姿势，1—2个月的孩子只能横着抱，横抱时还要用手托住或用前臂支撑住头才行，到了3—4个月时才能竖着抱孩子。

在横抱或竖抱时，最好将孩子的头部放在大人胸前左侧。因为人的心脏位置偏向左侧，孩子在母亲的子宫内听惯了母亲心跳的声音和节律，当母亲怀抱他时，让他的头部依偎在母亲左侧贴近心脏的位置，母亲熟悉的心跳声会使他产生一种亲切感。国外曾经有人做过这样的试验，当孩子哭闹时，比较左侧怀抱和右侧怀抱孩子使之停止哭闹的时间，结果发现采用左侧怀抱的姿势会使孩子较快停止哭闹而镇定下来。

三、味觉与嗅觉

（一）发展进程与目标评价

新生儿出生时味觉已发育完善，出生后仅 2 小时就能对微甜的糖水表现出愉快的表情，而对柠檬汁则表现出痛苦或拒绝的表情。足月新生儿已能辨别甜、苦、酸、咸、辣等不同味道。虽然刚出生的新生儿比较喜欢甜味，但并不是说孩子出生后应加糖水，以免影响母乳喂养。

（二）实现途径与养育指导

新生儿的嗅觉已相当灵敏，能区别不同的气味，尤其对母亲身上的气味特别敏感。出生 6 天的新生儿就能辨别自己母亲身上的气味。对强烈刺激物有较敏感的反应，而对刺激性小的气味则反应迟钝。“喜爱”好闻的气味，“讨厌”或“躲避”不好闻的气味。新生儿已能够由嗅觉建立起食物性条件反射，并具有初步的嗅觉空间定位能力。

四、视觉空间

（一）发展进程与目标评价

1. 追视

新生儿出生时孩子的双眼运动不协调，有暂时性的斜视，见光亮会眨眼、闭眼、皱眉。出生后 7 天，就会对眼前的物体做出“看”的反应。双眼能追随眼前移动的物体，但视野只有 45°左右。（→1 个月）

2. 视力

新生儿视距调节能力差，物体太远或太近时都看不清楚，只能看见 60 厘米以内的物体，最佳视物距离为 20—30 厘米，相当于母亲抱孩子喂奶时

母亲脸和孩子脸之间的距离。这种状态一直持续到出生后 3—4 个月，孩子 4 个月才有调节视焦距的能力。（→1 个月）

3. 视觉偏好

新生儿喜欢注视人脸、光亮、鲜艳的红色、黑白对比大、移动的物品。容易注视条纹、波纹、棋盘、圆点、五角星、同心圆式的图案。（→1 个月）

【小贴士】孩子视觉发育将经历黑白期(0—4 个月)、彩色期(4—12 个月)、立体期(6 个月—3 岁)和空间期(1.5 岁—6 岁)这几个奇妙里程。0—6 个月是视觉发育的敏感期。

（二）实现途径与教育指导

1. 视觉检查

新生儿出生后不久就要做眼科检查，以尽早发现眼睛发育是否有异常。不要让孩子受强光照射。

2. 将物体置于合理视距

吸引新生儿注意的物体必须放在距他的眼睛 20 厘米左右的地方。将物体轻轻摇动，更能引起新生儿的注意。

3. 追视训练(红色)

（1）家长可在离新生儿 20 厘米左右的地方，手拿红色绒线球、彩球、花铃棒等玩具慢慢抖动或左右移动，让孩子追视。家长也可左右移动自己的脸让孩子追视。

（2）在手电筒外面包一块红布，在视距内上下左右慢慢移动手电筒以吸引孩子追视红光。

4. （黑、白）图案感知

在孩子床头张贴或悬挂印有黑白脸谱、黑白条纹、同心圆图形的硬纸卡片或父母的黑白相片，引导孩子注视图片。每次只贴一幅图片，每隔3—4 天更换一幅。直到孩子满月后可换成彩图。

5. 视角变换

要经常变换张贴物和悬挂物的位置、方向，经常交换孩子的卧向，以免造成斜视，并使他能从多方面来熟悉周围环境，获得不同的视觉经验。

6. 选择最佳的视觉训练时间

一般新生儿在吃饱后 10—30 分钟内情绪最佳，可利用这段时间进行视觉训练。孩子欲睡或疲劳时不要勉强训练。

五、听觉

（一）发展进程与目标评价

1. 1 周内

1 周以内的新生儿，由于中耳里残留少量羊水，中耳鼓室尚未充盈空气，因此对微弱的声音是听不见的，但能听到较大的声响。如果用持续、温和的声音在离孩子耳朵 10—15 厘米处进行刺激，孩子会转眼甚至转过头来。对强烈的声音刺激则会引发震颤、抽搐及眨眼等惊吓反射。

2. 1—2 周

1 周后听到声音会转动眼和头寻找声源。新生儿喜欢听柔和、轻松的声音，讨厌噪音。对人的声音和音乐等中频声音较为偏好，尤其对母亲的声音特别敏感，听到音乐吸吮的时间也会明显增加。

3. 2—3 周后

有了明显的听觉。快满月时，听觉会出现相对集中的表现，能更好地听外界的声音。

（二）实现途径与教育指导

1. 避免强声刺激

避免让孩子长期包围在强烈的声音之中，比如，大声的音响或电视，更不要制造突然而强烈的声响，以免惊吓到孩子。

2. 听音乐

孩子醒来或喂奶时，可以播放一段旋律优美、节奏舒缓的乐曲。母亲带着愉悦的情绪，轻声和孩子说话，也可给他唱儿歌。这种做法，孩子出生几天后就可以进行。

3. 寻找声源

在距离新生儿耳边10—15厘米左右的地方，妈妈变换站位呼叫孩子、拍拍手、学动物叫声等逗引孩子做出寻找声源的转头反应。

4. 视听训练

用发声玩具如音乐盒、摇铃、拨浪鼓、吹塑捏响玩具、发声悬挂玩具等逗引孩子听和看。还可用发声玩具在孩子头顶上方逗引他俯卧抬头。新生儿很容易疲劳，每次视听训练不要超过10分钟。

六、触觉

（一）发展进程与目标评价

1. 触觉系统的发育

触觉系统是胚胎中第一个发展出来的感觉系统，是身体中分布最广、讯息最多，也是最复杂的感觉系统。

2. 触觉敏感性

新生儿的触觉有高度的敏感性，尤其在口角、唇边、脸蛋、前额、手掌、足底等部位，而大腿、前臂、躯干处相对比较迟钝。

3. 痛觉

新生儿已具有痛觉，但痛觉比较迟钝，尤其在躯干、腋下等部位更不敏感，即使不小心把新生儿弄疼往往反应也不明显。

4. 温度觉

新生儿对温度的感觉已比较敏感，能区分出物品温度的高低，且对冷的感觉比对热的感觉更敏感，如能对温度过高或过低的牛奶产生哭闹等不舒服的反应，而母乳的温度则是最适宜的温度。

5. 触觉反应

在0—2个月大时，触觉反应都是为了自我保护或觅食。触碰新生儿手掌，会出现抓握反射。当用手指或者乳头触摸他的脸颊时，他的头会随着你的手指、乳头转动。

（二）实现途径与教育指导

1. 父母要对孩子的行为反应保持敏感

因新生儿无法自我抗拒外来侵害，所以一旦出现哭闹、哼唧等不适反应，父母就应仔细检查以及时消除不适因素。

2. 父母要对孩子知寒知暖

寒冷对新生儿是种恶性刺激，要注意保暖，特别注意新生儿所处环境温度的高低。正常新生儿出生后最初两天室温以33℃为宜，以后可逐渐下降。

3. 全身抚摸

孩子出生后两周起可以开始为他做全身按摩。在洗澡前后或换完尿布后，将孩子平放在床上。抚摩前先温暖双手，在掌心处倒一点润肤油，不要把油直接倒在孩子皮肤上。抚摸要按照头、胸、腹、四肢、背部的顺序进行（摸摸脸蛋、眉毛、额头、鼻子；从上到下抚摸胸部、腹部；从肩到手抚摸双臂，从脚到臀抚摸双腿；把孩子抱起，抚摸背部、颈部和头）。抚摸要顺着毛发生长的方向，即由上往下、由内往外。抚摸时大人要面带笑容，并不断对孩子讲话。手法要轻柔，一般每分钟12次左右，每日2—3次，每次时间从5分钟开始，渐增至15分钟。房间温度要保持在25℃左右。0到3岁是孩子抚触的关键期，一般越早开始对孩子进行抚触，效果越明显。抚触面积越大对孩子的良性刺激越多。

七、粗大动作

（一）发展进程与目标评价

1. 俯卧

刚出生的孩子几天后就可以俯卧。

2. 抬头

俯卧时头会偏向一侧，下颌能短时间离开床面。但1个月内的孩子俯卧时还不能自己主动抬起头，只能本能地挣扎，使面部转向一侧。竖抱或扶孩子肩部成坐位时，孩子的头会不由自主地前垂或后仰。（→1个月）

3. 转头

俯卧时，在后脑用摇铃引诱，孩子会转头（左、右侧）。（→1个月）

4. 挥臂

仰卧时孩子手臂会挥动。

5. 惊吓反射

听到突发大响声时，孩子惊吓地出现双臂快速向外伸展的反射。

6. 踏步反射

抱起直立，脚触及平面，孩子会出现原始踏步反射。

【小贴士】0—2岁是孩子肢体—动作智能发展的基础期，主要在于建立各领域及各系统的基本能力。

（二）实现途径与教育指导

1. 俯卧抬头

出生半个月后，每天可让孩子俯卧一会儿，并用玩具逗引抬头，左右移动头部，以锻炼颈背部肌肉。锻炼要在孩子清醒、空腹的情况下，即喂奶前一个小时进行。每次训练从30秒钟开始，逐渐延长，每次俯卧时间不宜超过2分钟，每天练习1—2次。

2. 竖抱抬头

两周起每次喂奶后可将孩子竖直抱起，使头部落在大人肩上，先轻拍背部以防溢乳，然后让孩子的头自然竖直片刻。每天4—5次。

3. 轻柔体操

两周起可为孩子做肢体伸展。每天定时把孩子放在床上，让他自由自在地挥动小拳头，蹬一蹬小腿。也可以做几分钟轻柔的体操，包括左右、上下动一动头，伸手指到孩子的掌心让他抓握，弯一弯肘部，握着孩子的脚踝把腿向上拉、向外拉、向下拉、向内合，再向膝部弯曲。用手推孩子的脚底，训练孩子蹬腿。再让孩子俯卧抬头。快满月时，仰卧时握住孩子手腕，轻而缓慢地将他拉起再放下。开始要控制在2—5分钟，逐渐加长时间，以免疲劳。每天2—3次。

八、精细动作

（一）发展进程与目标评价

1. 抓握反射

新生儿手呈握拳状，用拨浪鼓等玩具触碰手掌时会紧紧握住。（→1个月）

【小贴士】新生儿具有先天的反射动作。就手部动作而言，主要有抓握反射、拥抱反射。这些先天性反射到一定时期便会发展为智能动作。

2. 释放

0—1个月，不会放松，握持反射强。（→1个月）

（二）实现途径与教育指导

1. 手部按摩

可轻轻抚摸并按摩孩子的双手，舒展并轻捏每个手指，以刺激手部皮肤感觉的发育。

2. 抓握训练

可用小拨浪鼓、笔杆、筷子之类的物品去刺激孩子抓握；可试着让孩子抓住大人的手指将他提到半坐位样子，甚至整个身体离开小床。

3. 提供毛绒玩具

选择体积较大的毛绒玩具放在孩子身边供孩子抚弄。大人也可抓着孩子的小手，让他用手心、手背去感受毛绒绒的感觉。

九、学习能力

（一）发展进程与目标评价

1. 记忆

出生两三天的新生儿就开始有最简单的记忆，比如通过气味记住妈妈。（→2 个月）

【小贴士】孩子一出生就具有了形成记忆的能力，并通过各种感官对自己周围常见的事物产生记忆，例如，通过气味记住妈妈，通过手感记住自己的小玩具，通过声音记住哗哗作响的玩具等。

2. 注意

新生儿注视物体有选择性，如喜欢注视人脸和复杂的图形，可一次维持注视时间为 5—10 秒钟。（→1 个月）

3. 模仿

新生儿能模仿成人的行为。只要你反复做同一个动作，如张嘴、伸舌、

噘嘴等，孩子就会蠕动小嘴，模仿你的动作。（→4 个月）

【小贴士】模仿是最原始的学习。有人在对灵长类及人类的研究中都指出：幼猴及幼儿天生具有模仿眼睛所见事物的本能。出生才 4 天的新生儿，就能模仿吐舌头、把嘴张成圆形等动作。

（二）实现途径与教育指导

1. 注意

刚出生的新生儿，一睁开眼睛就会盯着眼前的东西看或东张西望，一些特别的或新奇的外界刺激会引起新生儿的生理反应改变（如心率的改变），并表现出外在的躯体活动，比如在吃奶的时候耳旁响起一个清脆的声音，他会减慢吸吮速度甚至停下来，但 1 个月内的新生儿对物体的注意时间仅为 10 秒左右。

2. 表情或动作模仿

新生儿会模仿母亲的脸部动作或表情，如张嘴、伸舌头。母亲可以和新生儿玩这样一个游戏：当孩子安静、觉醒时，在距离孩子面部约 20—25 厘米处，让孩子直接注视母亲的脸。母亲尽可能伸出舌头，然后缩回。隔 20 秒钟后，再慢慢地伸出舌头，然后回缩，如此重复 6—8 次，这时，母亲可能会看到孩子也在嘴里移动自己的舌头。开始时，舌头可能朝着一侧面颊移动，约半分钟左右，孩子会将舌头慢慢地出现在嘴边，最后能很快地将舌头伸向嘴外。

十、发音与语言

（一）发展进程与目标评价

1. 反应性行为

对新生儿说话，他会蠕动嘴唇，好像要说话。（→2 个月）

【小贴士】新生儿在听成人说话时，尽管听不懂语言本身，但能凭借感觉(即语感)来领会成人语言的含义。

2. 非语言交流·哭声

哭是孩子最初的语言。新生儿刚生下来只会用哭声来表达自己的要求，哭是孩子主动与父母交流的方式。孩子的哭有很多原因，如：饥饿、冷热、尿湿、不舒服等，还有睡前或睡醒时不明原因的哭闹。(→1 个月)

3. 发音

新生儿发出的声音单调、没变化。新生儿常常爱哭，正常新生儿哭声响亮婉转，生病时的哭声显得无力、高、尖、沙哑。(→1 个月)

(二) 实现途径与教育指导

1. 亲子交流

每当给孩子喂奶、换尿布、擦脸、洗澡、哄抱时，母亲都要采用儿语声调、夸张语调、唱歌节律、短语音节、重复用词的形式，亲切、微笑着和孩子说话，和孩子逗乐，逗孩子发音，并随机应变地回应孩子的发音。

2. 不要忽视与孩子之间看似毫无意义的对话

只要细心观察就会发现，成人在对孩子说话时，孩子会手脚齐动，一副心满意足的样子。这种对话能使大脑急速发育的孩子很快地达到咿呀学语的程度，为日后的语言发展奠定良好的基础。

3. 对待孩子的哭声

哭表示发音器官已为言语的发展做好准备，同时哭又使发音器官进一步受到锻炼。因此，只要不是因为身体不舒服而哭，父母没必要一见孩子哭就抱起来哄着。父母要能够逐步分辨出不同哭声所代表的不同要求，以便很好地对待孩子的哭。

十一、情绪情感

（一）发展进程与目标评价

1. 情绪表达·愉悦/哭闹/厌恶

新生儿具有最初的情绪反应，主要是痛苦、厌恶、微笑反应，这些反应取决于他的生理需要是否得到满足，以及健康状况是否良好。吃饱睡足了就表现为愉快、安静，饥饿、瞌睡或身体不适就会哭闹。对不喜欢的食物味道或气味（比如给母乳喂养的孩子换用配方奶或者其他饮品喂养）就会以皱眉、耸鼻等厌恶的表情表示拒绝。哭是新生儿舒缓压力的方法。面部表情反映的是他身体状况而非情绪状况。（→1 个月）

2. 情绪表达·生理性微笑

在新生儿的脸上时常会看到浮露在嘴角上的奇妙的笑，这是一种自发的生理性微笑，与外界刺激无关。一般新生儿会在 10—20 天学会逗笑。（→1 个月）

3. 情感表现表达·视觉交流

母亲在哺乳时，会发现孩子总是边吃边用眼睛直视着母亲的眼睛，这是孩子情感发育过程中的视觉交流。（→3 个月）

【小贴士】0—3 个月是亲子依恋建立的最佳时机。母亲生产时和哺乳时会大量分泌激乳素，它形成亲子之间的联结，当孩子被亲密的人触摸、爱抚时也会激发这个荷尔蒙。小鼠出生后，母鼠会去舐它，实验者发现，这个“舐”和小鼠的大脑及情绪发展有很大关系，如果把小鼠隔离，剥夺它被母鼠舐的机会，这只小鼠长大后会不合群，有偏差行为出现。实验者若用柔软的毛笔去轻刷小鼠身体，也可以产生激乳素，就能弥补没有母鼠舐的缺陷。在早产儿的病房中，被抚摸的和没有被抚摸的孩子，生长的速度不一样。

（二）实现途径与教育指导

1. 母子交流

从第二周起，就要经常逗笑孩子。平时，母亲要多利用哺乳、哄抱、摇晃等机会，尤其是他哭闹时，通过对视、倾听、说话、抚触等方法，给孩子以抚慰，满足孩子最初情感交流的需要。如果出生后失去母子交流，孩子在成长过程中会表现出表情淡漠、发育迟缓、性格孤僻及成长后难以与人和睦相处等情绪障碍。

2. 辨别哭声，恰当抚慰

（1）饿了：新生儿是真正的多餐者，每隔几小时就要喝奶。当孩子饥饿时，哭声很洪亮，哭时头来回活动，嘴不停地寻找，并做着吸吮的动作。只要一喂奶，哭声马上就停止。而且吃饱后会安静入睡，或满足地四处张望。孩子如果饿了，便会用大哭来催促你。所以最好的办法就是把握好孩子的用餐时间，别让他等得太久了。

（2）要打嗝：孩子吃奶时，如果吸进了空气，感到胀气、不舒服，也会大声哭诉。所以喂奶时，要给孩子休息的时间，并轻拍后背，让他舒舒服服地吃饱。

（3）不舒服：有时孩子睡得好好的，突然大哭起来，好像很委屈，赶快打开被子，若尿布湿了，换块干的，孩子就安静了。如果不及时更换孩子的尿布，让小屁股待在潮湿且脏的环境里，他也会号啕大哭。因此要及时检查孩子的尿布，给他一个干燥舒适的环境。尿布没湿的话，也可能是孩子做梦了，或者是孩子对一种睡姿感到不舒服了，想换换姿势可又无能为力，只好哭了。那就拍拍孩子告诉他“妈妈在这儿，别怕”，或者给他换种睡姿,他很快又能睡着。

(4) 太累了:孩子也有累的时候,比如长时间不睡,就会烦躁得哭出来。新生儿每天要睡 20 多个小时,所以每天让孩子睡足觉,他才有足够的精力认识这个世界。

(5) 缺乏安全感:让孩子四肢自由玩耍是必要的,但有时他会因此缺乏安全感,甚至哭起来。用毛毯或较轻的被子把孩子包起来,他也会很快乐。

(6) 想活动:一味让孩子躺着,他哭闹不止,此时,如果把他抱在怀里走走路,外出透透气,或者在摇篮里荡两下,他们就会“阴转晴”了。

(7) 感到孤单:如果孩子醒来看到空无一人,就会因为孤单哭起来。此时,如果你能深情地看着他,温柔地说说话,或者轻轻抚摸、拍打,会立刻让孩子笑逐颜开。

(8) 着凉或太热:过冷或过热会让孩子不舒服,啼哭就是他不适应温度的信号。当孩子冷时,哭声会减弱,并且面色苍白、手脚冰凉、身体紧缩,这时把孩子抱在温暖的怀中或加盖被子,孩子觉得暖和了,就不再哭了。如果孩子哭得满脸通红、满头是汗,一摸身上也是湿湿的,可能是被窝太热或衣服太厚,只要减少铺盖或衣服,孩子就会慢慢停止啼哭。成人要随时想到孩子的感受,及时增减衣物或调节室内温度。

(9) 环境太吵:如果听到太多噪音,看到不停移动的物体,都会引起孩子的“反抗”。此时,抱抱他,给他安静的空间,或者听听海浪的声音、单调的声音(如电风扇的转动声、吸尘器的声音),都会让他安静下来。

(10) 胃部不舒服:哺乳期的母亲,如果吃了辛辣、易胀气或含咖啡因的食物,孩子也会受到影响,并会因为胃部不适而哭泣。此时,母亲需要调整饮食,再观察孩子的不适感是否缓和。

(11) 生病了:若孩子不停地哭闹,用什么办法也没用。有时哭声尖而直,伴发热、面色发青、呕吐,或是哭声微弱、精神萎靡、不吃奶,这就表明孩子生病了，要尽快请医生诊治。

十二、社会认知与交往

（一）发展进程与目标评价

交往技能·注视/哭/表情

新生儿会用注视（如盯着别人）、哭、面部表情（如微笑、凝视、皱眉）、试图用手去触碰大人等使成人体会其意愿。（→1 个月）

【小贴士】哭是新生儿本能的沟通。新生儿生来就有从别人那里寻求回应的需求，他们具有发出信息和乐于接受母亲回应的本能，这种最初的亲子双向交流是一切社会交际的基础，而0—6 个月是亲子交往的关键阶段。新生儿与父母或看护人交往的主要形式是哭。正常新生儿的哭有很多原因，如饥饿、口渴、尿布潮湿、冷或热、累或烦、受到惊吓、疼痛、生病、感到孤独、睡前或醒后不明原因的哭。另外，在一两个月以内，如果一个新生儿哭，另一个新生儿也会一起哭，这是一种声援；五六个月以后，一个新生儿哭，另一个新生儿会注视甚至抚慰他。

（二）实现途径与教育指导

1. 重视与孩子建立高质量的交往关系

孩子具有与生俱来的交往本能，这种本能是后天交往能力得以发展的天赋资源，孩子自出生时就开始了和父母尤其是母亲的交往，而这种交往关系决定了孩子以后会养成怎样的交往能力和交往态度（比如对人冷淡还是与人为善）。因为孩子还具有与生俱来的模仿本能，他们会模仿父母及其他照料者的面部表情和行为方式，模仿怎样的交往行为就会自然习得怎样的交往方式。因此，要想培养出一个善于与人交往的孩子，那么从他一出生就应该开始了。

2. 与新生儿的交往从母婴对视和说话开始

心理学家通过研究发现，新生儿最喜欢看人脸，在他安静觉醒时，你和他面对着面(最好距离约 20 厘米)，当他注视你的脸时，眼睛睁得很大，眼光变得明亮起来，常停止吸吮或运动，在短时间内全神贯注地凝视你。这种眼和眼的对视是一种传神的充满感情的交往。新生儿也喜欢听人声，尤其是母亲的声音，正在哭闹的新生儿，听到母亲的声音时会变得安静起来，这可能是由于胎儿在子宫内听惯母亲声音的缘故。假如母婴对视的同时和孩子说话(尽管他听不懂)，就更能引起他的兴趣，因为声音刺激和嘴的活动更能增强他的感受，引发他的互动。

十三、自我意识与个性

(一) 发展进程与目标评价

独特性：孩子出生后在个性上就存在着差异。有的孩子非常安静，睡眠时间长，不怎么哭。有的孩子对外界刺激很敏感，有点声响马上就会醒，容易哭。有的孩子吃饭、睡觉和排便都很规律，也有些孩子不那么规律。(→9 个月)

【小贴士】6 个月之前的孩子哭闹的原因比较简单：肠痉挛(即来自肠子的疼痛)或其他身体不适。肠痉挛的判断标准是：连续 3 个星期以上，每星期超过 3 天，每天 3 个小时以上的无法安慰的哭闹。表现为一个健康的孩子无缘无故地哭闹、尖叫或激动，而且比正常情况下持续的时间长得多，无论大人怎么抚慰，他都会哭个不停，那就可以认定是婴儿肠痉挛。有些肠痉挛的孩子基本上都是在下午 5 点到晚上 8 点这一时间段哭闹，另一些孩子可能不论白天晚上都会不停地哭闹。但到了 6 个月左右，肠痉挛和其他身体不适而导致的不停哭闹就基本上消失了。

（二）实现途径与教育指导

父母会把孩子宠坏吗？在刚出生的几个星期里，如果孩子在两次吃奶的中间经常哭，你一把他抱起来走动，他就停止了哭闹。一放下，他就会重新哭起来。这样会把孩子惯坏吗？答案是否定的。在前 6 个月里，你用不着太担心孩子会被惯坏，因为这么大的孩子很可能是因为觉得难受而哭闹，如果你一抱起来他就不哭了，那很可能是因为抱他的动作分散了他的注意力，使他忘记了自己生理上的疼痛或精神上的紧张。在这个时期的孩子还没有能力做出这么复杂的思考，去指望只要一哭就会有人来关照他，他完全生活在“此时此地”。等他长大一点，到了能够理解为什么他的需要不能马上得到满足的时候（可能在 9 个月左右），他才会被宠坏。孩子在这个时期学习的，只是对世界的一种基本的信任（或不信任）感。如果他的需要能够得到迅速而又周到的满足，他就会觉得这个世界是个充满慈爱的地方，一个基本上只发生好事的地方。这种基本的信任感会成为孩子性格的核心。所以，对 0—6 个月的孩子，问题不在于“是否被宠坏”，更重要的问题在于“怎样才能培养起孩子最基本的信任感”。除了喂奶之外，绝对不抱孩子的做法是错误的。

名家名言

我们的教育是同我们的生命一起开始的……

（法国哲学家、教育家　卢梭）

第二章　1—2 个月儿童的发展与教育

本章导读

敏感期:1 个月的孩子处于前依恋期(0—2 个月)和信任感建立敏感期(0—1.5 岁)。母亲要尽可能自己带养,亲自给孩子喂奶、换洗尿布、洗澡、游戏和逗乐,让孩子充分感受温馨的母爱。相关敏感期的表现特点与教育指导详见“第二篇 0—1 岁儿童敏感期与教育指导”。

感知觉发展:孩子对物体的认识遵循从感觉到知觉的发展路线。对 1 个月大的孩子来说,感知训练仍以感官刺激训练为主,重在视觉、听觉、触觉训练。

动作发展:在动作训练方面,以抬头训练和转头训练为主。同时坚持对孩子进行手部按摩,并有意识地进行触摸抓握训练。

亲子交流:哭闹仍是 1 个月大的孩子的主要交流方式,成人要努力读懂孩子哭闹的原因,及时给予抚慰。同时要善于发现和捕捉孩子主动发出的交往信息,及时给予积极的回应。

发展进程与教育指导

一、营养与保健

(一) 营养保健常识

1. 喂奶量

出生1个月的孩子用牛奶喂养时,最重要的是不要喂过量,以免增加消化器官的负担。用体重计每5天在同一时间测量体重,5天内增加150—200克是最好的,说明喂奶量适中。如果每次都比前1次增加200克以上,就说明孩子正在发胖,需要控制奶量了。

2. 水温适应性

一般健康的孩子对低于20℃的水温就会产生冷的感觉,20—30℃有凉的感觉,32—40℃有温的感觉,40℃以上有热的感觉。

3. 饮水

孩子处于生长发育时期,新陈代谢旺盛,肾的浓缩功能差,排尿量相对多,对水的需要更为突出。所以,年龄越小,越需要多喝水,父母应注意给孩子及时补充水分。新生儿时期母乳喂养,如母乳能按需哺乳,一般不用喂水;1—3个月孩子,每天喂水3—4次,每次20—50毫升;4个月以上孩子每天喂水3—4次,每次50—100毫升。随着孩子逐渐长大,应根据需要自由喝水。饮水的多少,应根据饮食和天气的变化增减。但应注意:饭前1小时内不喝水;不要边吃饭边喝水;睡前不喝水;尽量不喝糖水。

(二) 家庭养育指导

1. 早产儿补充铁剂

正常产婴儿从母体摄取的铁可以用到出生后4—5个月,早产儿到出生后2个月就用完了,所以要从出生后6周或再早些就开始补充铁剂,且要持续服用半年至1年。此外,这一时期,一般都把复合维生素加在奶粉中。

2. 空气浴

1—2 个月的孩子还不能进行日光浴。在做日光浴之前,必须先做室外空气浴,使皮肤得到一定程度的锻炼。在背阴的地方,气温在 18—20℃以上时,把孩子抱到室外,开始时可以停留 2—3 分钟,每天总计要达到 30 分钟以上。即使是冬季,只要风不大,就可以每天出去 1 次。也可以利用换尿布的机会做室内空气浴。

3. 水浴

水浴的原则是从温水逐渐到冷水。水浴的方法包括冷水浸浴、冷水擦浴、冷水冲淋等。对孩子来说冷水浸浴比较适宜。一般 1 个月内的孩子可用温水锻炼,1 个月以后逐渐向水浴过渡。方法是:用 1 个大盆盛水,让孩子半卧位于盆中,锁骨以下身体部位全部浸入水中,当室温为 20—25℃时,水温应为 36—37℃,每次不超过 5 分钟。每次浸浴时间不超过 5 分钟,浸浴后再以低于 1—2℃的水冲洗全身。水浴完毕,立即用大毛巾包裹好并且擦干,以孩子皮肤发红为佳。浸浴每天锻炼 1 次,以后随着孩子年龄的增长,耐受力增强,可逐渐降低水温至 29—30℃,但要注意水温愈低,与身体接触时间要愈短。平时洗澡、洗脸、洗脚时水温也不要太高,以增强耐寒能力。

二、婴儿护理

(一) 护理常识

1. 睡眠

只要吃得饱,消化好,大多数孩子在头几个月里都总是吃完就睡,睡醒了又吃。但也有少数孩子从一开始就非常有精神,不爱睡觉,但也没有什么毛病(也不需要采取任何措施)。随着孩子慢慢长大,他醒着的时间就会越来越长,白天睡得也会越来越少。孩子到底该睡多少觉,只能是因人而异。

2. 孩子不宜抱着睡

抱着孩子睡，大人既得不到休息，也不能做事；孩子被抱在怀里也容易动醒，睡不安稳，而且身体得不到舒展，全身肌肉得不到充分休息，长期下来还会影响骨骼正常发育。

3. 排便

(1) 吃母乳的孩子：在前几个星期里，多数孩子一天都要排好几次大便，有的甚至每次吃完奶以后都要排便。大便的颜色一般都是浅黄色的，可能很稀，呈面糊状或小颗粒状，还可能带有黏液。在1—3个月的时候，许多喂母乳的孩子排便次数都会明显减少。从此以后，有的孩子就开始一天只排一次大便，还有的隔天才排一次，甚至还有更少的。

(2) 吃配方奶的孩子：最初每天会排便1—4次。随着孩子不断长大，每天会逐渐减少到1—2次。大便颜色一般呈浅黄色或棕黄色，糊状。

(二) 家庭养育指导

1. 解决睡眠昼夜颠倒的问题

白天多陪孩子玩耍，喂奶的时间一到就把他弄醒。天黑以后给他喂奶，一定要喂饱，而且尽量不要逗他玩。不要在晚上还把他弄醒了喂奶，除非孩子的身体状况要求你必须那样做。这样，到了2—4个月的时候，大多数孩子都能调整好自己的生活规律，白天睡得少，晚上睡得多。

2. 养成独自睡眠的习惯

孩子喜欢抱着睡，大都是父母的姑息养成的。一旦孩子对抱着睡习以为常，以后就不肯独自睡了。做父母的不应当因为孩子不肯独自睡就去抱他，应当用种种方法去安慰他使他独自睡去。

3. 大便的变化

无论是吃母乳还是吃配方奶的孩子，他们的大便都可能是绿色的。如果大便总是绿色的,孩子也很好,那就不必担心。如果他们的大便原来是糊状的,后来变成了块状,有点稀散,而且排便次数也有所增加,说明孩子的消化可能有问题,或肠道出现了轻微的感染。如果孩子的大便变得很稀,颜色发绿,排便次数频繁,大便的气味也发生了变化,几乎就可以断定,孩子的肠道有炎症,只是程度轻重的问题。

4. 排便困难

如果孩子排便费劲,好像排不出来一样,可以在每天的饮食里加入2—4汤勺的李子酱或滤过的李子汁,这样一般都能帮助孩子增加排便次数。即使孩子还不需要固体食物,也可以这样做。这种情况根本不需要服药,而且最好不要使用栓剂或者灌肠剂,否则孩子的肠道可能对它们产生依赖。

三、味觉与嗅觉

(一)发展进程与目标评价

辨味:可区分甜(糖水、甘蔗汁)、酸(柠檬汁、葡萄汁、柚子汁)、苦(苦瓜汁)、辣(辣椒汁)、咸(盐),喂不同味道的液体,会做出各不相同的面部表情。可以辨别出最主要的照顾者的气味。对刺激气味会产生排斥反应。比如,如果给一直吃母乳的孩子喝牛奶,他会拒绝食用,会对难闻的气味表现出明显的厌恶。

(二)实现途径与教育指导

4周大孩子的味觉测试,甜:滴几滴糖水到孩子舌头上。反应:面部比较放松,露出似微笑的神情。咸:把蘸了盐水的手指头放入孩子口中。反应:会皱起小脸,把嘴里的手指尖推出。酸:滴两滴很淡的柠檬汁到孩子舌头上。反应:会合上眼睛,噘嘴巴,小脸微皱,甚至会轻抖一下。苦:把苦瓜汁滴一滴到孩子舌头上。反应:会把嘴巴张大,仿佛受了惊吓。

四、视觉空间

（一）发展进程与目标评价

1. 追视

1个月大的孩子，两只眼睛的运动还不够协调，但能注视较大物体，眼睛能追随移动亮光。眼睛随物体可转动90°以上。（新生儿·2个月）

2. 视力

视力仍很模糊，但能看清15—30厘米内的物体。（新生儿·2个月）

3. 视觉偏好

从出生起，孩子就能看某一目标，在外界事物的刺激中，孩子最喜欢注视人脸，说明孩子天生就有交往的潜能。吸引孩子对人脸和物品的注意有利于孩子的视觉启蒙，发展其注意力，同时也能促进亲子交流。（新生儿·2个月）

4. 目光聚焦

目光开始固定、集中，能短时间注视诸如脸部形象、对比强烈的图样、鲜艳的玩具和运动的物体。（→4个月）

（二）实现途径与教育指导

1. 追视训练

家长可经常拿玩具或伸出手指吸引孩子的眼睛做跟踪运动。

2. 悬挂玩具

在孩子床头上方两侧及周围的视距内悬挂彩色气球、吹塑球、小灯笼、旋转发声玩具、小娃娃、小动物等，让孩子看和听。每次一件，定时更换。

3. 墙面挂图与挂件

可在室内墙上挂一些形象突出、颜色鲜明的图画或色彩鲜艳的玩具，可抱着孩子边观看边告诉他这些图画和玩具的名称。

4. 看人脸

大人先微笑着注视孩子，稍后，对孩子伸伸舌头、张张嘴巴、眨眨眼睛

（一次只动一个部位），动作要夸张一些，重复做几次。然后把妈妈或爸爸的大幅照片（或玩具等）一一呈现给孩子，每种物品持续呈现10秒钟左右，同时伴以生动的话语，引起孩子对所呈现物品的注意。

五、听觉

（一）发展进程与目标评价

1. 听力

满月后的孩子听力有了很大提高，在他近处发出声音（比如摇铃铛），有时会缓缓转过脸。能对成人的说话声音做出反应（如听到说话声就会停止哭闹）。

2. 辨音

能区分妈妈的声音、爸爸的声音、电视机里的声音、外面汽车的声音。经过妈妈一个月的哺育，对妈妈说话的声音很熟悉了，如果遇到陌生的声音他会吃惊，如果声音很大他会因感到害怕而哭起来。

（二）实现途径与教育指导

1. 以乐音陶冶孩子

要给孩子听一些轻柔的音乐和歌曲。对孩子说话、唱歌的声音都要悦耳。

2. 悬挂玩具

可在孩子的小床上悬挂色彩鲜艳的吹塑玩具和带悦耳声音的玩具（如音乐球、风铃等），以刺激并发展他的视觉和听觉。悬挂高度以离孩子前胸上方40—70厘米处为宜，成人可引导孩子看这些玩具。

3. 视听追踪

大人应经常有意识地轻声叫孩子的名字，逗引孩子的视线随大人的脸移动。也可用摇铃或能捏响的橡皮玩具发出声音，逗引孩子一面听声音，一面让视线随玩具移动。

六、触觉

（一）发展进程与目标评价

触觉反应与偏好：1 个月大的孩子的手背被抚摸，手掌会短暂打开。喜欢接触质地柔软的物体。

【小贴士】触觉是最早发展的感官系统，0—1 岁是触觉启蒙的黄金期，1—3 个月是触觉能力培养的最佳期。良好的触觉刺激（如按摩）有利于大脑发育所需的内泌素的分泌，有助于孩子新陈代谢、体重增加、肌肉协调、情绪稳定、增加睡眠，还能增进亲情交流。依恋关系的建立主要依赖于身体的接触。母亲搂抱孩子时间的长短对孩子日后的智力发育也有着重要的影响。

（二）实现途径与教育指导

1. 挠痒痒

可用羽毛、毛笔或不同材质的布片轻轻刷刷孩子的手心、手背、脚底、脸颊、腿部和背部，以增加触觉刺激。

2. 爱的抚摸

尽量透过抚摸、拥抱来传达爱意，让孩子拥有更多愉悦的触觉经验。父母每天要多次搂抱孩子，每次临睡前再做一次背部、颈部、手臂按摩。让孩子停止啼哭的最好办法就是用手轻轻抚摸他的面部、腹部或背部。

3. 提供舒适的触觉体验

不要给孩子穿着过多的衣物，布巾也不宜包得太紧，要让孩子有自在的伸展空间。衣服及寝具等都应有良好的透气性与质感，避免带给孩子负面的触感。

七、粗大动作

（一）发展进程与目标评价

1. 抬头

俯卧时在前方高处以摇铃引诱，孩子会用手臂撑身体，抬头 15—30°。扶坐时头向前垂，下巴抬离胸部，甚至到 45°，但脊背弯曲，直不起来。（新生儿 · 2 个月）

2. 转头

俯卧时能转动头部。（新生儿 · 2 个月）

3. 四肢状态

小胳膊小腿总呈屈曲状态。

（二）实现途径与教育指导

1. 俯卧抬头

方法与上个月相同，每天练习 2—3 次。

2. 竖抱抬头

1—2 个月时可以逐渐竖抱，练习抬头，看看周围事物。但竖抱时间不宜过长，开始每次适宜做 1—2 分钟，选择孩子吃饱、睡足、精神好的时候进行，结束后可轻轻按摩孩子的背部，以放松背部肌肉。

3. 转头训练

将孩子抱在身上，让他脸向前方，另一个人在孩子背后忽左忽右地伸头、摇铃或呼唤孩子名字，逗引他左右转头。

八、精细动作

（一）发展进程与目标评价

1. 抓握

抓握反射依然存在，两只小手握着拳头，但手指有时会伸展，有时可握住放在手中的物品片刻。（新生儿 · 2 个月）

2. 释放

1—4个月时,不自主放松。(新生儿·8个月)

(二) 实现途径与教育指导

1. 手部按摩

按摩孩子的手部,从指尖到手腕。轻柔地屈伸孩子的每个手指。

2. 触摸抓握训练

出生1—2个月内,可用不同质地且适合孩子小手抓握的物品,如拨浪鼓、海绵条、绒布头、纸卷、小瓶盖或积木等,放在孩子手里,让其抓握。

九、学习能力

(一) 发展进程与目标评价

注意:1个月大时听到声响,正在运动着的肢体会突然静止下来,保持安静1—2秒钟。(新生儿·2个月)

【小贴士】所谓注意,对孩子来说,是指能把视觉、听觉、触觉等感官集中在某一事物上。

(二) 实现途径与教育指导

床头音乐挂件:婴儿床头会旋转的音乐挂件会令很多孩子着迷,一看见伴随着音乐慢慢旋转起来的卡通或好玩的图形就会表现出专注的神情。但少数孩子却对旋转起来的挂件并不感兴趣,扭头甚至烦躁,这是因为这些孩子的内耳前庭功能过于敏感所导致,此时就不必强迫孩子专注地看了。

十、发音与语言

(一) 发展进程与目标评价

1. 非语言交流·哭声

满月后,基本上仍以哭声来表示自己的要求,但这时的孩子会通过不同的哭声来表达不同的要求。例如，饥饿时，哭声很响亮，哭得很厉害；尿湿时，哭声就不太强烈；如果醒后想找妈妈，他就会哭哭停停、哼哼叽叽。（新生儿·2个月）

2. 发音

对说话声很敏感。40天左右，就能望着大人的面孔，从喉部发出“嗯”“啊”“噢”“咕”之类的细小“咕咕音”。（新生儿·2个月）

【小贴士】有研究显示，孩子的智力跟他3岁以前所听到的语言多寡有正向关。最重要的是1岁以前。那些认为孩子反正听不懂，在孩子12个月以前不跟孩子说话的父母，他们的孩子在认知能力上的发展，比一开始父母就跟他们说话的孩子差了很多。

（二）实现途径与教育指导

1. 亲子交流

对于1—3个月的孩子来说，父母无论在给孩子做什么事情，一定要对孩子说话，尤其当孩子主动向你发出“咿、啊”声音时，你要给予相应的应答。当抱着孩子时，要同孩子亲切地说话，用不同的声调和手势和他交流。比如，母亲可用愉快、亲切、温柔的语调，面对面地和孩子说话，吸引孩子注意自己说话的声音、表情、口形等，诱发孩子发音的欲望。

2. 模仿孩子说话并回应

当孩子发出“啊、呜”等舒畅的声音时，母亲应用相同的语调回应孩子，也可一边对他说话，一边触摸他的小手、小脚或小脸蛋等，以促进进一步交流。

3. 关于给孩子阅读

听过别人读书的孩子会喜欢读书人的声音。许多父母从孩子一出生就开始给他读书，而且在此后的几年里一直保持这个习惯。虽然并不确定这种刚出生时的经历有多大影响，但是这些孩子长大后往往都很喜欢读书。可以肯定的是，对孩子读书可以让他更多地接触人类的语言。至于给新生孩子读什么书并不太重要，如果能买到专门给孩子的书就最好不过了。

十一、情绪情感

（一）发展进程与目标评价

1. 情绪表达·啼哭

感到不快乐（饿了、渴了、不舒服）会以哭来表达。（新生儿·2个月）

2. 情绪表达·愉悦/微笑

当大人对他说话并对他微笑时，能表现出愉快的情绪或对你微笑。这种诱发性微笑是孩子与人交往和表达自己快乐的一种方式。（新生儿·2个月）

3. 情绪表现

从4—6周开始，孩子的笑开始与他的感受联系在一起。这时候的笑是生理情绪的体验，孩子感到身体内部舒服就会用笑来表达。（新生儿·2个月）

（二）实现途径与教育指导

及时抚慰：6个月以内的孩子只能用哭声来表达需要。此阶段的哭并非是有意闹人，因此，孩子哭的时候应给予及时的关注、安慰和照料。不要以为孩子一哭就给予安慰会惯坏孩子。如果对孩子的哭置之不理，有可能造成孩子未来性格出现急躁或冷淡、孤僻两种极端。不过，给予安慰并不意味着一哭就抱起来。孩子触觉比较灵敏，可以利用触觉刺激来安慰孩子。有时只要轻轻地抚摩孩子几下，他便会破涕为笑。当然，哭不仅仅是孩子的语言，也是一种语音练习和一种运动方式。只要孩子的哭声不是因为有异常情况，有时也不妨让孩子适当地哭一哭，有利于呼吸肌群和运动肌群的发育。

十二、社会认知与交往

（一）发展进程与目标评价

1. 交往技能·追视/微笑

会追视走动的人；逗他玩或刺激脸部时会微笑。（新生儿·2个月）

2. 交往态度

喜欢被抱，喜欢周围的人和他说话或唱歌，没人理他时会因感到寂寞而哭闹。（→2个月）

（二）实现途径与教育指导

逗孩子笑：大人可以用手挠挠孩子的脸蛋、胸脯、胳肢窝、小脚丫等身体部位，并对着他微笑。大多数孩子在出生一个半月后，在母亲的逗弄下会出现微笑反应。最初的时候，三次逗弄中只有一次笑的反应，但其可能性会逐渐上升。如果2个月大的孩子还不会被逗笑的话，那么孩子的智能发展就可能存在问题了。

十三、自我意识与个性

（一）发展进程与目标评价

自我认识：初生的孩子意识是混沌的、没有明确的主体和客体的区分，基本没有自我意识。（→2个月）

【小贴士】自我意识的认识过程是可以促进的，这在很大程度上取决于外界对孩子的刺激。在积极的环境里，孩子能较快地耳聪目明起来；而在消极的环境中，孩子却久久地停留于混沌状态。

（二）实现途径与教育指导

自我意识启蒙：为了让处于混沌状态中的孩子尽快启蒙，就应该尽快让孩子眼睛明亮起来，耳朵灵敏起来，手、脚活动增多等。为此，适当而丰富的刺激是很有效的，需要注意以下几点。

（1）让孩子多看，从而逐渐意识到“这是我看见的”。

（2）要多对孩子说话，让他听各种好听的声音，从而逐渐意识到“这是我听到的”。

（3）要让小手多触摸，小脚多活动，从而逐渐意识到“这是我的手和脚”。

名家名言

除了极少的神童和天才，99%的孩子在天赋上只有特点不同之分，而没有好和坏、高和低的差别。

（英国教育家　斯宾塞）

第三章　2—3个月儿童的发展与教育

本章导读

敏感期:2个月大的孩子处于信任感建立敏感期(0—1.5岁)、依恋建立期(2—7个月)、视觉敏感期(0—1岁)、口腔敏感期(0—1岁)、感知动作思维发展敏感期(0—2岁)、听觉敏感期(0—2.5岁)、大肌肉发展敏感期(0—3岁)、感官发展敏感期(0—6岁)、空间敏感期(0—6岁)等多个敏感期。相关敏感期的表现特点与教育指导详见“第二篇 0—1岁儿童敏感期与教育指导”。

动作发展:2个月后的孩子的活动性开始增强,自主动作逐渐出现。除了继续训练孩子的俯卧抬头、竖抱抬头和转头动作之外,父母还可用游戏的方式训练孩子的抓握、拍打、抚摸、拿取等动作。

认知与探索:2个月大的孩子吸收信息的能力逐渐增强,对周围世界开始产生好奇,并开始出现探索性动作。父母可多带孩子到周围环境中接受更多的信息刺激,并提供有声玩具和孩子一起摆弄。

情感与交往:2个月大的孩子开始有了社会性的要求,与人的交往出现了选择性,对父母讲话中所流露出来的情感开始有了最初的感受。因此,父母不仅要随时回应孩子发出的交往信息,还要多与孩子说话、交流,经常逗弄孩子以愉悦其心情,增加亲子情感联系。

发展进程与教育指导

一、营养与保健

（一）营养保健常识

1. 饮食

能吞咽流质食物。

2. 身体发育

孩子出生后头3个月是生长发育最旺盛的时期。孩子体重增长是不等速的，年龄愈小，增长越快，出生后头3个月是体重增长的第一个高峰，其中第一个月可超过1 000克，3个月时体重增长至出生时的2倍，约6 000克。出生时身长约为50厘米，至满2个月左右约为60厘米。如果母乳充足，2—3个月的孩子通常体重平均每天增加30克左右，身高每月增加2厘米左右。

3. 大脑发育

从出生到1岁，孩子的脑重量几乎以平均每天1 000毫克的速度增加，6个月内几乎每分钟增加脑细胞20万个。出生后第三个月是孩子脑细胞增长的第二个高峰。夜间是孩子生长发育，尤其是大脑发育的重要时期，一定要保证孩子夜间持续的睡眠时间，避免夜间频繁喂奶。

4. 预防佝偻病

快满3个月时要注意坚持给孩子补充鱼肝油或复合维生素液，预防佝偻病的发生。如果发现孩子有好哭、夜惊、多汗、睡眠不安、枕秃等现象，要及时请医生诊治。

5. 乳母要增加健脑食物

母乳喂养孩子的妈妈要注意适当增加健脑食物，以保证母乳能提供给孩子足够的营养，促进孩子大脑发育。乳母的饮食要丰富多样、合理搭配。

应多吃富含蛋白质、钙、磷、铁的食品(鸡蛋、瘦肉、鱼、豆制品等),多吃富含维生素的蔬菜(青菜、菠菜、胡萝卜等),多喝汤(鸡汤、鱼汤、排骨汤等)。不吃辛辣、酸麻等刺激性的食物。

6. 定期健康检查

定期给孩子进行健康检查,可系统地了解不同时期的生长发育情况和体重的增长速度,尽早发现一些症状不明显的疾病,从而使孩子得到及时治疗。除了体格检查以外,必要时还能通过智力检查,及时了解孩子的智能发育水平,从而对一些智能发育迟缓和心理发育偏离的孩子能及时采取相应措施。根据我国目前的儿童保健情况,对6个月以内的孩子每隔2个月检查1次,半岁到1岁期间每3个月1次,1岁到3岁期间每半年检查1次,3岁到6岁期间,每年检查1次。

(二) 家庭养育指导

1. 加果汁

果汁既可以作为维生素的补充,又可以促进孩子大便通畅,还可以起到训练孩子吮吸奶瓶的作用,因此可以在孩子2个月前一点一点地加果汁。给孩子喝果汁,最好在他口渴的时候,如洗澡或散步回来后等时间。2个月左右的孩子一般每次可给20—30毫升果汁,每天也可以喂2次,量也可以逐渐增加。是饮用原汁还是稀释果汁,可灵活处理,最好是根据孩子的喜好来调整浓度。如果家长能自己制作果汁就最好不过了,但要确保制作器皿和制作过程的清洁卫生。每个季节最盛产的水果,就是最好吃、最便宜、最新鲜的水果汁。

2. 婴儿体操

做婴儿体操时需要具备以下条件:房间通风好;室内温度不得低于20℃;不能给心脏不好的孩子做操,不能给有湿疹的孩子按摩。出生后1个半月到两个半月的孩子体操的具体做法如下,大人面向孩子脚底方向站立，按以下顺序进行：手臂按摩，左右臂各做4—5次；腹部按摩6—8次；腿部按摩，左右腿各做4—5次；抬头挺胸练习；蹬腿练习，左右腿交替做8—10次；背部按摩，上下方向各做4—5次；脚底按摩，左右脚各做4—5次；脚心按摩，左右脚各做4—5次；双腿屈伸练习，做6—7次。随着孩子月龄的增长，每节体操的次数可逐渐增加，完成体操的时间由3—4分钟逐渐增加到8分钟左右。

3. 日光浴

满2个月后可以抱出去晒太阳，让皮肤内的维生素D源转变成维生素D，促进钙的吸收。每日日光浴总量不超过半个小时。可以上午9点到10点之间一刻钟，下午4点到5点之间一刻钟。日光不宜强烈，不要直晒孩子的眼睛。

二、护理与自理

（一）发展进程与目标评价

1. 进食

吃奶时初步能用手扶奶瓶。（→3个月）

2. 睡眠环境

孩子既能适应一个安静的家，也能习惯一个有着一般噪音的家。所以，一开始的时候根本没必要在婴儿房里踮着脚尖走路，也没有必要窃窃私语。对于婴儿和大一点的孩子来说，如果他们习惯了一般的家庭噪音和说话的声音，就基本都能在客人的说笑声中、音量中等的广播或电视声中睡得很好。但也有一些孩子对声音就显得非常敏感，一点小声响也会把他们吓一跳。对这样的孩子，成人就应该在孩子睡觉的时候保持安静，不然他就会不停地被惊醒并哭闹。

（二）实现途径与养育指导

婴儿睡眠安全提示：

(1) 一定要让孩子仰卧着睡觉(面朝上),除非医生建议他采用别的姿势。(那些总是面朝上躺着的孩子有时会把头的后部压平,所以,在孩子醒着的时候,你可以看着他,让他肚子朝下趴一会儿。这是缓解这种情况的好办法。)

(2) 拿开带绒毛的柔软毯子、枕头、填充玩具,以及其他布制的东西——它们会增加窒息的危险。

(3) 要用有安全认证的摇篮、合睡床、婴儿床。

(4) 不要给孩子穿得或盖得太多,太热的话会增加孩子猝死综合征的危险。

(5) 不要在孩子生活的环境里抽烟,间接吸烟会增加婴儿猝死综合征的危险,而且还会带来其他的危害。

三、味觉与嗅觉

(一) 发展进程与目标评价

通常来说,孩子最易接受甜味,其次是咸、酸、辣、麻等,最后才是苦味。孩子接受某种味道的时间因人而异,有的可能需要几天,有的也可能几个月。家长可以具体观察孩子的反应,一旦没有排斥举动,就可以按照甜、咸、酸、辣、麻、苦的顺序尝试每一种味道。先从液体类食物开始(如辣汤、酸汤、果汁等),可用筷子蘸着让孩子品尝。

(二) 实现途径与养育指导

嗅觉刺激:适当给孩子闻些有气味的东西以刺激嗅觉发展。比如,各种水果的香味;各种花的香味;香皂、爽身粉、香水、樟脑的气味;葱、蒜、香料、料酒、辣椒酱的气味;鱼肉、羊肉的气味;麻油、腐乳、奶酪的气味。需要注意的是,这类嗅觉刺激游戏不能玩得太多、太频繁,以免引起孩子的反感。刺激物应选择天然食物,不要引起孩子过敏,不要刺激到眼睛。

四、视觉空间

（一）发展进程与目标评价

1. 追视

可以持续注视感兴趣的物体，并能随着物体左右水平位的移动来移动自己的视线。视线可以追视 90°。俯卧时能抬头 45°。（1 个月 · 3 个月）

2. 视力

满 2 个月的孩子已能看清 40—70 厘米范围内的物体（大物体约 70 厘米，较小的约 40 厘米）。（1 个月 · 3 个月）

3. 视觉偏好

喜欢看活动、明亮和鲜艳的东西，尤其对人的眼睛和嘴巴、大红大绿、大头娃娃等玩具更是偏爱。（1 个月 · 5 个月）

4. 颜色 · 感知

能辨别部分颜色，比如红色。（→3 个月）

5. 图案感知

能将图案的各个部分组合起来，综合成一个不可分割的整体。如果给孩子呈现一个三角形，他会看到三角形的全貌，而不是单个的某个角或某条边。（→3 个月）

（二）实现途径与教育指导

1. 追视游戏

经常用红色的、发声的或发光的玩具和孩子做追视游戏。

2. 感知颜色

把红气球用短绳扎到孩子的手腕上，气球便随着手的上下摆动而上下摇动。以后，每周换一个其他颜色的气球，让他逐渐感知不同的颜色。

3. 目光对视

和孩子说话时要互相注视对方的眼睛。家长最好一边温柔地注视着他，一边轻轻地和他说说话。

4. 玩躲猫猫

家长一手拿着一块手帕挡住孩子的视线，一手拿着一朵红花。然后移去孩子面前的手帕，把花朵呈现在孩子面前，同时轻声发出“喵喵”的猫叫声。

5. 布置周围事物的图片

先有计划有步骤地带孩子观察周围实物，然后再在孩子经常看到的地方（如床头、墙面、桌面等）布置相应图片，比如，看过什么实物，回来后就在环境中布置什么图片。这样当大人抱着孩子在屋里转悠时，就可以带着他看图片并讲述图片上的实物。

五、听觉

（一）发展进程与目标评价

1. 视听统合

2—3 个月以后的孩子已能将听觉和视觉结合起来。比如，2 个月时已能辨别出声音的方向，能把头转向叫他名字的人。当听到突然的或陌生的声音时，会扭过头去寻找声源。

2. 听觉偏好

2 个月大的孩子对声音有了自己的偏好，对人的声音特别感兴趣，喜欢听成人对他说话，尤其是妈妈的声音。喜欢听欢快、悦耳的乐曲声，并表现出愉快的情绪。

【小贴士】孩子从出生时便具有“愉快地听音乐”的能力，到 2 个月时就已经能静静地躺在那儿听音乐了。0—4 个月的孩子对高频率的乐音和噪音非常敏感而且会感到不安全，妇女和儿童的声音能使孩子镇静下来，但男人的声音却不行。

(二) 实现途径与教育指导

1. 寻声游戏

家长可以用有声响的玩具(摇铃、拨浪鼓、吹塑捏响玩具、发出声响的悬挂玩具等)在孩子耳边轻轻摇动,吸引他转头寻找声源。还可拍拍手、学小猫小狗叫等逗引孩子寻找声音。

2. 分辨声音

可选择不同旋律、速度、响度、曲调或不同乐器奏出的音乐,也可利用家中不同物体敲击声如钟表声、敲碗声等,或改变对孩子说话的声调来训练孩子分辨各种声音。

3. 让孩子在摇篮曲中入睡

播放摇篮曲,或给孩子哼唱摇篮曲,一边轻拍孩子,使孩子在放松状态下入睡。

4. 制造声音

抓着孩子的手,和他一起摇响拨浪鼓;在孩子的双手或双脚上戴上铃铛,随着孩子摇手或踢脚就会发出叮铃声。

5. 找声音

家长一边唱歌,一边围着孩子慢慢地走,引导他跟着声音找到你,如果找不到,就唱得响一些,跟他打打招呼。

六、触觉

(一) 发展进程与目标评价

2 个月大的孩子特别喜欢品尝和触摸,有的孩子尤其喜欢吮手指。

【小贴士】皮肤和神经系统之间有着极为密切的联系。皮肤上有数百万计的感觉末梢,皮肤可以看作是人脑的外层,或是人脑的延伸部分。一般来说，触觉刺激对神经系统产生影响的时间约在刺激30秒以后，时间越长，效果越好，但要根据孩子的耐受程度加以确定。

（二）实现途径与教育指导

1. 对待吮吸手指

家长不要过分担心孩子会由于喜欢吮手指而养成坏习惯，这只是他学习和玩耍的一种方式，只要经常把孩子的手指洗干净就行了。

2. 感觉不同质料

让孩子触摸各种不同质感的布料或玩具，如光滑的丝绸、粗糙的毛巾、柔软的棉布、细毛的玩具熊、粗毛的小狗和几何形状的玩具等。把它们放在孩子的脸蛋上、手臂上、胳膊上、肚子上、腿上轻轻摩擦，让他感觉不同材质的不同触感，给他描述不同质料的触觉感受（如滑滑的、软软的、硬硬的、毛绒绒的）。

七、粗大动作

（一）发展进程与目标评价

1. 抬头

2个月大的孩子有了一定的控制头部动作的能力，俯卧时头能抬离床面达45°，但稍停片刻头又会垂下来。本月末，一些孩子可以竖着抱，只是颈部力量尚且不足，有些摇摇晃晃。（1个月 · 3个月）

2. 转头

扶坐或竖抱时头部能竖直片刻，并能随视线转动90°。（1个月 · 3个月）

3. 支撑

趴着时可用手臂把上半身支撑起来一小会儿。（→3个月）

4. 蹬踢

腿能够有力地蹬踢。如果大人将手放在6—8周大的孩子的脚下时,会蹬大人的手。若把孩子竖抱着站在地上,他的脚也会蹬地面。(→3个月)

5. 翻身

2个多月的孩子可以在大人帮助下向某一方向翻身。(→3个月)

(二)实现途径与教育指导

1. 巩固性训练

俯卧抬头;竖抱抬头;转头训练。

2. 锻炼颈部和胸背肌肉

孩子空腹时将他置于俯卧位,将玩具举在孩子头前,吸引他向前、左、右3个方向看,并使其努力抬头,从抬起头与床面成45°,逐步抬高到3个月时的90°。

3. 飞行训练

当家长躺在床上或地板上时,轻缓地将孩子举起、放下,让孩子向前后左右"飞行",体验飞翔的感觉。

4. 轻柔体操

在孩子仰卧时小心地抓住孩子的双脚,帮助他来回蹬两条腿,就像骑自行车一样,或抓住孩子的双手做轻柔的伸展体操。

5. 辅助翻身(侧俯翻)

先从练习侧卧开始,帮孩子侧身躺一会儿,再用玩具逗引并推动他变成俯卧姿势。这个时候的翻身练习都是辅助性练习,为以后的翻身练习做准备。

八、精细动作

(一)发展进程与目标评价

1. 抓握

握拳姿势逐渐松开,能自己展开、合拢。触碰手掌会紧握拳。拨浪鼓

能在手中留握片刻(15—30 秒)。(1 月 · 3 个月)

2. 拍打

大部分先天反射性动作已逐渐消失,自主动作逐渐出现。如果你经常拿起孩子的小手去拍打眼前的玩具,渐渐地,他就会主动伸出手去拍打它。(→3 个月)

3. 抚摸

手有了抚摸动作,经常抚摸被褥、亲人、玩具,偶尔碰到什么东西就会无意识地抓握片刻。这时手的动作还不受意识支配,眼和手还不能配合,手的动作没有方向和目标。(→3 个月)

4. 拿取

给他摇铃,会双手伸直去拿摇铃。(→3 个月)

(二) 实现途径与教育指导

1. 触摸抓握训练

在孩子眼前悬吊一些玩具,让孩子自己动手击打、够取、抓握。也可将妈妈的手套充满泡沫塑料或棉花,吊在孩子的小手能够得到的地方,吸引孩子去抓。

2. 悬垂运动

让孩子抓住光滑的木棍(如小的擀面杖),像吊单杠一样做悬垂运动(可以爸爸双手握持木棍,妈妈双手抱着孩子)。家长可根据孩子的双手握力来控制抱孩子时的辅助力度。

3. 抚摸刺激

拉着孩子的手,让他摸摸妈妈的手、脸、衣服或玩具等。可用鲜艳或发声玩具逗引孩子伸手抓摸、耍弄。还要给孩子做手指按摩操,从手心到手背,再到每个手指头,每天 2—3 次。

4. 拽拉毛巾

让孩子的手抓着毛巾的一头,家长通过拉毛巾把孩子拉起来。也可用手指代替毛巾。

九、学习能力

（一）发展进程与目标评价

1. 记忆

2个月大的孩子，当注意的物体从他视野中消失时，会用眼睛寻找。这表明他有了短暂的记忆。（新生儿·3个月）

2. 注意

当发亮或色彩鲜艳的物体出现在视野内时会睁眼注视，并发出喜悦的声音。（1个月·3个月）

（二）实现途径与教育指导

摇拨浪鼓：在孩子醒着且精神状态良好的情况下，妈妈可以摇拨浪鼓等能发声的玩具，在孩子的身体两侧交替着摇晃。通过声音吸引孩子关注，对培养孩子集中注意力很有帮助。摇晃的声音一定要悦耳，并根据孩子的注意情况变换节奏。当孩子对此游戏活动的兴趣下降时，就应该停止游戏，以免过度刺激引起厌烦。

十、发音与语言

（一）发展进程与目标评价

1. 非语言交流·咕咕音

用声音逗引时，2个月大的孩子会发出“哦”“啊”等喉音以回应。（1个月·3个月）

2. 发音

哭闹声明显减少，咿咿呀呀的发音逐渐增多。当孩子心情愉快或躺在床上无人陪伴时，就会发出“啊、噢、呜”等细小喉音。当听到有人与他讲话时会认真地听，会模仿发音以发出应和声。如果大人模仿他并示以欢笑和赞许，他就会越发起劲地与大人“嗯嗯啊啊”地“说”个不停，并以此为

乐，但这些声音没有什么意义，只是表示他身体放松、情绪愉快。（1 个月 · 3 个月）

3. 辨音

能区别熟悉的和不熟悉的语声以及男的或女的声音。（→4 个月）

（二）实现途径与教育指导

1. 早期言语训练

当孩子“咿呀学语”的时候，家长要有意识地进行早期言语训练。比如，在喂奶和护理时，把动作和语言结合起来，最好能指着某些物品用清楚缓慢的语言对他说这是什么，那是什么，要像对待已会说话的孩子那样向他描述你正在进行的事情。孩子虽然不会说话，却有惊人的接受语言的能力。让孩子听语音可以训练听力，看口形可以锻炼口形模仿能力。家长对孩子说话时最好用普通话，但语词要非常简单。

2. 给孩子哼唱

可以哼唱一些儿歌给孩子听。还可以给孩子说一些容易上口的童谣，配合身体的动作，有节奏地摇动孩子。儿歌和童谣是非常适合婴幼儿的语言训练素材，家长自身要具有一定的素材储备。

3. 辨音练习

爸爸和妈妈分别蹲在孩子床的左右，轮流对孩子说话或发出逗引的声音，当孩子的头转向妈妈时，妈妈说“我是妈妈”，当孩子的头转向爸爸时，爸爸说“我是爸爸”等。

十一、认知与探索

（一）发展进程与目标评价

1. 好奇与兴趣

当 2 个月大的孩子安全地置身于妈妈的怀抱中时，他就会好奇地观察周围的人和环境。（→3 个月）

2. 探索性行为

2 个月的孩子对声音的好奇心比较强。当孩子发现自己可以让玩具发出声音时，会不厌其烦地重复触动或拍打玩具。（→3 个月）

（二）实现途径与教育指导

1. 感受周围环境

经常带孩子到户外聆听周围环境中的各种声音，如狗叫、鸟鸣、汽车喇叭声等。经常带孩子去户外，增进孩子与周围大人和孩子的接触。

2. 丝带袖口

在松紧带上缝上一些 5—7 厘米长的彩色丝带。将松紧带套在孩子的手腕上，摇摇他的手，让他注意丝带的飘动。并鼓励孩子拉丝带。也可以给孩子的手腕上戴上小铃铛，满足他摇铃铛的乐趣。

十二、情绪情感

（一）发展进程与目标评价

1. 情绪表达 · 沮丧/愉悦

1—3 个月的孩子会发出咕咕声。哭是一种沮丧的信号，而咕咕声则意味着高兴和满足。比如，高兴时会不自觉地发出“咿咿、唔唔、哦哦、啊啊”等各种各样的声音，有时还会手舞足蹈并发出笑声。不愉快时就会表情呆滞、哭闹甚至发脾气。（1 个月 · 3 个月）

【小贴士】自 2 个月以后，孩子的积极情绪开始发展，当吃饱、温暖时，可以看到孩子活泼且微笑的表情，反之，能引起否定的情绪反应，如哭闹、呆滞等。

2. 情绪表现

从出生到 2 个月大的时候，当孩子吃饱了、睡好了或洗了澡，他的身体就会很舒服，他会微笑，这是生理性的微笑，是满足自身的内在生理需要后产生的情绪反应。2—3个月的孩子情绪不再完全取决于生理的需要了，他们开始有社会性的要求，如需要父母的抚摩，需要与人交流，而且也有了玩的要求。这时孩子的情绪是否愉快也可能取决于是否有人陪伴、是否有人跟他玩。(1个月·3个月)

3. 情感体验·感受

开始感受到父母讲话中所流露出来的情感。比如，当听到愤怒的讲话声时，往往会躲开；对友善的语声，往往报之以微笑。(→5个月)

(二) 实现途径与教育指导

1. 及时满足需要

在0—1岁期间，妈妈应及时地给孩子各种满足，包括生理的满足(哺乳、清洁、睡眠等)，还包括心理上的抚慰。孩子在妈妈肚子里的时候听惯了妈妈的心跳，喜欢和成人皮肤有温暖的接触，所以不要怕娇惯孩子而不去做，在孩子感到不愉快的时候，拥抱、抚摸、唱些好听的或孩子熟悉的歌曲都是很好的办法。家长在平时要注意培养孩子的良好情绪，不要等孩子哭闹了，情绪变坏了才去安慰他。要随时对孩子的主动交流或微笑做出积极应答，多面对面地逗他玩耍，满足他的情感需要。

2. 表情交流

妈妈给孩子喂奶时，应该微笑并专注地看着他。和孩子交流时，要尽量让他更多地看到父母和其他家人的脸部表情，而且面部表情要尽量丰富些。

3. 高敏感性的建立

这里的敏感性是指妈妈在照料孩子的过程中，对孩子喜怒哀乐的感受能及时地感觉到。哭、笑以及孩子的各种肢体语言和表情都是各种不同的信号，妈妈要能比较准确地判断孩子在表达什么样的信息，然后据此给予对应的处理。

4. 肌肤接触

亲密的肌肤接触能带给孩子最大的满足。父母需要多与孩子肌肤接触,例如拥抱、互相亲吻,或用脸颊、干净头发摩擦孩子脸部。也可以在洗澡前后或换完尿布后,将孩子平放在床上,进行全身抚摸。此外,孩子也非常喜欢摸摸捏捏大人的脸,透过亲密的接触,不但增进孩子的触觉能力,也能增强亲子间的关系。

十三、社会认知与交往

(一) 发展进程与目标评价

1. 认识他人·母亲/生人

2 个月开始逐渐产生自己与妈妈以及妈妈与其他人之间有区别的意识。能够把父母和其他陌生人区别开来。妈妈、爸爸的声音会让孩子感到亲切和愉快。(→3 个月)

2. 交往态度

2—3 个月的孩子喜欢别人注意他,渴望父母的爱抚。(1 个月·3 个月)

3. 交往技能·微笑/发声

开始出现社会性微笑,如果逗弄他或看着他的眼睛说话或点头,有时孩子会微笑或发出"呢""啊"的声音。(1 个月·3 个月)

【小贴士】2 个月开始,孩子与人的交往出现了选择性。他的高兴情绪有了分化,对不同的人有了不同的反应。比如,他能通过视觉、听觉辨认母亲的面孔和声音,或辨别父亲的面孔和声音。

(二) 实现途径与教育指导

1. 亲子交流

亲子交流的方式各种各样。比如,和孩子说话,大声、小声、轻柔和急促都可以。与孩子说话时可以做出不同的面部表情。告诉孩子妈妈正在做什么的同时,轻轻地抚摸孩子。和孩子说话或看着孩子的时候,轻柔地摆弄孩子的胳膊和腿脚。或拿一个玩具,如毛绒狗熊等,慢慢移到孩子面前,做出各种动作和声音,然后再藏起来,大人哈哈笑,引诱孩子跟着笑。

2. 抚慰哭闹的孩子

孩子哭闹时,看护者应该加以回应。

(1) 将孩子抱在肩上,同时摇晃走动。

(2) 连续地、轻轻地拍打孩子的身体。

(3) 轻轻对他说话,或制造一种有节奏的声音,如闹钟的嘀嗒声。

(4) 给孩子提供温和而有节奏的活动,如抱着孩子在摇椅上摇一摇或荡一会儿秋千。

(5) 给孩子哼唱摇篮曲。

(6) 哭也是孩子全身运动的方式。孩子偶尔哭一会儿,可以促进肺发育。在确认孩子安然无恙的情况下,大人也可不必马上哄他。

十四、自我意识与个性

(一) 发展进程与目标评价

自我认识·身体:2个月大的孩子开始注意自己的手。吃饱睡足后,大部分时间在玩弄双手,把自己的小手伸到眼前凝视、晃动并陶醉其中,好像对自己的小手有浓厚的兴趣,常把自己的手放入口中。这是孩子认识自己的身体、发现自己主导运动的第一步。(1个月·3个月)

(二) 实现途径与教育指导

碰碰小手碰碰脚:当孩子醒着时,大人可有意识地触动孩子的小手,如捏捏小手指,点点小手心,握着小手摇一摇等;碰碰小脚掌、推推小脚、挠挠小脚心。这样做有利于中枢神经发育,让孩子意识到自己的四肢的存在,同时获得愉悦感。

玩小手：

(1) 帮助孩子抬起小手，放在孩子的视线之内，引起注意。

(2) 在孩子的手上挂块红布或戴个铃铛，刺激他去看手、玩手。

名家名言

因为听觉、视觉、味觉、嗅觉、触觉，是人类感知外部世界的生理基础。充分刺激孩子的感觉器官，能够促使大脑的各部分积极活动。如果孩子大脑的各个功能区都能发挥出最大效能，就会成为一个聪明伶俐的人。

（德国　卡尔·威特）

第四章　3—4 个月儿童的发展与教育

本章导读

敏感期：3 个月大的孩子处于信任感建立敏感期(0—1.5 岁)、依恋建立期(2—7 个月)、视觉敏感期(0—1 岁)、口腔敏感期(0—1 岁)、感知动作思维发展敏感期(0—2 岁)、听觉敏感期(0—2.5 岁)、大肌肉发展敏感期(0—3 岁)、感官发展敏感期(0—6 岁)、空间敏感期(0—6 岁)等多个敏感期。相关敏感期的表现特点与教育指导详见“第二篇 0—1 岁儿童敏感期与教育指导”。

营养与保健：3—4 个月孩子生长发育需要更多营养，同时唾液分泌在逐渐增加，可以开始适量添加辅食，如蔬菜汁、果汁、蛋黄。

视觉空间：3 个月孩子对颜色和图案有了初步的分辨能力，可以开始逐步训练孩子的颜色感知能力和图案感知能力。

听觉：3 个月孩子已能初步区别音乐的音高和音色，喜欢听柔和动听的音乐。可以经常让孩子听一些轻柔的摇篮曲。

粗大动作：3 个月孩子已具有翻身的能力。可先辅助孩子练习两臂支撑趴着，再逐步练习由仰卧姿势向左侧翻和向右侧翻。

精细动作:3个月孩子开始出现真正的抓握动作,同时开始对玩具表现出兴趣。可以训练孩子抓握大人的手指、抓握细柄玩具、拍打悬挂物,增加孩子随意玩弄玩具的机会。

语言发展:3个月孩子口腔构造已非常接近成人,发音逐渐由模糊变得清晰。家长要多和孩子说话,逗引孩子发音。

情绪情感:3个月孩子会用面部表情表达自己的情绪,开始逐渐与母亲产生了情感联结。家长要多陪伴孩子,多和孩子玩亲子游戏,以满足孩子情感依恋的需要。

发展进程与教育指导

一、营养与保健

（一）营养保健常识

1. 饮食

3个月大的孩子能吞咽稀糊状食物，如稀米糊及稀果茸。

2. 营养

3—4个月孩子生长发育所需的营养增加，只吃母乳恐不能满足其需要，且3个月大的孩子唾液腺的分泌已逐渐增加，同时为了使孩子能逐渐适应断奶后的食品，此时可以给孩子稍加一点辅食，如蔬菜汁、果汁、蛋黄。3个月大的孩子肠胃功能还未完善，不要一下子吃各种不同的蔬菜汁、果汁。可以从一种开始添加，每天1次，每次1—2匙，待尝试3—4天后，如果孩子排便正常，情况良好，再让他吃另一种。以后种类及分量逐渐增加。

3. 接种

3—4个月要开始进行各种预防接种。保健所会通知接种日期，一定要按时去。

（二）家庭养育指导

1. 3—4个月大孩子的一日膳食参考

每天大约吃6次奶，每次奶量约130毫升，时间大约是2点、6点、10点、14点、18点、22点。孩子每天喝鱼肝油3次，每次1滴，时间为10点、14点、18点。蔬菜汁或果汁每日2次，每次60毫升，时间为8点、16点。烂粥每日2次，每次约1/6小碗，时间为12点、20点。蛋黄每日半个，可加在奶或粥里。每天5次温开水，每次约90毫升，可与果汁或蔬菜汁交替喂孩子。一般婴幼儿每日每千克体重需要约120—150毫升水，这里包括喂奶量在内。

2. 口腔护理

每次喂奶或辅食后再喂点温开水，以冲洗食物残渣。早晚用纱布或手帕蘸温开水清洁孩子牙龈。

3. 锻炼

3个月大的孩子的户外活动，在温暖的季节里，每天应不少于1小时；寒冷的季节，至少要进行20—30分钟的户外空气浴。另外，每天要坚持做婴儿体操。

二、护理与自理

（一）发展进程与目标评价

1. 进食

3个月大的孩子，能接受勺子喂的水或食物，通过从勺子中接受喂哺，学会使用舌头舔舐食物。（2个月 · 4个月）

2. 睡眠习惯

新生儿在哪儿都能睡着。到了大约三四个月的时候，最好能让他习惯在自己的床上睡觉，不要别人陪伴（除非你打算让孩子和你一起睡很长一段时间）。这是预防以后出现睡眠障碍的办法之一。如果孩子睡觉前希望大人抱着他摇来摇去，他就可能在几个月，甚至几年内都想得到这种享受。在夜里醒来的时候，他也会要求同样的待遇。

3. 洗澡

在最初的几个月里，给孩子洗澡的最佳时间是喂奶之前，而不是喂奶之后。洗澡水的温度应该和体温差不多（32.2—37.8℃）。为了防滑，可以在给孩子洗澡的时候，把毛巾或尿布搭在浴盆的四周。如果浴盆有海绵衬垫，则更有助于固定孩子。

4. 孩子应该穿多少衣服

正常的孩子和成年人一样拥有良好的体温调控系统，只要不给孩子包裹太多的衣服和被子,他的体温调控系统就能正常运转。如果总是穿得太多,他的身体就会失去适应温度变化的能力,也就更容易着凉。不要以为孩子的小手应该总是热乎乎的,多数孩子在穿着得当、冷热适中的时候,手总是凉的。孩子若真正感到冷的时候,脸上就没有了红润,而且他们还会哭闹。

（二）实现途径与养育指导

1. 用小勺喂孩子

可以尝试着用小勺子给孩子喂食物或水。通过多次用勺子喂哺,使孩子渐渐学会见到勺子就张口。也可经常抱孩子到餐桌旁边,看一看家人吃饭,闻一闻饭菜香味,还可蘸点菜汁,尝一尝各种味道。但不要给孩子品尝过重的味道及过于刺激的食物。

2. 从哺乳过渡到使用奶瓶

（1）如果母亲打算从孩子 4—6 个月时实施断奶计划,改用奶瓶喂奶的适当时间是在孩子 3—4 个月大的时候。这个时候,孩子的消化系统渐趋稳定。

（2）改换奶瓶的过程应该循序渐进。首先,每天在奶水最少的时候减去一次哺乳,改用奶瓶喂奶。过两三天,再减去另一次哺乳。再过两三天,再取消一次母乳喂养,剩下的都改用奶瓶喂奶。

3. 锻炼孩子独自睡觉

（1）合睡床:合睡床就像一个三面带护栏的大盒子,可以接在你的床边,开口向内。你不用起身就可以照顾孩子。为了保证安全,一定要把合睡床与大床衔接牢靠。铺垫既要柔软又要坚实。孩子不需要枕头也不应该给他用枕头。最好不要把填充玩具或布制的缓冲物放在婴儿床里,以免造成窒息。

（2）孩子三四个月大时,你就可以试着在他醒着的时候把他放到自己的床上,让他学着自己睡。如果孩子养成了只有抱着才睡觉的习惯,一旦不抱着睡可能就很难入睡了。

4. 负载孩子的用具——胸前吊兜

如果父母要带着较小的孩子去逛街或需要做其他事情,比较适合将孩子放入置于胸前的布制婴儿吊兜中,这样,孩子一抬头就能看到父母的脸,还能听到父母的心跳。

三、味觉与嗅觉

(一) 发展进程与目标评价

孩子舌面上的味蕾对于酸、甜、苦、咸、辣等各种味道具有了精确的味觉辨别能力,对食物的微小改变已很敏感。用奶粉喂养的孩子,应3—5个月换一种奶粉。长期使用单一口味的奶粉,将会导致孩子味觉迟钝,偏食、拒食。

(二) 实现途径与养育指导

味觉训练:

(1) 喂果汁,适当喂孩子喝一点各种口味水果榨成的汁,一是可以刺激味觉的发展,二是可以增加维生素,为以后学会吃各种辅食做好味觉适应的准备。

(2) 品尝菜汁,3个月左右可用筷子蘸各种菜汤让孩子尝尝味儿,以提供丰富的味觉刺激。

四、视觉空间

(一) 发展进程与目标评价

1. 追视

3个月大的孩子,眼球能上下左右移动,视线能追随上下垂直移动的物体。能将视线焦点集中在自己想看的东西上(如能对亲人的面孔注视很长时间)。视线能从一个物体转移到另一个物体。(2个月·4个月)

2. 视力

3个月大的孩子会认真地注视距离他150厘米以内的东西，最远能看到距离5米左右的东西。（2个月·4个月）

3. 颜色·感知

对颜色有了初步的分辨能力。喜欢看明亮鲜艳的颜色，尤其是红色和黄色。看到红色或黄色玩具时，能很快产生反应，对其他颜色的反应会稍慢一些。偏爱的颜色依次为红、黄、绿、蓝等。认识颜色一般可按照黑、白、红、黄、绿、蓝、紫、灰、棕的顺序逐一进行训练。（2个月·4个月）

4. 图案感知

能分辨简单的形状，偏爱有一定复杂程度的物体、信息量多的图形，不喜欢没有图案的模式。（1个月·12个月）

（二）实现途径与教育指导

1. 视线转移

让孩子先注视一个玩具，然后拿出另一个玩具，训练孩子将视线从一个物体转移到另一个物体。

2. 悬挂玩具

在一个直径约30厘米的圆圈上悬挂一些色彩鲜艳、有声响的玩具，如小拨浪鼓、小摇铃、小动物、小彩球等，将它挂在孩子头顶上方伸手可及的高度，让孩子注视。当孩子伸手去抓时，玩具被碰得来回摆动，发出声响，可锻炼眼、耳、手的协调能力。但悬挂玩具不宜太多。

3. 感受色彩（黑、白、红、黄、绿、蓝）

剪几段15—20厘米长的不同颜色（黑、白、红、黄、绿、蓝）的彩色丝带，绑在椅脚、桌脚、床的扶手或其他孩子可以看到的地方。轻轻吹动这些丝带，引导孩子观察这些颜色，告诉孩子他看到的是什么东西，是什么颜色。

4. 剪贴的图片

从书本、杂志上剪些孩子熟悉的事物、人物及动物的图片，贴在孩子经常看到或触摸到的地方。展示系列图片时,最好将图片有序摆放,如一排“人脸”图片,一排“动物”图片等。

五、听觉

(一)发展进程与目标评价

1. 声音定位

能区分不同水平方向发出的声音,并寻找声源。头能顺着响声转动180°。

【小贴士】3—4个月大的孩子头眼有了较好的协调,视听建立了联系,听见声音能用眼睛去寻找。

2. 辨音

2—3个月大的孩子已能初步区别音乐的音高,3个月时已能区分音乐的音色。同时,对亲人和陌生人的声音能做出不同反应。

3. 听觉偏好

能集中注意倾听音乐,并对柔和动听的音乐(诸如“催眠曲”)表现出愉快的情绪(如微笑、晃动手脚等),对节奏强烈的声音则表示出不快。

【小贴士】几乎所有的孩子都喜欢轻柔的摇篮曲,而且孩子开始微笑(6—10周)后常听摇篮曲对孩子非常有意义。

(二)实现途径与教育指导

1. 听音

听一听日常生活中的各种声音,如走路声、开门声、流水声、炒菜声、说话声、物体碰撞声等。

2. 摇摆唱歌

当把孩子抱在膝上，或抱着他走动时，可以唱节奏简单明快的歌曲给孩子听，或抱着孩子绕着场地随心所欲地边唱边跳。

3. 适合婴儿听的乐曲

《勃拉姆斯摇篮曲》《卡农钢琴版》《亲亲小宝贝》《开心的笑》《莫扎特弦乐小夜曲》《天使宝贝》《妈咪的爱》《妈咪的怀抱里》《天使的声音》《天真无邪》《好甜好甜的梦》《手舞足蹈》《来自天上的祝福》《天上星星下凡来》《奇妙的仙境》《初雪（班得瑞）》《音乐的瞬间（舒伯特）》《童年情景（舒曼）》《儿童进行曲（柴可夫斯基）》《鳟鱼变奏曲（舒伯特）》《小狗圆舞曲（肖邦）》《春之歌（维瓦尔第）》《G 弦上的咏叹调（巴赫）》《欢乐颂（贝多芬）》。

六、粗大动作

（一）发展进程与目标评价

1. 抬头

3 个月大的孩子俯卧时，能比较稳固地抬头达 90°。扶坐或竖抱时，头已经能基本居中稳定。（2 个月 · 4 个月）

2. 转头

头可随看到的物体或听到的声音转动 180°。头也能随着自己的意愿转来转去，眼睛能随着头的转动左顾右盼。（2 个月 · 4 个月）

3. 支撑

胸部能部分抬离床面，两臂支撑起前半身。（2 个月 · 4 个月）

4. 蹬踢

情绪愉快时，腿能较大幅度地蹬踢。（2 个月 · 5 个月）

5. 翻身

能从仰卧翻到侧卧。孩子一般先学会仰—俯翻身，再学会俯—仰翻

身。(2 个月 · 4 个月)

6. 扶坐

扶着腋下和髋部时能够坐着。(→4 个月)

7. 扶站

用双手扶孩子腋下使其站起来,然后放松手(手不要离开),孩子能短暂保持站立姿势。(→4 个月)

8. 扶持弹跳

站在母亲膝盖上会跃跃欲试地想跳。(→5 个月)

9. 迈步反射

扶着腋下把孩子立起来,他就会举起一条腿迈一步,再举另一条腿迈一步,这是一种原始反射。

10. 感觉统合

3—4 个月大的孩子,眼睛和耳朵的功能与手脚的运动开始渐渐协调起来。

(二) 实现途径与教育指导

1. 趴趴训练

让孩子趴在床上、地毯上或大人身上,双手支撑上半身。可用玩具逗引孩子抬头,去抓够前面或侧面的玩具。每次 3—5 分钟,随月龄循序渐进。

2. 拉坐练习

仰卧时,大人握住孩子的手,稍稍用力将他缓慢拉至坐位。大小可根据孩子用力大小调整辅助力度,直至孩子自己握住大人的手指将自己拉坐起来。

3. 助推爬行

让孩子俯卧在床上,父母用手掌顶住他的脚板,他就会自动蹬住你的手往前爬。开始时孩子还不会用手使劲，身子也不能抬离床面。因此，当孩子用力蹬腿时，父母可轻轻顺势前推，帮助孩子前进。

4. 仰卧侧翻辅助训练（左侧翻）

将逗引玩具由孩子身体上方慢慢移向左侧，再把其右腿放到左腿上，将其一只手放在胸腹之间，轻托其右肩，轻轻在背后向左推就会转向左侧。练习若干次之后，家长不必推动，只要把腿放好，用玩具逗引，孩子就会自己翻过去。以后只用玩具不必放腿就能侧翻。右侧翻方法相同。每日训练2—3次，每次训练2—3分钟。3个月大的孩子只要求学会侧翻，不要求从仰卧转换成俯卧。因为做到180°大翻身，是5个月龄的孩子完成的任务。

5. 坐飞机

家长仰卧，抬起双腿，弯曲膝盖，使两小腿并成一个平面，让孩子平平俯卧其上。家长双手扶着孩子，前后左右摇动小腿，让孩子体验“坐飞机”的感觉。

七、精细动作

（一）发展进程与目标评价

1. 抓握

3个月，握持反射消失，手经常呈张开状，开始出现真正的抓握动作，喜欢去抓、扒、碰、触自己想要的东西，但由于手眼不协调，常抓不到物体。抓物也是一把抓，即大拇指与其他四指方向相同。（2个月·4个月）

2. 触摸

会触碰视线内的物体。（2个月·4个月）

3. 拍打

会用不协调的动作去拍打物体。（2个月·5个月）

4. 拿取

能用很笨拙的动作将物体拿起来。（2个月·5个月）

【小贴士】3个月大的孩子会经常注视自己的双手，并且玩得兴致盎然。这标志着孩子手的动作开始发育了。

（二）实现途径与教育指导

1. 抓手指

大人经常把手指塞进孩子手心，让他感觉有东西后自然地抓紧大人的手指。随着抓握力量的加强，可让他抓两个手指。大人也可将手指上下左右摇摆，帮助孩子的手做上下左右的拉伸动作。

2. 抓握玩具

经常让孩子抓握诸如花铃棒、拨浪鼓之类的细柄玩具和塑料棒状的捏响玩具。待孩子的手完全展开后，将玩具柄放入孩子手中，使之握紧再慢慢抽出。大人可握住孩子的手，帮其摇出响声。

3. 伸手拍打

把一些漂亮饰物（如彩色小球）或发声玩具（如铃铛）悬挂在孩子抬手就能碰到的距离，拿着孩子的手去拍悬挂物，使悬挂物晃动，逗引孩子自己拍打。

八、学习能力

（一）发展进程与目标评价

1. 记忆

3个月能认出前一天第一次看到的东西；能认出母亲和其他熟悉的人，但记忆保持时间很短；能把熟人与陌生人区别开来，表现出怕生。孩子怕生、认生是他有了记忆的一种表现。（2个月·4个月）

2. 注意

能短暂地集中注意一个新鲜事物约1—2分钟。（2个月·5个月）

3. 观察

当孩子吃饱喝足之后，他的双眼会愉悦地打量着周围的世界。（→4个月）

（二）实现途径与教育指导

1. 移动的洋娃娃

将孩子仰放在床上，妈妈一只手拿着洋娃娃在孩子上方轻缓移动。可以让洋娃娃沿水平方向左右移动：移动幅度要小，5—7厘米；移动频率要慢，约每秒钟1次。这样进行1—2次后，妈妈可改换洋娃娃的移动方向，如向前或向后水平移动。

2. 追踪缓慢移动的物体

准备一个颜色鲜艳的玩具，用绳子绑着，当孩子躺着或趴着时，在孩子眼前约20—25厘米处轻轻摇晃，同时叫他的名字，孩子的眼睛会随着物体移动，耳朵也会随着声音寻找，同时训练了孩子的眼部肌肉与双眼协调。

九、发音与语言

（一）发展进程与目标评价

1. 反应性行为

3个月大能频繁地对声音做出反应。（2个月・4个月）

2. 非语言交流・咕咕音

能发出连续的声音，逐渐拉长音调以引起大人的注意。（2个月・4个月）

3. 发音

3个月大孩子的口腔构造已非常接近成人，发音明显增多，发音逐渐由模糊变得清晰。情绪好时常常会主动发出“呃(e)”“啊(a)”“呜(u)”“噢(o)”等单元音。当大人与他说话或逗乐时，他会发出咿呀声或以微笑来表示应答。（2个月・4个月）

（二）实现途径与教育指导

1. 逗引小儿发音

经常不断地对孩子重复发诸如“啊、噢、呜”之类的单音。当孩子主动发出“咿咿啊啊”的声音时，一定要给予回应，也可模仿孩子发出的声音。

2. 和孩子说话

3—4 个月的孩子已经会用眼睛朝着你看，会笑，有时小嘴还会动，发出“呀呀”的声音，表情愉快，像跟大人交谈似的。这时父母就可不失时机地逗引孩子，比如微笑着对孩子说：“宝宝乖，宝宝好，妈妈喜欢乖宝宝。”父母应该经常抱孩子到室外散步，多与他说说所见所闻。用语言告诉孩子他正在看的事物。

十、数理逻辑

（一）发展进程与目标评价

1. 动作发展·重复性动作

喜欢重复能产生愉快体验的动作，如吸吮手指。（→4 个月）

2. 客体暂存性

对于 3 个月大的孩子来说，看不到物体就意味着物体不存在了。（→4 个月）

3. 整体与部分

开始产生物体整体性知觉，能初步将物体同背景区分开来。（→5 个月）

（二）实现途径与教育指导

1. 让孩子的小手有事可做

孩子会说话以前都是处于前言语思维阶段，这种思维主要是靠动作发展来形成，所以要尽量增加孩子玩弄物品、接触环境的机会。

2. 拉铃铛

在孩子床边悬挂一个系了拉线（拉线可带坠子，以便孩子抓握，但必须系紧拴牢)的铃铛,家长拉一拉铃铛,再将拉线放入孩子手中,让孩子尝试运用小手自己拉响铃铛。

十一、认知与探索

(一) 发展进程与目标评价

1. 好奇与兴趣

3个月大的孩子能清晰地区分人与物,对外部世界开始萌发好奇心。(2个月·4个月)

2. 探索性行为

喜欢尝试,想把所有东西放到嘴里,借由舌头学习与物品间的关系。(2个月·4个月)

(二) 实现途径与教育指导

如何看待孩子吮吸手指?从2—3个月到2—3岁,孩子吃手是常见现象。吮吸手指,可以看作是一种学习和自己玩的能力,等孩子会玩玩具以后,吮吸手指的现象就会越来越少了。因此,要注意保持孩子手指的洁净,同时吸引孩子去注意别的东西。到了一定月龄,正常不用制止,也能自己改掉吃手的习惯。

十二、情绪情感

(一) 发展进程与目标评价

1. 情绪表达·喜悦/不快/厌倦/无聊

3个月大的孩子,会用面部表情表示喜悦、不快、厌倦、无聊等。逗乐时能发出咯咯笑声。(2个月·4个月)

【小贴士】孩子从满月到3个月末,即有欲求、喜悦、厌恶、愤怒、惊骇和烦闷6种情绪反应。

2. 情绪表现

第3个月会出现诱发性的、非生理性的微笑，也就是由外界的刺激引起的情绪反应。（2个月 · 4个月）

【小贴士】3个月的孩子，只要大人碰碰孩子的脸，轻轻地触摸孩子的皮肤，或者是听到了妈妈熟悉的声音等，都会引起孩子愉快的情绪反应。这种反应起着信号的作用，是孩子在呼唤大人和他接近、交往。这是社会化情绪出现的起点，而这时他跟任何人接近都会产生愉快的笑的情绪。

3. 情感表现表达 · 依恋

开始逐渐与母亲产生了情感联结——依恋。只要听到妈妈的声音就会高兴或停止哭闹。（新生儿 · 4个月）

【小贴士】依恋是孩子与抚养者之间一种积极的、充满深情的感情联结。孩子自出生时就开始了和父母尤其是母亲的交往关系。最初，主要是父母对孩子的本能反射，如哭、吮吸等做出应答性反应，即抱、抚摸、喂奶等照料行为。这种交往不仅能使孩子的生理需要得到满足，还使他感到舒适和安全。随着孩子和父母交往的增多，约在4个月后他对父母的笑就会比其他人多，但此时对父母的偏爱还不明显，亲子关系还不稳定。6—8个月时，大多数孩子都形成了对父母特殊的、明显的依恋，建立了稳定的亲子关系，同时对陌生人产生恐惧。

（二）实现途径与教育指导

1. 发展依恋

父母要多和孩子说话、唱歌、逗笑，使孩子情绪愉快，产生并发展健康的依恋。当孩子试图以微笑吸引父母的注意时,父母要给予积极的回应。而且,每个家庭成员都要尽量多抽出些时间来陪伴孩子,让他体验到与更多人玩要的乐趣。

2. 表情模仿游戏(父母模仿孩子)

从孩子一出生,父母就可以抱着孩子,面对面模仿他的面部表情,通过这种方式将孩子的情绪感受反馈给他自己,鼓励他更多地表达自己的情绪。比如,当孩子快乐地微笑时,父母也对着他微笑;当孩子好奇地瞪大眼睛时,父母也要对着他瞪着好奇的眼睛逗他玩。

3. 安抚奶嘴的利与弊

安抚奶嘴好处包括:清洗容易,满足口欲,增加安全感。但使用时间不宜太长。孩子吸吮的生理需求在出生至6个月大的这段时间最强,此时依赖奶嘴可以理解。但是父母或孩子如果习以为常,一路伴着长大,就可能造成负面的影响。奶嘴坏处包括:增加口腔内念珠菌感染,促进龋齿细菌滋长,长期使用造成咬合不正,提高了中耳炎的发生率等。

4. 使用安抚奶嘴的正确态度和方法

(1) 安抚奶嘴是父母照顾孩子的辅助品而非替代品。许多父母听到孩子哭声,就塞进奶嘴让他闭嘴,其实这种做法对孩子和对大人而言都是坏习惯。

(2) 完全不使用安抚奶嘴,而喜欢吸吮自己手指的孩子,事实上更令人困扰。长期吸吮手指会造成手指浸泡在唾液里,容易导致甲沟炎和指甲变形。尤其在孩子会爬会走之后,双手到处乱摸,被病菌污染的概率很高。而安抚奶嘴则比手指容易清洗和管理。

(3) 使用安抚奶嘴比吸吮手指容易戒掉。戒奶嘴的最好时机,是孩子感冒或是鼻塞的时候,鼻子不适时吸奶嘴更难受,孩子乐意放弃。

(4) 6个月以上的孩子,吸吮需求下降,可以完全不使用奶嘴。或者只限于在引导入睡的时候才用,清醒及睡着时就拿开。

(5) 10个月以上的孩子,最好中止使用安抚奶嘴,除非孩子改吸手指才用奶嘴暂时替代。

十三、社会认知与交往

(一) 发展进程与目标评价

1. 认识他人·母亲/生人

3个月大的孩子,已能认出妈妈的面容。若同时呈现妈妈和一个陌生人的照片给孩子看,他会花更多的时间来注视妈妈的照片。(2个月·4个月)

2. 交往态度

有了玩的要求。如果有人面对面地逗他时,他会愉快地朝着面前的人微笑。(2个月·4个月)

3. 交往技能·互动

能来回张望寻找亲人,亲人走近时手舞足蹈,露出微笑,伸手要抱。被逗引时会非常高兴并发出欢快的接近"哈、哈、哈"的笑声。(2个月·4个月)

(二) 实现途径与教育指导

1. 躲猫猫

父母用毛巾把脸遮住,俯在孩子面前,然后让孩子自己把父母脸上的毛巾拉下来,拉毛巾的同时,父母要"喵"一下。父母初次和孩子玩躲猫猫游戏时,"用毛巾遮住脸"的动作要当着孩子的面完成,免得孩子感到突然,受到惊吓。

2. 教育建议

父母要尽可能地自己带孩子,不要托管给别人。因为父母亲自带孩子时,会在不知不觉中把自己对人对事的态度传递给孩子,让他一生受用不尽。养成孩子良好的生活习惯和品德是父母可以给孩子的最好的礼物,而最佳的学习时间便是平常跟父母相处的时候。

十四、自我意识与个性

（一）发展进程与目标评价

自我认识·镜像

喜欢看镜子里的自己。（2个月·4个月）

【小贴士】孩子5个月前，自我意识未形成。他不知道自己的身体存在，所以吃手、吃脚，把自己的手脚当成和别的东西一样来玩，把自己当客体来认识。但3个月大的孩子已经有自己的主意了，比如一旦不喜欢吃某种东西，无论怎样都不会吃。

（二）实现途径与教育指导

照镜子

大人把孩子抱在自己的腿上，举一面镜子面对孩子，让孩子照一会儿，然后把镜子拿走，再照一会儿，再拿走，如此反复几次，每次照镜子都对孩子说："宝宝，你看，谁在镜子里呀？是宝宝在里面。"也可选择一面安全的镜子挂在孩子的床边，以便孩子可以随时看到自己的一举一动。但镜子一定要挂在不会将光线汇聚在孩子床上的位置。

名家名言

做母亲的应当懂得，对于如何教育孩子，永远也不会有足够的知识和技巧，因为时常会遇到新的问题，需要新的解决方法。优秀的母亲应该在不断探索与自我校正中改善自己的教育方法，而这一过程要延续到孩子成人、走出家门为止。

（美国　M.S.斯特娜）

第五章　4—5个月儿童的发展与教育

本章导读

敏感期:4个月大的孩子处于信任感建立敏感期(0—1.5岁)、依恋建立期(2—7个月)、视觉敏感期(0—1岁)、口腔敏感期(0—1岁)、感知动作思维发展敏感期(0—2岁)、听觉敏感期(0—2.5岁)、大肌肉发展敏感期(0—3岁)、感官发展敏感期(0—6岁)、空间敏感期(0—6岁)等多个敏感期。相关敏感期的表现特点与教育指导详见“第二篇 0—1岁儿童敏感期与教育指导”。

营养与保健:4个月大的孩子单靠母乳或牛奶喂养已不能满足生长发育的需要,添加辅食已成为必需,应该循序渐进地为孩子添加辅食。

护理与自理:4个月大的孩子已能双手扶抱奶瓶,而孩子的自理能力也就应该从自己扶奶瓶开始一步步地锻炼了。

视觉空间:4个月大的孩子进入视敏度发展的敏感期,可引导孩子有步骤地“初步感知”颜色。感知顺序大致为“红、黄、蓝、绿、紫、灰、棕”。

听觉:从4个月开始进入听觉能力发展的黄金时期。可以经常玩“循声寻物”游戏,可以将摇篮曲等音乐作为生活的背景音乐,父母应该把给孩子唱儿歌作为陪伴孩子的一种方式。

动作发展:从 4 个月到 1 岁半为运动发展期,可以逐渐训练孩子的翻身、扶坐能力以及抓握、拨弄、够取、拍打、摇晃等动作。

语言发展:4 个月大的孩子已能发出各种简单的叠音和部分简单的辅音,父母应该多和孩子玩诸如“模仿叠音”的游戏,生活用语中可有意识地使用一些叠音词,如抱抱、跳跳、笑笑、狗狗等。

认知与探索:4 个月大的孩子逐渐喜欢上了摆弄东西,可以提供一些物品和玩具给孩子,让他随意摆弄,父母最好能和孩子一起玩。

社会认知与交往:4 个月大的孩子开始出现认生现象。父母要采取各种有效的办法减缓孩子的怕生情绪。同时,要增加孩子与其他同龄孩子接触的机会。

发展进程与教育指导

一、营养与保健

（一）营养保健常识

1. 微量元素

4个月大的孩子从母体带来的微量元素铁已经消耗掉，如果日常食物不注意铁的摄入，就容易出现贫血。尽管母乳是孩子最全面的营养来源，但母乳含铁量很低，100克母乳含铁量一般只有0.5毫克，而母乳里的锌元素孩子也不易吸收。因此纯母乳喂养易造成孩子缺铁、锌，建议4个月以后的孩子添加些鱼泥，避免营养不均。

2. 添加辅食正当时

单靠母乳或牛奶已不能满足发育需要，加之4—6个月后孩子消化和肠胃功能已基本发育成熟，对添加新的食品最容易接受。因此满4个月的孩子，一般均要开始添加辅食，让孩子逐步适应各种口味和质地的食品，为今后顺利断奶做好准备。

3. 添加辅食的时间

孩子一般在4—6个月时就可添加辅食，但具体时间应根据母婴双方的具体情况而定。一般来说，当孩子体重已经达到出生体重的2倍时，就可以考虑添加辅食了（如果出生体重在2.5千克以下，则应在体重达到6千克以后才开始添加）；如果每天喂奶的次数多达8—10次，或吃配方奶的孩子每天的奶量超过1 000毫升，则需要添加辅食，调节喝奶量，每天体重增加不要超过30克。长期过量喂牛奶，不仅会增加孩子肝脏及肾脏的负担，还容易导致孩子肥胖症或厌食牛奶。

4. 水浴

水对机体作用是利用身体表面和水的温差来锻炼身体，增强体温的调节能力。此方法比其他自然因素更宜控制强度，便于照顾个体特点，一年四季均可进行。对健康孩子来说，低于 20℃ 的水温可引起冷的感觉，20—32℃ 为凉，32—40℃ 为温，40℃ 以上为热。因此可以从温水逐渐过渡到冷水。水浴包括温水浴、温水擦澡、凉水洗脸、凉水擦澡、凉水冲淋和游泳。采取哪种锻炼方法，要根据孩子的年龄和体质情况而定。

（二）家庭养育指导

1. 添加辅食

添加蛋黄、猪肝汤、肝泥、鱼泥等含铁丰富的食品。添加菜泥、果泥等以补充容易缺乏的维生素 C。尤其要重视加蛋黄，因为蛋黄内含有孩子极为需要的、容易吸收的维生素（A、D）以及铜、铁等微量元素。至于蛋白则应在孩子 1 周岁以后再吃，因为婴幼儿吃蛋白更易出现过敏现象。还可添加米糊、营养米粉、稀粥。要继续补钙和维生素 D。

2. 添加辅食要遵循渐进原则

辅食添加要根据孩子消化道的发育情况及牙齿的生长情况逐渐过渡，即从菜汤、果汁、米汤过渡到米糊、菜泥、果泥、肉泥，然后再过渡到软饭、小块的菜、水果及肉。如果发现孩子出现严重腹泻、大便里经常有没消化的食物，说明辅食添加的速度有些快。一般一次添加一种新食物，适应期为 4—7 天，一周内不要添加 2 种以上新食物。

3. 4—5 个月孩子每日膳食安排

4—5 个月孩子的胃容量大约是 150 毫升，胃的排空时间大约是 3 小时，因此白天大致需要每 3 小时进食一次，夜间还需要进食一两次。每天膳食参照：7 点，母乳或配方奶，加少量米粉。10 点，母乳或配方奶，另喂一些果汁、果泥等。12 点，母乳或配方奶，加少量米粉、菜泥。15 点，母乳或配方奶，再加一点果汁、果泥。18 点，母乳或配方奶，加少量米粉、菜泥。21 点，母乳或配方奶。夜间，1 次或 2 次母乳或配方奶。每天膳食也可据此适当调整。

4. 锻炼孩子

4个月大孩子的户外活动,在温暖的季节里,每天应不少于2小时;寒冷的季节,至少要进行30分钟的户外空气浴。另外,每天要坚持做婴儿体操。

5. 水浴锻炼——温水浴

2—6个月大的孩子以温水浴为宜,室温应为20—21℃,水温应为35—36℃,每次不超过5分钟。冬、春季每日一次;夏、秋季每日2次。每日坚持,不宜中断。水浴锻炼应注意以下几点。

(1) 要根据孩子的年龄和体质情况而定。

(2) 要严格遵循循序渐进的原则,开始时水温可以稍高一点,锻炼时间稍短一点,以后再逐步将水温调至限定温度,锻炼时间延长至限定时间。

(3) 锻炼时应密切观察,如果孩子寒战,面色苍白、有躲闪的情况,应马上调节水温,或暂停锻炼,立刻用干毛巾擦遍全身。

二、护理与自理

(一) 发展进程与目标评价

进食:4个月大的孩子,能双手扶抱奶瓶,并把奶嘴准确放进嘴里。(3个月 · 5个月)

【小贴士】滚落的危险:到了孩子开始学翻身的时候,千万不要把他独自放在高处(如桌子上、床上或椅子上等),哪怕只是一转身的工夫也不行。因为你无法准确地预测他什么时候就会成功地翻过身来。所以,最保险的做法就是,只要孩子在高处,就要用一只手扶着他。万一孩子从高处摔下来以后,他立刻大哭起来,几分钟之后就止住哭闹,并且恢复了正常,就表示他没有受伤。如果几个小时或几天以后，你发现他有任何行为上的变化（如爱哭、嗜睡、不吃东西等），就需要去医院寻求诊断了。如果孩子失去了意识，哪怕只是很短的时间，都要立刻送医院。

（二）实现途径与养育指导

1. 握奶瓶

孩子喝牛奶时，大人可将奶瓶递给他，让他抱住奶瓶的中间部位，为防止奶瓶掉落，成人可用手轻轻托住奶瓶的底部。

2. 把大小便训练

对于4个月以前的孩子来说，大小便是一种无条件反射。4个月以后，孩子的生活逐渐变得有规律，基本上能够定时睡觉，定时饮食，大小便间隔时间变长，这时妈妈可以试着给孩子把大小便，让孩子形成条件反射，为培养孩子良好的大小便习惯打下基础。

3. 观察孩子尿尿的信号

当孩子有了尿意时，表情常常会表现得跟平时不一样，比如打激灵（俗话说的“打尿颤”），或双腿不自觉地摆动，或叽叽咕咕，或在玩的时候突然双眼凝视发呆，或在睡梦中突然扭动身体等。另外，一般孩子会在刚睡醒时和喝完奶15—20分钟时最有尿意。妈妈应学会细心观察，在孩子发出信号时试着给孩子把便，这样孩子容易配合。

三、味觉与嗅觉

（一）发展进程与目标评价

1. 味蕾发育

婴幼儿的味蕾在舌面的分布比成人更广，味觉更敏感、更丰富。4个多月是味蕾发育和功能完善最迅速的时期。

2. 辨味

4个月大的孩子，能区别各种气味，能较精确地区分酸、甜、苦、辣等不同味道，表现出对咸味的偏爱。这种变化大概是为接受固体食物做准备的。4个月大的孩子对食物味道的微小变化都会表现出非常敏锐的反应，也比较容易适应新的食物，是味觉发育的敏感期，所以，这段时期最适合开始添加辅食。

（二）实现途径与养育指导

1. 味觉刺激

可以给孩子尝一尝水果汁、菜汁等。可用勺子舀一点醋，让孩子闻一闻或尝一尝。也可用苦辣味进行味觉训练。这种游戏不要玩得太多，以免孩子产生反感。

2. 按计划添加辅食

添加辅食不一定要求孩子吃得很多，有时甚至仅仅是让孩子尝尝味道而已，以便孩子能适应这种新的食品。一般到6个月末时，对于各种口味的食品，孩子都应该尝过味道了。

3. 食物口味

成人不应以自己的喜好或标准为孩子选择和制作食物。否则，容易形成过重口味，不利于成年后的健康。

四、视觉空间

（一）发展进程与目标评价

1. 追视

4个月大的孩子，俯卧时能稳定抬头90°。视野范围已扩大到180°。开始能够环视四周。（3个月·5个月）

2. 视力

4个月大的孩子能看见周围的每件物品，两眼能够集中注意眼前手指

般大小的物体，如桌上的小玩具等。（3 个月 · 5 个月）

3. 目光聚焦

眼球能灵活地移动。双眼已能对焦，从而产生初步的距离感和立体感。对远近目标的聚焦能力已经接近成人，能初步感知物体的远近。（1 个月 · 5 个月）

4. 颜色 · 感知

4—12 个月是视觉的彩色期，也是视敏度发展的敏感期。4 个月大的孩子能看出红、黄、蓝三原色，能分辨不同颜色的物体，表现出对不同颜色的喜好，多数比较喜欢红、黄、橙等暖色。（3 个月 · 6 个月）

（二）实现途径与教育指导

1. 追视近距离物体

选择滚动玩具（如皮球、乒乓球、弹子等），或既带响声又可移动的电动或发条玩具（如电动汽车、发条小动物等）。让玩具逐渐滚（驶）离，逗引孩子追视。

2. 方位听觉练习

吸引孩子寻找前、后、左、右不同方位和不同距离的发声源（如玩具的响声或家长学动物的叫声等），以刺激孩子的方位听觉能力的发展。

3. 初步感知颜色（红、黄、蓝、绿）

先感知红色，如给他一个红气球，告诉他“这是红色”，要进行反复多次的感知和告知，持续 3 天。此后依次教他感知黄、蓝、绿等颜色。不要让孩子同时感知 2 种颜色，这样容易产生混淆。每周感知 2 种颜色，约 2 周时间完成 4 种颜色的第一轮感知。此后 2 周进行 4 种颜色的第二轮感知。除循序渐进地系统感知色彩之外，还要经常让孩子看些图案简单清晰的彩色图片，接触不同颜色的玩具或物体，以巩固和发展初步的颜色视觉。

五、听觉

（一）发展进程与目标评价

1. 听力

4个月时孩子的听觉能力几乎和成人一样。对听到的声音有定向能力，能找到发出声音的声源。比如，跟他说话或叫他名字时会马上做出注视或转头反应。

2. 辨音

能分辨出不同声音，如父亲、母亲或录音机中自己的声音。能辨别不同音色，区分男声女声。比如，若先给孩子播放一个女声的歌曲，等到孩子"适应"歌曲后，马上换男声，他会有不同的反应。

3. 音乐偏好

对不同的乐曲会产生不同的反应。此时的孩子一般比较喜欢听"愉快的音乐"和"听起来比较优美的音乐"（如摇篮曲）以及"节奏比较明快"的歌曲。能听出简单的音乐节拍。

【小贴士】从4个月一直到1岁是听觉能力发展的黄金时期。从4个月开始，孩子开始积极地"倾听"音乐。听音乐时总伴有身体的反复运动（如蹬蹬小腿等），这时的运动和音乐还不同步、不协调。半岁以后，听最强烈的音乐时却不一定伴有最强烈的身体运动，而只有听比较愉快的歌曲或乐曲时才会有最强烈的身体伴随运动。

（二）实现途径与教育指导

1. 循声寻物

在孩子前、后、左、右、上、下等不同方位和不同距离处发出声响，刺激孩子去寻找。也可故意把发声玩具掉到地上，吸引他用眼睛寻找。开始可选用大一点的玩具，逐渐换成小的，由大及小地找。

2. 摇篮曲

哄孩子睡觉时，妈妈边轻声哼唱摇篮曲，边合着节拍轻拍孩子，让他宁静地入睡。也可选择一些音质较好的摇篮曲以适度的音量播放。固定一种音乐，逐渐形成条件反射，以后孩子再听到熟悉的摇篮曲，就能很快入睡。

适合婴儿听的摇篮曲：《摇篮曲》《催眠曲》《寂静山林》《梦幻曲》《月光曲》（贝多芬）等。

3. 给孩子唱儿歌

大人和孩子说话时要用儿语、高声调、有节奏、拉长音调，像唱歌一样对孩子说话。要经常给孩子唱歌（如儿歌或其他优美欢快、富有节奏感的歌曲），唱歌时按节奏摆动孩子的上下肢，到6—7个月后，当你唱歌时他就会自己挥动手臂了。

4. 各年龄段都适合的音乐活动

（1）每天给孩子唱歌或念儿歌。

（2）每天都有律动（小点的孩子被抱着摇晃身体，大点的孩子可以拍手跳舞）。

（3）为孩子提供音乐玩具，如手腕铃铛和可以拍打的悬挂玩具。

（4）提供不同类型的音乐（儿童歌曲、古典音乐等）作为生活的背景音乐。

六、触觉

（一）发展进程与目标评价

4个月大的孩子触觉反应更加灵敏，除可以感受到干、湿的差别外，对搔痒也会有反应。开始透过皮肤感觉，向外发展触觉经验。但仍旧喜欢用嘴巴来进行探索，如伸手触摸，将东西拿到嘴巴里。对抚摸和抱抱很敏感，喜欢和亲人接触。

【小贴士】触觉和神经系统密切相关，触觉的敏锐度会影响大脑辨识能力、身体的灵活度及情绪的好坏，而且触觉发展越早，手的灵活程度就越大。

（二）实现途径与教育指导

1. 皮球滚动按摩

让孩子躺着，将皮球从孩子的胸前滚到腹部、大腿、趾尖，再滚回来，或从背部滚到屁股。滚动时可时而用力、时而放松，也可选用大小不同的皮球，给孩子不同的感觉。

2. 手指爬行游戏

大人可用食指和中指当作虫子的“两条腿”，在孩子的四肢、胸部、后背上“爬来爬去”。

3. 每日亲密接触

充分利用时间与孩子亲密接触，每天搂抱、抚摸孩子的时间不少于 2 小时。带孩子散步、游玩时也不要总是推着童车。

七、粗大动作

（一）发展进程与目标评价

1. 抬头

4 个月大的孩子，俯卧时头能抬离床面 90°，竖抱时头部能平稳竖立。（→3 个月）

2. 转头

拉成坐位时头不后仰，头可自由转动 180°。（→3 个月）

3. 支撑

能用双手支撑上半身离开床面，并可原地转动身体。（3 个月 · 5 个月）

4. 翻身

能自己从仰卧位翻成侧卧位。在大人帮助下能从仰卧位翻成俯卧位，并把双手从胸下抽出来。（3个月·5个月）

5. 扶坐

扶着两手或髋部能坐立，腰能伸直。（3个月·5个月）

6. 扶站

扶着腋下可站片刻。（3个月·5个月）

（二）实现途径与教育指导

1. 趴大球游戏

将孩子置于大号健身球（或瑜伽球）上，或躺或趴，大人两手固定在孩子的髋部，可伴以轻微的上下弹动。对于颈部功能尚未完善的孩子，应注意固定以保护其颈部安全。

2. 仰卧侧翻训练

孩子平躺床上，大人将逗引玩具置于孩子一侧，让孩子的头轻轻歪过去，孩子伸手去抓的动作会带动身体慢慢翻转过去。

3. 扶坐训练

妈妈双手夹住孩子的腋下，轻轻地将其拉坐起来，再用手支撑孩子的腰背部，让他维持短暂的坐姿。还可利用其他机会练习坐，如坐在妈妈腿上逗乐，喂饭时坐在大人腿上或童车里。但练坐也不可操之过急，过早或长时间让孩子坐着，会造成脊柱异常弯曲，应循序渐进，从几分钟开始逐步延长坐的时间。

八、精细动作

（一）发展进程与目标评价

1. 抓握

开始有了随意的抓握动作。抓握东西时开始出现五指的分化，能用

指端和掌跟抓握玩具。对感兴趣的物体能主动伸出手去抓。(3 个月 · 5 个月)

2. 拨弄

喜欢在身体正前方互相拨弄手指。(→3 个月)

3. 触碰

能碰击桌上或悬挂的物体。(→3 个月)

4. 摇晃

会摇动并注视手中的拨浪鼓。(→6 个月)

【小贴士】动作是活动的基本单位,是构造智力大厦的砖瓦。孩子最初的思维与其动作的发展是分不开的。动作是思维的起点,是解决问题的概括性手段。早期动作的发展水平在某种程度上标志着心理发展的水平,同时,动作的发展又可以促进心理的发展。

(二) 实现途径与教育指导

1. 抓握

在孩子周围放一些玩具或在小床上方悬挂一些玩具,让孩子能看到并可伸手抓到,以锻炼抓握能力及手眼协调能力。

2. 勾拉手指

让孩子的手握住大人的食指,大人用手指勾拉孩子的手掌,以训练手掌的抓握能力。

3. 虫虫飞

大人捏着孩子的两个食指,使指尖对拢,点几下,然后分开。对拢时说:“虫虫——虫虫”,分开时说:“飞”,经常反复练习,逐渐发展到孩子自己会玩“虫虫飞”游戏。

4. 抓手帕

对孩子挥舞一块鲜艳的手帕，用手帕碰他的手。逗引他伸手抓住手帕。孩子握住后，大人一上一下地拽手帕，让他感受手与手帕的运动。

5. 够取抓握吊球

用锥子把乒乓球钻透两个小孔，用一根皮筋从两孔穿过，末端打结，做成一个吊球，挂在孩子伸手可及的地方（如童床上）。逗引孩子够取抓握。

九、感觉统合

（一）发展进程与目标评价

经过多次的反复抚摸、抓握物体，4个月大的孩子在视觉、触觉与手的动作之间建立了初步的联系，逐步开始有了手眼的协调，能看着东西用手去抓。但由于空间位置的辨别能力尚差，距离知觉还不够精确，有时抓得不够准确。

【小贴士】感觉统合是指大脑和身体相互协调的学习过程。指机体在环境内有效利用自己的感官，以不同的感觉通路（视觉、听觉、味觉、嗅觉、触觉、前庭觉和本体觉等）从环境中获得信息输入大脑，大脑再对信息进行加工处理（包括解释、比较、增强、抑制、联系、统一），并做出适应性反应的能力，简称“感统”。

（二）实现途径与教育指导

1. 听声寻物

把孩子抱坐在腿上，让金属勺子或铃铛当着孩子的面掉到地上，发出响声，吸引孩子循声寻找，以训练听动及视动协调能力。

2. 视听动训练

把小铃铛系在彩色气球上，再把气球系在孩子手腕或脚腕上。孩子手脚移动带动气球摆动，引起铃铛叮叮作响。孩子会边注视气球，边兴奋得手舞足蹈。

3. 荡秋千

家长坐椅子上，抬起一只脚，让孩子趴在家长翘起的腿背上，双手抱着家长的小腿。家长上、下、左、右摆动小腿。这对增强孩子的平衡感有很大帮助。

4. 滚汤圆

爸妈各拿被单的一边，让孩子躺卧在里面，轻轻把被单抬起来，妈妈可稍微抬高被单，使孩子翻滚到爸爸那一边。然后再换爸爸这边抬高被单。这有助于孩子练习翻身和增强平衡感。

十、学习能力

（一）发展进程与目标评价

1. 记忆

4个月大的孩子出现明显的记忆现象，能认出自己熟悉的人和物品，但只能认出相隔几天的事物。能记住母亲和其他熟悉的人，能区别熟人和陌生人。记忆也只能保持几天，随月龄增加，记忆时间将越来越长。（3个月·5个月）

【小贴士】孩子最初的记忆是无意记忆，即无意中不知不觉的记忆。他们的记忆还明显地带有情感色彩。凡是色彩鲜艳或活动的事物，能引起孩子兴奋的、愉快的情绪，容易被记住并保持。对引起孩子强烈的消极情绪的事物，如害怕、委屈、痛苦等，也容易被记住。而对于平淡、枯燥的事物则不容易记住。

2. 模仿

4—8 个月,能模仿部分发音和动作,即如果别人的行为是孩子已经掌握的技能,孩子就会模仿这些行为。(新生儿 · 5 个月)

3. 观察

出生 4 个月后,孩子对周围环境的兴趣和认识能力有所提高,已经开始观察环境了。(3 个月 · 5 个月)

(二) 实现途径与教育指导

1. 寻物游戏

把孩子喜欢的玩具如娃娃用毛毯或手帕盖住一部分,用夸张的表情和语言对孩子说:“娃娃哪里去了? 娃娃不见了?”并做寻找状,然后假装找到了。玩具可从部分遮盖逐步到全部遮盖起来。可引导孩子动手揭开手帕。慢慢使孩子明白——看不见,不等于东西消失。

2. 认一认图像

找一些颜色鲜艳、图像清晰的图案,贴在墙上,当孩子心情好时可以抱他前去观看,其间要不停地重复告诉他那是什么。

3. 滚玩具

把枕头一端抬高,成为一个斜面,把圆形物品如空塑料瓶子或其他球类玩具放在较高的一端,让其滚下。吸引孩子观察下落的玩具并尝试去抓,游戏可多次重复。

4. 看世界

在风和日丽的天气,妈妈可以把孩子抱到室外,让他观察眼前出现的人和事物,并缓慢清晰地反复说给他听。这时,孩子会兴致勃勃地东看西看,目不暇接。开始时,每次 2—3 分钟,以后逐渐增加至 10—15 分钟。条件允许的情况下应坚持每天抱着孩子近距离地观察周围环境和事物,每天 1—2 次。

十一、发音与语言

（一）发展进程与目标评价

1. 反应性行为

对4个月大的孩子说话时，他会以注视、微笑、发声等方式回应。（3个月·5个月）

2. 非语言交流·笑叫声

会用笑声或叫声表示满意或不满意。（3个月·5个月）

3. 非语言交流·咕咕音

当别人和他说话时，能发出“咕咕”的回应声。（3个月·5个月）

4. 发音

能大声地笑出来。能发出各种简单的叠音，如“啊啊、吗吗、吧吧、嗒嗒、哗哗”等。但所发出的各种声音都是无意识的，常常出于对“玩”声音的乐趣而不厌其烦地反复发音。（3个月·5个月）

5. 辨音

能区分男声和女声，对声调更加敏感，能区分出高兴声和愤怒声，并能做出不同的反应。（2个月·5个月）

6. 语音

能发出类似k、g、h等的辅音。（3个月·5个月）

7. 理解

开始明白简单的声音所表达的意义，如对他说“妈妈”时知道用眼睛看妈妈，说“抱抱”时知道伸出双手张开要抱。（→5个月）

（二）实现途径与教育指导

1. 模仿叠音

每天可以面对着孩子，带着愉快的表情，发出“妈——妈”“爸——爸”等重复音节，而且要引导孩子注意妈妈的口形，每发出一组重复音节后，停下来给孩子张口发声模仿的机会。虽然孩子听不懂成人的语言，但还是可以在抑扬顿挫的音调中，和孩子一起“玩一玩”声音，让孩子通过“玩声音”的过程，逐渐形成语感。虽然孩子还不能正确发音，但会努力学习父母说话的节奏、韵律或整体语感。

2. 看到什么就教什么（实物名称）

孩子虽不会说话，却有着惊人的接受语言的能力。可随机教各种实物的名称，如在喂奶和护理时，可教他认识奶瓶、被子、衣服、手绢等，和孩子一起玩时教他认识各种玩具，认识饭桌上的餐具和食物、身体的各个部位、室内的器具和物品，院子里的花草树木及其他所有能引起孩子注意的实物名称。

3. 不要对孩子说不完整的话和方言

像“汪汪”（狗）、“喵喵”（小猫）、“果果”（苹果）这类不完整的话和方言，虽然孩子更容易学，但迟早要被完整规范的语言所取代的。让孩子学两套语言，势必给孩子造成双重负担。家长对孩子说话时，一开始就要发音标准、语言规范，精选恰当词汇。

十二、数理逻辑

（一）发展进程与目标评价

1. 动作发展·重复性动作

16 周是孩子动作发展的转折阶段，开始出现自觉的抓握动作。而且，如果成人先示范摇摇铃，再将摇铃放入他手中，他也会反复摇几次摇铃。（3 个月·5 个月）

【小贴士】4—10 个月是有目的的动作形成时期。在孩子视觉和抓握开始协调后，就过渡到这一阶段。这一时期的孩子能重复他即刻前偶然做出的动作。这表明动作和结果之间有了一定的联系，但这种联系具有偶然性。

2. 客体暂存性

对4—5个月大的孩子来说，看不见就等于不存在。东西一旦从孩子视野消失后，很快会被遗忘。当玩具不小心掉落，发出声响，他会被这突如其来的声音所吸引，但很快就会忘掉，再次听到同样的声响时，孩子会有所感觉。妈妈走开了，会引起孩子惊慌，因为他以为妈妈消失了。（→3个月）

3. 因果关系

孩子可能会偶然发现由于某一动作而产生相应结果，从而引发对“因果关系”的初级体验。比如，他在打击或摇动铃铛时，会认识到可以发出声音。一旦他知道自己可以弄出这些有趣的声响，他将继续尝试其他东西，观察出现的结果。（→5个月）

（二）实现途径与教育指导

1. 舞动气球

可以在孩子的左右手腕或脚踝系上彩色气球，气球里可放入一个小铃铛。当孩子舞动手脚时，会带动气球来回移动，让孩子初步体会到自己的行为会给外部事物带来某种变化。游戏过程中，家长可不时地对孩子进行语言刺激，如告诉孩子：“宝宝看，小气球在动了。”此类游戏活动有助于孩子建立主客体及因果关系的最初经验，激发孩子的好奇心，促进自我意识的觉醒和主动探究的愿望。

2. 玩具不见了

选择颜色鲜艳的玩具在孩子眼前放一会儿，引发孩子的好奇和注视，然后家长突然把玩具放到自己身后，并说：“玩具不见了。”片刻之后，再将玩具拿出来，在孩子眼前晃动，说："玩具又回来了。"反复几次。也可以准备两个颜色不同的玩具，先藏一个，再藏一个，然后将两个玩具同时藏起来，观察孩子的反应。注意，玩具藏起来的时间不宜过长。

3. 躲猫猫

家长拿一条薄纱手绢跟孩子玩躲猫猫游戏。妈妈拿着手绢盖住自己的脸，跟孩子说"看不到，看不到"，然后迅速地拿开手绢，并凑近他的脸说："哇！"刚开始玩这个游戏的时候，遮盖的时间不能太长，游戏要充满轻松、愉悦的情调。

4. 慢慢离开

家长要离开孩子片刻时，可一边慢慢离开孩子的视线，一边不停地对孩子说："妈妈要去给宝宝拿奶瓶，妈妈要离开宝宝一会儿……"以免因妈妈突然离开而引起孩子恐慌。

十三、认知与探索

（一）发展进程与目标评价

1. 好奇与兴趣

4个月大的孩子到陌生地方，会好奇地四处张望。拿玩具给他，他会高兴、活泼起来。(3个月 · 5个月)

2. 探索 · 摆弄

4个月大的孩子逐渐喜欢上了摆弄东西，并从中获得一种愉快的情绪体验。(3个月 · 5个月)

【小贴士】4—9个月的孩子对重复出现的事物表现出浓厚的兴趣，因此，当一个他曾经见识过的事物出现在眼前时，他会表现得很快乐。

（二）实现途径与教育指导

1. 接触周围事物

带孩子到室外去接触外部事物。让他看看各种花草树木、热闹的人群、来往的车辆，听听各种声音，感受大自然的美丽和新奇。家长要不停地为孩子“解说”。在日常生活中，只要是安全的、孩子能摆弄的东西，都可以拿给孩子玩。

2. 镜像游戏

把孩子抱到镜子前，引导他做诸如抚摸、挥手等各种动作。抱着孩子忽前忽后、忽然从镜中消失、忽然又出现在镜中，激发孩子观察镜中自己的兴趣和好奇心。大人要一边和孩子玩，一边对孩子说诸如“宝宝离开喽！”“宝宝又回来喽！”此类的话。

十四、情绪情感

（一）发展进程与目标评价

1. 情绪表达·喜悦/不快

4个月大的孩子会出声笑，会自发微笑迎人。妈妈亲吻、拥抱时会微笑，并咿咿呀呀地表示回应。不高兴时则会尖声叫。（3个月·5个月）

2. 情绪体验·理解

能看懂成人高兴、悲伤、生气和恐惧等面部表情。（→5个月）

3. 情绪表现·恐惧

开始出现恐惧或不愉快的情绪。对生人惧怕，开始认生。（3个月·5个月）

【小贴士】3个月左右的孩子是不懂得怕生的，孩子出生后能感知到人脸的模样，特别喜爱母亲的脸，以后逐渐辨认出亲近的人和陌生的人，辨认出他们脸的模样的不同，而4—6个月开始有了明显的记忆力，“认人”到“怕生”说明孩子的感知和记忆能力在发展，对亲人和陌生人能加以区分，会产生不同的反应，因为对陌生人不熟悉，不喜欢，他会感到恐惧、不安全，所以产生了“怕生”现象。这说明孩子开始有了情绪的记忆，这恰恰是一种进步。婴儿期的“怕生”现象一般在1岁半左右会随着认识范围的扩大，接触陌生人机会增多而逐渐消除。

4. 理解幽默

被搔痒时会大声地笑。（→5个月）

5. 情感表现表达·依恋

对亲人眷恋的情绪增强，看到妈妈或其他照料者会显得高兴，用手舞足蹈和其他的动作表示愉快的心情。（3个月·5个月）

【小贴士】到第4个月时，孩子才真正能辨认最亲近的人，这时孩子对熟悉的人脸比不熟悉的人脸笑得更多，甚至只对亲近的人微笑。这时妈妈会发现，妈妈笑，孩子也会有意识地笑，这是孩子应答性的微笑。但这时的孩子尚未形成依恋。

（二）实现途径与教育指导

1. 营造愉悦的氛围

父母要尽量满足孩子合理的需要，多拥抱、抚摸、亲吻孩子，给孩子布置一个整洁舒适的环境，多带他外出，多给他看美好的事物，听令人愉悦的声音等，让他置身于一个适合他身心发展的优美环境，激化他的快乐情绪。

2. 让孩子在自由摆弄中体验快乐

4—5个月孩子手的动作开始发育，喜欢抓握、摆弄东西。摆弄一件他感兴趣的东西往往能让他产生愉快情绪，如果他的活动要求受到限制，孩子也开始会生气。例如：把他正在摆弄的东西拿走，他会表现出愤怒。为满足孩子对手部活动的兴趣，父母可以给孩子准备一些适合他抓握的玩具，让他抓着玩耍，以带给他更多愉快的情绪体验。

3. 减缓怕生现象

要帮助孩子减缓怕生的情绪，需要根据孩子的感知与记忆的特点采取有效的办法。

（1）让孩子见多识广。创设外出活动和与人交往的条件，使孩子随着年龄的增长，不断地扩大认识及交往范围，使他在接触陌生人的交往中，不断地增强感知能力和记忆能力。

（2）让孩子体会与人交往的快乐，慢慢消除紧张感和不安全感。先让孩子和比较熟悉的人交往，如，经常和左邻右舍打个招呼，问个好；多接触一些熟悉的、性情温和的孩子；再慢慢过渡到走亲访友，去公园和同伴嬉戏，利用乘车、散步的机会和陌生人接触等。

（3）如果孩子出现恐惧的情绪，父母可以通过与孩子身体的接触，如抚摸、紧抱等动作，令孩子感受到别人的关注和爱护而逐渐安静下来。

4. 换抱游戏

父母先抱着孩子自然地与生人交谈，一段时间后，将生人介绍给孩子。等孩子对生人的惧怕情绪减弱后，把孩子让生人抱一会儿。生人抱着孩子时，妈妈藏在生人背后，轻轻地叫孩子名字，再从一侧探出头来，吸引孩子寻找妈妈。

5. 幽默感

可以通过触觉刺激（如挠痒痒等）使其发笑；成人发出奇怪的声音、做鬼脸使其发笑;以意想不到的方式摇动他。

十五、社会认知与交往

(一) 发展进程与目标评价

1. 认识他人·熟人/生人

4—6个月,对周围的人开始持选择的态度。能分辨出家人和陌生人。见到生人会显露出害怕、警觉、退缩,这是孩子认生的表现。(3个月·5个月)

2. 交往态度

已开始渴望着与人交往。在父母靠近时,试着吸引他们的注意。对关怀他的大人,产生更多的回应。(3个月·5个月)

3. 交往技能·哭/笑

较有意识地哭和笑。出现有差别的微笑,如微笑和咯咯大笑。看不到人会哭,哭泣时,有人靠近他即停止哭。(3个月·5个月)

4. 交往技能·关注同伴

4个月,开始意识到其他孩子的存在。他们在一起时喜欢彼此对看,互相微笑,稍稍熟悉后甚至还想碰碰对方。(3个月·5个月)

(二) 实现途径与教育指导

1. 让孩子学会等待

在孩子哭闹时,高声应答"妈妈来了",然后让孩子适当等待,并逐渐加长等待的时间,以逐渐培养孩子的忍耐性。但不宜只答应而不来。如果完全不理会孩子的哭闹声,孩子的尽力哭喊会转变为不良情绪,经常使劲儿哭喊,变得不容易安静,长大后会形成难以驯服的脾气,变得执拗、倔强。另一种可能,虽说孩子渐渐地不再哭闹了,却变得对亲人渐渐地疏远,很少再用声音、用眼睛表达信息,因为表达的信息没有人接受,变得情绪淡漠。长大后会养成冷漠孤独、不信任他人,对他人缺乏同情和怜爱。

2. 创造同伴交往的机会

同伴会带给孩子新鲜感和欢乐。对于那些乐意有“伴”的孩子来说，父母可以在同一张床上故意放上另一个差不多大小的孩子，让他们一起玩，可以增进孩子与人互动的经验，进而让他们了解自己与其他孩子的异同。

十六、自我意识与个性

（一）发展进程与目标评价

自我认识·镜像

4个月的孩子会对镜子中的自己微笑和发音。（3个月·5个月）

【小贴士】孩子在4个月时就开始表现出鲜明的个性特点。孩子的个性大体分为平易型、麻烦型、缓动型、中间偏平易型、中间偏麻烦型。家长可以在照顾孩子的过程中发现孩子的先天气质特征，比如孩子是急脾气还是慢性子，是精力旺盛动个不停还是温和安静的“小乖乖”，等等。

（二）实现途径与教育指导

发现并积极适应孩子的个性特点：认识孩子的个性特点对家长来说并不是很难，只需有意识地做一些观察，真正的难题是如何积极地适应孩子的特点。比如有的孩子提什么要求总是迫不及待，如果不能马上满足立刻就“大发雷霆”，假如家长总是依着他，孩子就会变得越来越任性。相反，家长如果从小就严厉地限制他，孩子又可能承担过多的压力与挫折，变得自卑、退缩和自我封闭。所谓积极的适应，先要尊重孩子的特点，在生活中和游戏时取得他的配合，同时在合作中引导孩子循序渐进地调整自己的行为模式。

名家名言

教育的基础是在五岁前奠定的，它占整个教育过程的百分之九十。

（苏联教育家　马卡连柯）

第六章　5—6个月儿童的发展与教育

本章导读

敏感期:5个月大的孩子处于信任感建立敏感期(0—1.5岁)、依恋建立期(2—7个月)、大脑发育第二加速期(5—10个月)、视觉敏感期(0—1岁)、口腔敏感期(0—1岁)、感知动作思维发展敏感期(0—2岁)、听觉敏感期(0—2.5岁)、大肌肉发展敏感期(0—3岁)、感官发展敏感期(0—6岁)、空间敏感期(0—6岁)等多个敏感期。相关敏感期的表现特点与教育指导详见“第二篇 0—1岁儿童敏感期与教育指导”。

营养与保健:5个月大的孩子开始进入断奶过渡期,可以逐步实施断奶计划,直到12个月大时完成断奶任务。

动作发展:继续训练孩子翻身的能力,逐步训练孩子靠坐、扶站、扶持蹦跳的能力。开始训练孩子双手持物、换手和传递等动作。

语言发展:5个月大的孩子的发音中已含有绝大多数的元音因素和辅音因素,而且会发出一些由辅音和元音拼在一起的声音,如“ma”“da”的声音。可以有意识地教孩子模仿发音,模仿单音词和叠音词,也可以经常玩诸如“听声音拿玩具”的游戏。

数理逻辑:5个月大的孩子已能认识到事物之间的简单因果关系,

而因果关系的建立是智能发展的基础。父母可以在和孩子一起玩简单的重复性游戏(如扔球、推不倒翁等)的过程中帮助孩子逐步建立动作与结果之间的各种因果关系。

自我意识与个性:5个月大的孩子正处于亲子依恋关系建立期,对抚养者更加偏爱,但此时孩子的自我意识也开始出现,甚至可以自己单独玩一会。因此父母要处理好陪伴孩子与培养孩子独立性之间的关系。

发展进程与教育指导

一、营养与保健

（一）营养保健常识

1. 断奶过渡期

5个月大的孩子开始进入断奶过渡期。断奶应该是一个逐渐适应的过程，从孩子开始吃固体食物的时候起，在接下来的6—12个月内逐渐完成，断奶过渡时间的长短要根据孩子和母亲的情况而定。从4—6个月起就应开始为断奶做准备，循序渐进地添加辅食，同时逐渐减少母乳的喂哺量和喂哺次数，用配方奶替代母乳。7个月时，每天母乳喂养中的1次可以完全用辅食代替，此后逐渐以辅食代替两三顿母乳，直至10—12个月时完全断奶。

2. 疾病

5个月大的孩子从母体获取的免疫抵抗降至最低水平，加上外出机会增多，因此疾病开始光顾孩子了。

3. 防止巨型儿

一般孩子五六个月时容易打下巨型儿的基础。因此，能喝牛奶的孩子必须每10天测1次体重。正常为每10天增加150—200克体重。如果增加200克以上，就必须加以控制。超过300克就有成为巨型儿的倾向，这时家长可以在喂奶之前或喝完奶后适当给些果汁或浓度小的酸奶。

（二）实现途径与养育指导

1. 断奶过渡期的饮食

美国儿科学会敦促母亲们至少要在前12个月进行母乳喂养。5个月的孩子虽然进入断奶过渡期，但他生长发育所需的大部分营养素还必须依赖于母乳或配方奶。因此，5个月大的孩子仍以奶为主食，可添加些半流质的糊状食物，如蛋黄、瘦肉糜、鱼泥等。但不要给12个月以下的孩子喂牛奶,牛奶里蛋白质和糖分的比例不适合孩子,所以直接喝牛奶的孩子容易出现严重的问题。

2. 人工喂养每天的奶量

一般来说,孩子全天所需的奶量大约是体重的1/10。因此每千克体重每天需要含8%糖的牛奶95毫升左右。例如,体重6千克的孩子,每天需要的奶量为570毫升左右。若每天喂6次,则每次喂100毫升左右。当然,每个孩子的胃口不一样,可在这种计算方法的基础上适当增减。检查奶量是否合适的最好方法是每月称重一次,如果体重能按正常速度增加,则说明喂养得当。

3. 锻炼孩子

5个月大的孩子进行户外活动,在温暖的季节里,每天应不少于3小时;寒冷的季节,至少要进行30分钟的户外空气浴;春秋季节每天10分钟以内日光浴。

4. 婴儿体操

4个月以后的孩子,运动能力产生了一个飞跃,体操也应该比以前复杂些。比如按摩手法上除了抚摸式按摩之外,还可增加揉按式按摩、螺旋式按摩、探弹式按摩和抓捏运动;另外,每节体操增加次数等。

二、护理与自理

(一) 发展进程与目标评价

进食

5个月大的孩子,可以双手握住奶瓶自己吸奶。将塑料杯放在他手中,会握住把手将杯子举起。(4个月 · 6个月)

【小贴士】婴儿游戏围栏:对于那些十分忙碌的父母来讲,游戏围栏(市场有售,规格、价格不等)能派上很大的用场。你可以把游戏围栏放在起居室、户外或你工作的房间里，这样你就可以一边干活，一边近距离地看着孩子在里面游戏，同时，孩子又不至于被磕碰。当孩子长到能够站立的月龄，他还可以抓住游戏围栏的扶手练习站立。然而，即使孩子愿意，也不应该让孩子一直待在游戏围栏里。在有人监护的情况下，应尽量给孩子一些到处自由爬行和探索的空间。而且，在1—1.5岁之间，多数孩子已不愿意待在游戏围栏里了。

（二）实现途径与养育指导

1. 尝试用杯子喝奶

有些孩子到了五六个月就对吸吮降低了兴趣，因此，在孩子5个月的时候，就可以让他每天用杯子喝一小口奶。这么做的目的并不是想让他立刻改用杯子，只是希望在他还没有变得十分固执之前能熟悉杯子，从而形成这样一个概念：杯子也能用来喝奶。每天往一只小杯子里倒入大约15毫升的配方奶。你的孩子一次顶多也就抿一小口。当孩子慢慢习惯了用杯子喝奶的时候，还可用杯子给他喂水和稀释的果汁。这样他就明白，所有的液体都可以用杯子喝。在喝奶过程中，可试着让他拿奶瓶、拿杯子。

2. 给孩子准备一个“三明治床”

这是一种防止尿湿床铺的很好方法。先找一块塑料垫子铺在孩子的床上，再铺上一个棉垫子，然后铺上另一条塑料床单，最后在上面再铺一层棉垫子。如果最上面的棉垫子尿湿了，就可以把它和下面那层塑料床单一起撤掉，换上干净的睡衣睡在下面那层棉垫子上。

三、味觉与嗅觉

（一）发展进程与目标评价

合理的味觉适应

孩子喜欢鲜味和甜味，对酸、苦、辣味会本能地排斥，但反复尝试这些味道，就能逐渐适应。比如，人是否嗜好咸味是由其断乳期开始的饮食习惯决定的。断乳食品中即使不加入咸味，宝宝吃起来也不会有什么不同。但如果孩子经常吃调料食物，口味就会逐渐变重，清淡食物就无法刺激食欲。过多摄入糖分也会影响孩子适应其他味道，阻碍味觉的全面发育。其实，习惯了清淡食物的孩子，食欲同样会十分旺盛。

（二）实现途径与养育指导

味觉训练方法

（1）添加多样化口味的辅食：孩子4个月后，不管母乳是否充足，都要开始逐渐增加辅食，一方面是为了满足孩子身体发育的营养需求，另一方面也是为了让孩子的味觉早一点适应母乳味道之外的其他食品的味道，为以后断奶做准备。有的孩子很难断奶，依恋母乳，一个重要的原因就是没有及时给他增添辅食，使孩子的味觉只适应母乳，而对其他食物的味道一概反感所致。

（2）吃水果肉：孩子从4个月开始，就可以用小勺刮一点苹果汁或果肉喂给他吃；还可以喂一点香蕉肉、橘橙肉等给孩子吃，以促进他的味觉发育。

四、视觉空间

（一）发展进程与目标评价

1. 追视

视线可追随移动的物体，会用目光追随和寻找掉落的物体。（4个月·9个月）

2. 视力

能注意到远处活动的物体，如行驶的车辆和行人。（4个月·7个月）

3. 视觉偏好

仍对色彩鲜亮的东西特别感兴趣；能看图片、看镜子。（2个月·7个月）

4. 目光聚焦

能注意很小的物体(如小丸)。(→4 个月)

(二) 实现途径与教育指导

1. 追视远离物体

可以常抱起孩子,让孩子观察移动得越来越远的物体,如走动的行人、驶过的车辆、跑跳的小动物等。

2. 初步感知色彩(紫、灰、棕、橙)

先感知紫色,如给他一个紫色气球,告诉他"这是紫色",要进行反复多次的感知和告知,持续 3—4 天。此后依次教他感知灰、棕、橙色。每周感知 2 种颜色,约 2 周时间完成 4 种颜色的第一轮感知。此后 2 周进行 4 种颜色的第二轮感知。

五、听觉

(一) 发展进程与目标评价

1. 辨音

能从很多人的声音中,听出爸爸妈妈的声音并转过头去,或表现得很高兴。

2. 声音定位

5—6 个月,对各种新奇的声音都很好奇,会定位声源,并积极地寻找目标。比如,从房间的另一边和他说话,他就会把头转向你。

3. 音乐偏好

喜欢节奏感明快的歌曲。

4. 旋律感知

5 个月大的孩子已能感知音乐旋律的变化。

(二) 实现途径与教育指导

1. 循声寻人

爸爸、妈妈、爷爷、奶奶等家庭成员围站在孩子面前,稍许分开,分别叫喊孩子的名字,吸引他转移目光寻找。

2. 随音乐节奏拍手

准备一台播放器,选择一些2/4拍或4/4拍的乐曲。妈妈拉着孩子的手,边听音乐,边随着音乐节奏拍手。此类游戏有助于培养孩子对音乐节奏的感知能力。

3. 音乐感知

大人给孩子唱歌、唱童谣;也可以经常播放各种风格的儿童歌曲或童谣给孩子听。

六、触觉

(一) 发展进程与目标评价

5个月大时,孩子会运用唇、舌、口腔的触觉来认识事物。

【小贴士】6个月以前孩子触觉的发展主要在口部,嘴的触觉比较敏感,孩子抓到什么东西都往嘴里放,主要是通过口部的感觉来进行分辨,属于口腔敏感期。

(二) 实现途径与教育指导

1. 水冲力按摩

孩子洗澡时,家长用水杯(水舀等)舀水从不同高度往下倾泻,冲淋到孩子身体的不同部位,感受水的冲力。

2. 吹风游戏

家长用嘴巴对着或贴着孩子的手心、手背或其他部位的皮肤用力吹气,贴着皮肤吹气时可以吹出振动的声音。孩子会非常享受这种触觉体验。

七、粗大动作

（一）发展进程与目标评价

1. 蹬踢

5个月大的孩子，仰卧时两腿能伸直、举高或双腿蹬踢。（→3个月）

2. 支撑

俯卧时可用双臂撑起上身。（→4个月）

3. 翻身

能自如地从仰卧翻至俯卧；能从俯卧翻为仰卧。（4个月·6个月）

4. 靠坐

轻拉双手即可以坐起来；坐起时能稳稳抬头。有的孩子可以独坐一小会儿。头能稳当竖起以后就不再愿意让家长横着抱，喜欢竖着抱，这样孩子就开始了靠坐。（4个月·6个月）

5. 扶站

扶着腋下能站立一会儿。会轮流抬脚，就像在走路。（4个月·6个月）

6. 扶持弹跳

扶着腋下能自动上下跳动。（3个月·6个月）

（二）实现途径与教育指导

1. 来回翻身

孩子仰卧时，大人把玩具放在孩子伸手够不着的一侧，逗引他转成俯卧位。孩子俯卧时，可以采用相同方法，逗引孩子再翻成仰卧位。必要时可给予适当的辅助。

2. 靠坐训练

将孩子放在有扶手的沙发上或小椅子上，背后可放个垫子，让孩子靠坐着玩。以后逐渐减少倚靠的支持，使孩子仅有一点支持即可坐稳或独坐片刻。

3. 弹簧跳

双手扶持孩子腋下，辅之以一举一落的动作，使孩子一蹿一蹿地跳跃。大人举落动作应轻柔缓慢，扶持力度可逐渐由大变小。大人可用富有节奏的语言或节奏欢快的音乐伴随着孩子的跳跃动作。

4. 交替蹬腿训练（仰卧）

先让孩子仰卧，大人双手托着孩子双脚，掌心对着孩子脚心，并驱动孩子双脚交替屈伸蹬腿，就像骑自行车一样反复进行。

八、精细动作

（一）发展进程与目标评价

1. 抓握

5个月大的孩子，大拇指逐渐和其他四指相对起来抓握东西。能用指端和掌跟抓握玩具。（4个月·7个月）

2. 拿取

手眼动作开始协调，可准确地伸手取物。能主动够取吊起的小球。（3个月·6个月）

3. 拍打

能拍打、摇晃、敲击玩具。（→3个月）

4. 双手持物

能双手同时拿东西。（→6个月）

5. 换手

放下手中之物，换拿另一物。（→8个月）

6. 传递

4—8个月，能在两手之间传递东西，能把手中物品传递到大人手里。（→8个月）

7. 推开

开始用手推开他不想要的东西。

（二）实现途径与教育指导

1. 抓握训练

在孩子面前放几种抓握玩具，逗引他伸手去抓。也可用松紧带将小球吊在孩子胸前，引诱他拍打、抓取、摇晃、敲击。

2. 手眼协调训练

大人坐在桌边，让孩子坐在大人腿上，把玩具放在桌子上逗引孩子伸手去抓。大人不断从孩子手中拿回玩具，不断改变玩具的位置点，让孩子根据距离和角度调整手臂的伸缩长度和躯干的倾斜度去伸手抓握。

3. 再拿一个

在孩子两手都拿着玩具时，试着再给他一个玩具，促使他换出一只手来接另一个玩具。

4. 传递物品

有意识地让孩子把玩具或其他物品传递给你。

5. 玩玩具

玩各种不同玩法的玩具，如摇晃、捏、触碰、敲打、揪、抓、推、扔、够、取等动作，发展不同的手部动作。

九、学习能力

（一）发展进程与目标评价

1. 记忆

5 个月大的孩子，能再认（再认指原来感知过的事物在眼前重新出现，觉得确实以前感知过）几天不见的妈妈。能认出最远两周前第一次看到的东西。懂得去寻找从眼前消失的东西，喜欢“躲猫猫”游戏。（4 个月 · 6 个月）

2. 模仿

会模仿人的声音和举止。（4 个月 · 6 个月）

3. 注意

能稳定注意某一与自己密切相关的事物，但不持久、易分散。(3 个月·6 个月)

4. 观察

4—6 个月大的孩子，白天睡眠时间逐渐缩短，有更多时间东瞧瞧西看看，他已经不满足单纯地看，开始观察探索事物，获取信息。(4 个月·6 个月)

(二) 实现途径与教育指导

1. 玩具在哪里

把一件小玩具放在桌子上，先让孩子玩一小会儿。然后用一块手帕盖住玩具的一半，看孩子是否会去拿玩具。还可以当着孩子的面将整个玩具盖住，并问孩子："小狗狗呢？"

2. 躲猫猫

妈妈一边和孩子说话，一边慢慢远离孩子，直到孩子看不见的地方；同时不停地叫他的名字，问他："宝宝，妈妈在哪里？"稍停片刻，用夸张的动作和表情从隐藏处出现，并说："妈妈在这里！"然后走近孩子，亲亲孩子。然后再反复玩这个游戏。

3. 多到户外观察

孩子最喜欢到户外观察了，花草树木、大汽车、小动物都会大大地吸引他的眼球，家长可用语言和动作引导孩子观察。在户外时要尽量指引孩子看较远距离的物体，看看蔚蓝的天空、漂浮的彩云、公园里五颜六色的鲜花……

十、发音与语言

(一) 发展进程与目标评价

1. 反应性行为

3—6 个月，能在不同的环境中对声音做出反应。(4 个月·6 个月)

2. 非语言交流

会用不同发音表达不同需求。当看到熟悉的人或玩具时，会主动发出咿咿呀呀的声音，像在说话。（4个月·6个月）

3. 发音

会用嘴唇咂出声音。愉快时会发出“咕噜咕噜”的声音，会主动笑出声来。会拉长音，能发出长声尖叫。（4个月·6个月）

4. 辨音

已能分辨声音，听到母亲的声响会立刻高兴起来，嘴里会“啊，噢”不停。（4个月·20个月）

5. 语音

4—6个月，发出的辅音可能还有b、m、w、d、n、r。会发出一些由辅音和元音拼在一起的声音，如ma、da的声音。（4个月·6个月）

6. 理解

能理解大人对他的态度、表情和语调，甚至会表示出不同的反应。能初步把一定的语声与具体的人、物或动作联系起来。（4个月·6个月）

7. 模仿说话

开始模仿大人的说话声。（→6个月）

【小贴士】当孩子5—6个月大时，他已经能鉴别言语的节奏和语调特征，并开始根据周围的言语环境改造、修正自己的语音体系，那些母亲不常用的语音在这一阶段被他逐步丢弃。

（二）实现途径与教育指导

1. 给孩子描述物品

向孩子描述他看到的、摸到的、尝到的、听到的或闻到的所有物品的具体特征(如大小、颜色、手感、气味等),这有助于他学习说话。

2. 听声音、拿玩具

在孩子面前放两件玩具,如娃娃和小狗,当听到“娃娃”时,训练孩子伸手拿玩具娃娃。以后可逐渐增加玩具数量。当孩子伸出手要某件玩具时,可教他说“小狗”“娃娃”“要”“拿”等。平时应随时随地教给孩子周围事物的名称。多听多练,孩子的言语能力很快就会发生惊人的变化。

3. 模仿发音

家长可有意识地让孩子尝试模仿发不同的韵母、声母,如 a、o、e、u、b、d、m、n、g、k、h、r、w 等,也可练习将辅音和元音拼在一起发音,如 ma、da、na 等。这种模仿发音仅仅作为一种发音游戏,孩子发音像与不像并不重要。

4. 多种形式的言语交流

语言的发展既依赖于生理上的成熟,又需要有适宜的外部条件,其中与父母言语交流是最关键的因素。如果父母经常和孩子交流、跟孩子说话,对孩子微笑,逗孩子玩,父母做什么,见什么,就跟孩子说什么,等孩子长到一岁多该说话的时候就能理解很多话,并且按照父母的指点做动作。一般来说,对孩子说话时要使他能清楚地看到你的口形、表情,语速要慢,发音要清晰,尽量说一些简单的句子,核心的字词要加重语气,多重复几次。语调要夸张并富于变化,语气和表情要亲切、愉快。孩子开始说话,仅是无意识的,而且较容易忘记,父母切不可操之过急,要有耐心地去巩固孩子无意识说出的话。对于孩子说的话,不论正确与否,不要忙于去纠正。

十一、数理逻辑

(一)发展进程与目标评价

1. 动作发展·重复性动作

5—6 个月时,智能活动变成了一种愉快的游戏。比如,当他发现有趣的事情后会反复尝试，想使那件有趣的事情反复再现。不厌其烦地重复某一动作，经常把手中东西扔了又捡、捡了又扔，或将东西丢掉，叫别人捡起来。（4个月·6个月）

2. 因果关系

认识到了事物之间的简单因果关系，开始明白简单的动作也会产生结果。（4个月·6个月）

3. 整体与部分

对物体有了完整的概念，能够发现那些被部分遮盖的物品。如当他看到沙发后面突然伸出一只手，就会知道沙发后面是藏着一个人而不仅是一只手；有东西挡住视线时，会试着去移开。知道去寻找从眼前消失的东西。（3个月·8个月）

（二）实现途径与教育指导

1. 让孩子扔球

给孩子一个乒乓球，训练他扔球。开始时，孩子可能不知道怎么丢球，家长可以一遍一遍做给他看。不要拿他手上的球，拿另外的球扔给他看。孩子会扔球之后，家长就可以和孩子一起玩反复扔球、捡球的游戏了。

2. 推动不倒翁

握着孩子的两只手，轻轻推动不倒翁。反复数次后，让孩子自己练习推动不倒翁。

3. 循声寻物

当着孩子的面把一个发条玩具或音乐玩具拨响，然后用毛巾完全遮盖起来，让孩子揭开毛巾找出玩具。开始时可以把玩具藏在孩子的近处，以后逐渐放远一点。

4. 躲猫猫

妈妈躲在屏风或门的后面，然后慢慢露出头，对孩子说："宝宝看看妈妈在哪里？看到妈妈了吗？你看到的是妈妈的头哦！”然后再躲起来，慢慢伸出一只手，并对孩子说：“你看到的是妈妈的手哦！”然后再躲起来，慢慢伸出头和双手，并对孩子说：“你看到的是妈妈的头和双手哦！”最后慢慢过渡到全部现身。

十二、认知与探索

（一）发展进程与目标评价

1. 好奇与兴趣

5个月大的孩子，对周围事物开始感兴趣，总在积极注意和观察周围所发生的一切。（4个月·6个月）

2. 认识·物品

开始逐步了解物体的各种属性，并形成对物体的整体知觉。（→6个月）

3. 探究·摸摸

开始用手探索世界，任何能拿的东西，都会用手去摸摸、看看。（4个月·6个月）

（二）实现途径与教育指导

1. 认识家

抱着孩子在家里走走，给他指认家里的各种陈设和用品，边指边把名称告诉他。通过让孩子看一看、敲一敲、摸一摸、闻一闻，加强多重感觉认识，进行多次强化。

2. 触摸各种物品

给孩子提供各种不同形状的物品，让他尝试学习手的不同抓握方法。提供各种不同质感的物品，让他触摸、感受。摆弄物品的活动必须在家长的监护下进行，以免误吞小物品。

十三、情绪情感

（一）发展进程与目标评价

1. 情绪表达·笑/叫/肢体语言/咿呀作声

5 个月大的孩子，已经能很清楚、很准确地表达自己的情绪。比如，会用笑、叫嚷、咿呀作声或踢腿这样的身体语言来表明他的意愿。逗乐时会咯咯大笑。遇到不如意的事情会通过哭闹或者拍打身边的东西来表达自己的愤怒情绪。（4 个月·6 个月）

【小贴士】5—6 个月时，苦恼的情绪又分化为惧怕、厌恶、发怒。

2. 情绪表现·喜/怒/哀/乐

能根据自己的需要是否得到满足，产生并表现出诸如喜、怒、哀、乐等各种情绪。如果有陌生人到来，可能会立刻表现出一种不安全感和紧张感。（4 个月·6 个月）

3. 情绪体验·感知

5 个月大的孩子已能从音调中感知对方的情绪。比如，听到严肃的声调则害怕、啼哭，听到和蔼的声调就高兴、微笑。（4 个月·6 个月）

4. 理解幽默

5 个月以后会逐渐理解幽默的含义。比如，当成人对他发出奇怪的声音、做鬼脸，或以意想不到的方式来摇动他时，他会微笑，甚至大笑。（4 个月·7 个月）

5. 情感记忆

5—6 个月大的孩子开始有了情感记忆，到陌生环境中会表现出好奇和紧张，见到陌生人会表现出既害怕又好奇的现象。见过几次的陌生人，

就会记住，渐渐适应接受此人。（2个月·7个月）

6. 情感表现表达·依恋

5个月以后的孩子在睡眠时可能会固定依赖一个亲近的布偶或玩具。（4个月·6个月）

（二）实现途径与教育指导

1. 及时回应孩子

父母要随时注意孩子的情绪变化，及时给予孩子爱护和抚慰，不要让他长时间处于焦虑状态。比如，如果孩子哭泣时总是得不到积极的回应，久而久之他就不会再哭了，而且自己跟自己玩，这样，感觉孩子是安静了，但其未来冷漠、孤僻、自闭的成分则加大了。而且，长期不良的情绪状态也会影响正常个性气质的形成。父母应适时、适度地满足孩子的生理和心理要求，使孩子与成人间建立良好的情绪交往，让孩子经常处于较安稳、愉快的情绪状态之中，这对孩子以后的心理健康是十分重要的。

2. 在语调和表情中体会情感

父母可根据不同情境，用不同语调、表情对孩子说话，让他逐渐体会语言中的感情成分，提高对语言的区别能力。和孩子说话时，还应结合不同的面部表情，如笑、怒、淡漠等，训练孩子分辨面部表情，使他对成人不同语调、不同表情有不同的反应，并逐渐学会正确表露自己的感受。父母还要注重利用自己的表情正确地引导孩子，使孩子能根据父母对其表达的感情和态度，修正自己的行为。比如，孩子做对的事情父母应以满足的微笑给予鼓励和赞扬。当孩子看到父母愉快的表情，听到亲切的赞扬，享受到一个甜甜的亲吻时，知道父母喜欢他这样做，良好的行为习惯就更易于养成。

3. 扮幽默相

父母可以经常以幽默、滑稽的动作、表情或声音和孩子一起逗乐、玩耍。如搔搔孩子的肚皮、脚底板，轻抛孩子等。

4. 正确对待安慰物

孩子对安慰物的依恋并无什么明显害处，一般当孩子长到2—5岁的某一时候，就可能会戒掉这一习惯。但在平时要注意观察，避免孩子对不适宜的物品（如尿布等）产生依恋萌芽，一旦发现就应尽早采取办法加以纠正。

十四、社会认知与交往

（一）发展进程与目标评价

1. 认识他人·熟人/生人

5—8个月大的孩子，对熟人与陌生人有了明显不同的反应。亲近的人出现时，他感到很安全，情绪很积极，有身体接近、依偎等行为；陌生人靠近时，他会感到焦虑、害怕，或做出躲避的姿态。（4个月·6个月）

2. 交往态度

努力寻找各种方式（如伸手、发音等）与人交流，特别喜欢与同龄小朋友接触。（4个月·6个月）

3. 交往技能·表情交流

会用表情来表达自己内心的想法。比如，通过微笑或是发声吸引别人注意。（4个月·6个月）

【小贴士】五六个月大的孩子已经有能力记住父母对他的行为所产生的反应，能从中推论并决定自己接下来的行为。

（二）实现途径与教育指导

1. 找朋友

父母把孩子抱到室外，让孩子观看其他孩子玩耍。邀请小姐姐或小哥哥与孩子握握手,并请小姐姐或小哥哥与孩子进行交流。看到小朋友玩的时候要向孩子介绍他们在干什么,可以带着孩子上前“凑凑热闹”。

2. 不要让孩子从父母的不当反馈中习得不良的关联

孩子在婴儿时期就已经能够学习规矩,或者更适当的说法是“关联性”。要想让孩子形成良好的行为习惯,父母首先要用合理的行为回应孩子发出的信息。比如,不要让孩子感觉到“当我哭闹时,就会有人来陪我”,“只有被抱着到处走,我才会入睡”,“当我在婴儿车里哭闹时,马上就有人把我抱起来”,而要让孩子感觉到“当我哭闹时,会得到我需要的一切。但如果我继续哭闹,爸爸妈妈就不再来注意我”,“爸爸妈妈一天中会好好陪我玩好几回。但是当他们自己有重要的事要做时,我得自己玩一下,即使我不喜欢”。

十五、自我意识与个性

(一) 发展进程与目标评价

1. 自我认识 · 镜像

5 个月大的孩子会伸手试拍镜子中自己的影子。(4 个月 · 6 个月)

2. 自我认识 · 身体

5 个月后,孩子开始认识到手和脚是自己身体的一部分,听到自己的名字会转头,自我意识开始出现,开始将自己当作主体来认识。(4 个月 · 6 个月)

3. 所有权意识

5 个月大的孩子,会不满玩具从手上被拿走。(→7 个月)

4. 自主与独立

5 个月大的孩子,可以自己玩上一段时间。(→9 个月)

(二) 实现途径与教育指导

1. 镜像游戏

让孩子面对着镜子,引导孩子注意并抚摸自己映在镜子中的影像。父母也可以握着孩子的手，边指认镜中孩子的五官、身体部位，边告诉他相应的名称。也可和孩子一起对着镜子做各种表情，逗引孩子发笑。

2. 单独玩耍

“自娱自乐”能让孩子体会到快乐，而且这也是培养孩子开始具有“自我意识”的一部分。父母可有意识地留给孩子单独玩耍的机会。在离开的时间内，父母应在远处注意孩子的活动，以防发生意外；孩子四处寻找，并出现哭闹现象时，父母要及时出现。自主意识与独立能力的培养是个循序渐进的过程，不可操之过急。

名家名言

为人父母是人生的第二次新生。做好父母本身就是对人类文明的贡献，是人类文明的代际进化。

（中国　李　旭）

第七章 6—7个月儿童的发展与教育

本章导读

敏感期:6个月大的孩子处于信任感建立敏感期(0—1.5岁)、依恋建立期(2—7个月)、大脑发育第二加速期(5—10个月)、语音辨别敏感期(6个月—1岁)、味蕾敏感期(6个月—1岁)、视觉敏感期(0—1岁)、口腔敏感期(0—1岁)、感知动作思维发展敏感期(0—2岁)、听觉敏感期(0—2.5岁)、大肌肉发展敏感期(0—3岁)、感官发展敏感期(0—6岁)、空间敏感期(0—6岁)等多个敏感期。相关敏感期的表现特点与教育指导详见“第二篇 0—1岁儿童敏感期与教育指导”。

营养与保健:6个月的孩子有些可能长了2颗牙,是学习咀嚼的关键年龄,家长可以给孩子一些面包干、饼干等练练咀嚼。

视觉空间:6个月左右,颜色视觉发育基本完成,可以引导孩子对各种颜色进行系统感知。同时,6个月以后也可能出现深度知觉和立体知觉,可以提供立体积木和各种空盒子给孩子摆弄。

粗大动作:6个月的孩子上肢已具有一定的支撑能力,可以开始训练孩子“蠕爬”,为以后的爬行做准备。同时,还要对孩子进行平衡感的训练,如独坐。

精细动作:6个月以后逐步进入手的敏感期,主要训练孩子的捏、敲、摇、拍、推、拉、摇、捅、撕和翻转物体等动作,给孩子创造自由摆弄物品和玩具的机会。

语言发展:6个月的孩子进入咿呀学语阶段,开始倾听别人的谈话,能用发音和手势相结合的方式表达需求,家长要以各种适当的方式与孩子说话,玩各种声音游戏,并为孩子创造各种说话和表达需求的机会。

数理逻辑:6个月的孩子有了“大”和“小”的笼统反应,可以和孩子玩选择大小物品的游戏,培养孩子感知大小的能力。

情绪情感:6个月孩子的依恋行为变得明显,开始出现分离焦虑。家长要理性对待孩子的分离焦虑,并掌握必要的缓解孩子分离焦虑的方法,以免造成孩子过于依赖或被宠坏。

发展进程与教育指导

一、营养与保健

（一）营养保健常识

1. 饮食

6个月的孩子能吞咽黏糊状食物，如粥及薯茸。

2. 牙齿

6个月大的孩子有些可能长了2颗牙，是学习咀嚼和喂干食品（如脆的粟米片、小粒饼干）的关键年龄。由于出牙的刺激，流口水的现象会继续并加重，有些孩子会出现咬奶头现象。

3. 微量元素

6个月之后，因孩子体内多种出生前由母体提供储备的营养物质已基本耗尽，而自己从食物中摄取营养物质的能力又较差，如不注意孩子营养，就会发生营养缺乏性疾病，如缺铁性贫血，维生素D和钙缺乏而导致的睡眠不稳、多汗、枕秃等。1.5岁以前孩子缺钙主要是因为体内维生素D缺乏，使钙难以被吸收利用。

4. 水浴

水对机体的作用是利用身体表面和水的温差来锻炼身体，增强体温的调节能力。此方法比其他自然因素更宜控制强度，便于照顾个体特点，一年四季均可进行。对健康孩子来说，低于20℃水温可引起冷的感觉，20—32℃为凉，32—40℃为温，40℃以上为热。因此可以从温水逐渐过渡到冷水。水浴包括温水浴、温水擦澡、凉水洗脸、凉水擦澡、凉水冲淋和游泳。采取哪种锻炼方法，要根据孩子的年龄和体质情况而定。

（二）家庭养育指导

1. 清洁牙齿

出牙后就应该清洁牙齿。从现在直到2岁左右都不适合使用牙刷，用纱布等纺织类物品蘸温水擦洗效果比较好。

2. 咀嚼训练

多给孩子一些稍硬的固体食物,如面包干、饼干等练练咀嚼,磨磨牙床,促进牙齿生长。

3. 补充微量元素

除保证喝奶外,要注意多到户外晒太阳以促进体内维生素 D 的合成,并在医生指导下继续服用钙片和鱼肝油。

4. 继续添加辅食

及时添加含铁丰富的辅食:蛋黄、鱼、肝泥、肉末、动物血、绿色蔬菜泥、豆腐等。动物性食物中的铁吸收利用率比植物性食物高。

5. 辅食口味

6 个月内的孩子辅食没必要添加食盐,以清淡饮食为主。6 个月以后可适当添加食盐,让孩子从小就习惯低盐饮食。

6. 水浴锻炼——温水擦澡

6 个月起即可进行湿擦。水温可按年龄、季节、健康状况而定。6—12 个月孩子最初水温为 37℃,每隔 3—4 天把水温降低 1℃,一直至 32℃。擦澡宜在清晨或午睡起床后进行,室温宜在 22—24℃,擦浴顺序依次为上肢—下肢—胸腹部—背部,动作要迅速,用力要均匀,将皮肤轻度擦红,每次擦浴不超过 5 分钟。水浴锻炼应注意以下几点。

(1) 要循序渐进,开始时水温可以稍高一点,锻炼时间稍短一点,以后再逐步将水温调至限定温度,锻炼时间延长至限定时间。每日 1 次,不宜中断。

(2) 锻炼时应密切观察,如果孩子寒战,面色苍白、有躲闪的情况,应马上调节水温,或暂停锻炼,立刻用干毛巾擦遍全身。

二、护理与自理

（一）发展进程与目标评价

1. 睡眠

孩子大概从 6 个月时起接近成人的睡眠模式，已经具备在晚上安睡 10—11 个小时的条件。

【小贴士】婴儿初期，孩子还不知道白天和夜晚的差异，因为由大脑控制的睡眠模式还没有完全成熟。他们无论白天还是晚上都一样要吃奶、睡觉，晚上还会因为肚子饿而醒过来好几次。但如果不是这样的话，就根本不可能在短时间内让自己的体重增加一倍。随着孩子的成长，他们逐渐养成白天小睡、夜里长睡的规律。大概从 6 个月时起接近成人的睡眠模式。如果孩子已经 6 个月大，并且身体健康，可以尝试训练孩子自行入睡。

2. 进食

可以用手指抓起东西（如饼干）往嘴里放，自己会咀嚼。会用双手持奶瓶进饮；会进饮匙羹上的液体。（5 个月 · 7 个月）

【小贴士】手抓食物：孩子到了六七个月，就想自己用手抓着食物吮吸或啃咬，而且他们已经能够做到了。这是一种很好的锻炼，可以帮助孩子在 1 岁左右自己用勺子吃饭打下良好的基础。习惯上，给孩子的第一种手抓食物就是全麦面包片或吐司。

（二）实现途径与养育指导

1. 睡袋和连裤睡衣

到了6个月大时，当孩子可以在婴儿床里爬来爬去的时候，把他们放在睡袋或连裤睡衣里睡觉会比较好些。因为指望他们老老实实地睡在毯子里是不切实际的。睡袋的形状就像能包住脚的长睡衣，还有袖子。连裤睡衣就像工装裤或滑雪服，两条裤腿是分开的，也能把脚包上。如果选择那种拉链能从脖子到脚一拉到底的就最方便了。

2. 训练孩子自行入睡

在让孩子上床睡觉前，妈妈或爸爸可以用十几分钟时间和孩子在一起，可以玩一个小游戏，或唱一首童谣。晚安吻别后整个睡前仪式结束，此时父母应该离开孩子的房间。如果孩子能在他的床上自己睡着，那么在夜间也可以再次自行入睡。如果孩子哭，家长可以每隔几分钟进去安抚一次。间隔时间最初可以是1分钟，然后慢慢延长，但不要超过10分钟。你可以陪孩子一会儿，轻声地和他说话，让他感受到你的爱，但不要给孩子那些他睡觉时习惯拿着的东西，也不要把孩子从床上抱起来，一两分钟后，无论孩子是否安静下来，你都应该离开他的房间，这样反复进行几次，直到没有你的帮助孩子也能自行入睡。如果你白天和晚上都坚持这么做，那么在几天之内，最多几个星期之间，你的孩子就能自行入睡了，中途醒来也不会哭闹。

3. 指捏食物

可以把孩子的手洗干净，让他抓些像饼干、水果片之类的指捏食品，不仅可以训练手指的技能，体会自食的乐趣，还能摩擦牙床，缓解长牙时牙床的刺痛。

三、味觉与嗅觉

（一）发展进程与目标评价

6—9个月，孩子的味觉和嗅觉发展最灵敏，过了婴儿期会慢慢衰退。

因此6—12个月是添加辅食的最佳时机。通过品尝各种食物,可促进孩子对很多食物味觉、嗅觉及口感的形成和发育。孩子有了广泛的味觉体验,以后就乐于接受各种食物。假如给孩子的食物比较单一,味觉发育就可能不够发达,就可能造成偏食。

（二）实现途径与养育指导

味觉体验

6个月以后要特别重视孩子断奶期的味觉体验。可有目的地让孩子品尝各种不同口味的水果和食物,体验酸、甜、咸等不同味道。家里做饭、炒菜时,可有意识地让孩子闻闻有气味的配菜(如葱、蒜、姜、萝卜、麻油、酱油、醋等),能品尝的配菜还可以让他舔一舔、尝一尝,一边让他闻、尝,一边同他说话,比如打开菜锅闻香味时,说这味道真香。但不要频繁地品尝酱油和盐,因为孩子肾的排盐功能有限,盐会增加肾脏负荷。

四、视觉空间

（一）发展进程与目标评价

1. 色觉·发育

6个月左右,颜色视觉发育基本完成。(4个月·8个月)

2. 深度与立体知觉

6个月之后开始出现深度感觉和立体知觉。远距离感开始发展,开始注视远距离的物体,如飞机、月亮等。(→8个月)

【小贴士】半岁后的孩子具有了知觉恒常性,可以追着看一个滚动的物体,而且还能把它看成是同一个物体。知觉恒常性的出现,使孩子能更好地认识事物的一些稳定的特征。

（二）实现途径与教育指导

1. 颜色的系统感知

依次感知“红、黄、蓝、绿、紫、灰、棕、橙”等颜色，每种颜色感知1天。完成8种颜色的第一轮系统感知，此后分别进行第二、三、四轮的系统感知。

2. 追视远距离物体

可以常抱起孩子，让孩子追视飘在空中的气球、飞过的小鸟、掠过的飞机、飘动的云彩等。引导孩子观看月亮和星星等。

3. 开始摆弄立体玩具

可以提供立体积木、深浅不同的盒子等让孩子摆弄，并引导孩子从不同角度（如前、后、左、右、上、下、侧）观察同一玩具或物体，培养知觉恒常性。

五、听觉

（一）发展进程与目标评价

1. 声音定位

6个月大的孩子，能分辨声音的来源方向，叫他的名字时会转向呼叫人。

2. 倾听

对他说话、唱歌时，他能静静地看着你，注视你的口形，有时还会发出咿咿呀呀的声音来“回答”。对音量的变化也有反应。

3. 音乐感知

半岁的孩子已开始对音乐有最初的动作反应，当听到他所熟悉且喜欢的音乐时，会安静倾听或四肢乱动表示高兴。6—7个月时能辨别简单的音调，并且初步具有了协调听觉和身体运动的能力。

（二）实现途径与教育指导

1. 声音刺激

多给一些语言及声音上的刺激。如多和孩子说话，多玩摇响玩具、敲击玩具。经常做寻找声源的游戏。注意听觉训练时声音刺激要柔和动听，不要持续很长，并防止其他声音的干扰。

2. 敲打

给孩子一把尺子或一根棍儿，让他敲打不同的物品。从孩子随便乱敲，到以后模仿大人敲打出不同节奏。

3. 随音乐跳舞

妈妈抱着孩子，握着孩子的手，使孩子和妈妈一起随着音乐的节奏摆动或舞动身体。

4. 用数字来表现节奏感

比如将孩子一上一下举起时，可以有节奏地喊“1、2”或“1、2、3”等。

5. 听音乐

妈妈可以每天给他哼唱摇篮曲，或是反复播放一段优美的乐曲给孩子听。

六、触觉

（一）发展进程与目标评价

6个月以后逐步进入手的敏感期。从半岁到1岁这一时期，主要训练孩子手的抓握能力和手指的活动能力，培养孩子手的触摸感觉能力。大人应尽量多地让孩子用手触摸各种动植物和物体，比如软的、硬的、热的、冷的、方的、圆的、光滑的、粗糙的、固体的、液体的等。

（二）实现途径与教育指导

1. 触觉刺激

把羽毛、海绵块、锡纸、绒布娃娃、羊毛织物、不同质地的布料、乒乓球、空的小药瓶等放在孩子面前，让孩子自由地抓拿、拍打，体验不同材料的不同质感，以训练他手的触觉能力发展。当孩子触摸一样物品时，妈妈要把触感告诉他：“滑溜溜的”“毛绒绒的”。

2. 球池游戏

让孩子在鲜艳的塑料球池（儿童乐园里都有，有条件的家庭也可以自备）中爬行、翻滚、抓握。

七、粗大动作

（一）发展进程与目标评价

1. 翻身

6个月大的孩子，翻身动作已相当灵活。能熟练从仰卧翻成俯卧，从俯卧翻成仰卧。学会爬行前，孩子是以翻身的方式移动身体的。（5个月·7个月）

2. 独坐

能从俯卧位坐起来，能双手向前支撑独坐片刻。独坐时腰背挺直，不倾倒。当身子倾倒后，能自己再坐直。（5个月·9个月）

3. 扶站

喜欢站起来，扶着腋下或两臂可以站得很直，还能学着迈步。（5个月·7个月）

4. 扶持弹跳

扶着腋下时能主动上下跳跃。（→5个月）

5. 蠕爬

可以用上肢拖着下肢、肚子贴地蠕爬（如爬虫），但多是原地打转。（→7个月）

【小贴士】6个月以后，原始反射动作渐次统合而消失，取而代之的是强壮的肌肉张力和保护自己的平衡反应。能维持头部在正中的位置，保持身体平衡。

（二）实现途径与教育指导

1. 连续翻滚训练

让孩子仰卧，用玩具逗引孩子从仰卧翻为俯卧，再继续逗引他由俯卧翻为仰卧，逐步训练孩子连续翻滚。学会独立翻身后仍要继续练习，为学爬打下更好的基础。

2. 独坐训练

在靠坐基础上，逐渐撤去背后支撑。开始时可在孩子面前摆放一些玩具，引诱他去抓握，减少后倾力量。慢慢延长每次独坐时间，直到能稳定独坐。

3. 扶持站立

由大人扶着孩子的腋下，使孩子的两条腿伸直站立。开始扶持站立训练时时间不宜太长。

4. 交替蹬腿训练（俯卧）

先让孩子俯卧，做交替蹬腿练习。当孩子用力交替蹬腿时，大人可用力交替顶推孩子脚掌，促使孩子借力向前匍匐爬行。每天坚持练习，为爬行做准备。

5. 平衡训练

可通过以下运动来训练，如摇晃（横抱、直抱）；躺在摇篮里或吊床上轻晃；趴在健身球、抱枕上轻晃；坐慢速且垂直起伏的跷跷板；慢速地荡秋千；坐转椅；抱着孩子坐滑梯；把孩子放在床单上，父母各拽床单的两端，提起孩子轻轻晃动等。

八、精细动作

（一）发展进程与目标评价

1. 拿取

6 个月大的孩子，以拇指与其他四指合作取物，可精准地把食物放入

口中。会用一只手拿起小物品。（5 个月 · 7 个月）

2. 摇晃

手腕出现旋转动作，摇动摇铃 11—60 秒。（4 个月 · 9 个月）

3. 双手持物

可以两手同时抓握，会双手玩积木，会用两手捧起一只球。（5 个月 · 10 个月）

4. 传递

可把东西从一只手传到另一只手。（5 个月 · 8 个月）

5. 对击

能尝试用一只手中的玩具对击另一只手中的玩具。（→7 个月）

6. 投放

能做出放入、倒出、投掷等动作。（→8 个月）

7. 撕纸

6 个月大的孩子，开始尝试用手撕皱纹纸玩。（→7 个月）

【小贴士】6—9 个月的孩子逐渐发展出包括捏、敲、摇、拍、推、拉、捅、撕和翻转物体等动作。6 个月以后进入手的敏感期，一直到 2 岁半或 3 岁，这一时期是双手活动能力的最佳培养期。

（二）实现途径与教育指导

1. 手指训练

如用手指捏拿较小物品。把小玩具从盒子里拿出来，再放回去。

2. 握物传手训练

在孩子面前多放几个玩具，练习双手握物。或把两个东西连续交给同一只手，大人示范让孩子转手后再拿第二个。

3. 玩水训练

孩子洗澡时在澡盆里放进玩具水壶、水桶、小水瓶,既可让他开心地玩,又能锻炼协调性。

4. 滚球游戏

妈妈拿着孩子的手,把爸爸滚过来的(内有铃铛)吹塑气球再滚回去,反复练习,以训练手眼协调能力。等到孩子有意识地自己把滚过来的球再滚出去,就可以让孩子独立地和大人玩滚球游戏了。

5. 对击练习

选择各种质地的玩具,如积木、小锣、小鼓、小木鱼等,教孩子用一只手中的玩具对击另一只手中的玩具。

6. 从箱子往外拿玩具

准备一个装满物品、玩具的箱子,家长示范,一件一件地把物品拿出来、放进去,再让孩子模仿着做。

7. 揉撕纸游戏

给孩子各种不同质地的纸,如卫生纸、报纸、包装纸等,让孩子模仿揉纸和撕纸。先把大张纸撕成小纸片,再撕成纸屑。纸张可由薄到厚,由小到大。一开始家长可先把纸撕开一个口子,然后让孩子接着撕口继续撕。

九、学习能力

(一) 发展进程与目标评价

1. 记忆

6个月左右出现了情绪记忆(特别容易记住引起情绪反应的事物)和形象记忆(特别容易记住留下深刻印象的事物),妈妈、爸爸以及其他常见事物都已印在脑海里,无须任何具体提示,孩子就能想起。(5个月·7个月)

2. 模仿

6—9个月，能模仿他所看到的属于他全部技能之内的动作。（5个月·7个月）

3. 注意

6个月时对色彩鲜明、带响声的活动物体可保持2—3分钟的稳定注意。（5个月·7个月）

4. 观察

对看到的一切新鲜事物都表现出好奇和兴趣，并开始对事物进行积极观察。（5个月·7个月）

（二）实现途径与教育指导

1. 看画册

拿一些色彩丰富的卡片或画册给孩子看，记录孩子开始看画册到扭头不看的时间间隔。如果孩子看画册的兴致越来越高，很乐意翻看，说明他的注意力已经集中在画册上；但倘若孩子看不到2分钟就忍不住东张西望的话，就表示他对画册不感兴趣。

2. 观察训练

家长可随时随地用语言和动作来启发孩子进行观察活动。

（1）室内观察：逐一认识室内的较大家具、物品、玩具等。

（2）室外观察：观察车辆、行人、飞禽走兽、花草树木、霓虹灯等。

（3）人的活动：观察小朋友的游戏活动和家庭成员的劳动或活动过程等。

3. 辨别方向

准备一只铃铛或其他发声玩具，在孩子左右两侧交替发出声响，以吸引孩子的注意力。孩子会把头转向声音发出的方向。在寻找声源的过程中，孩子集中注意的能力得到了锻炼，听觉和方向感也得到了提升。

十、发音与语言

（一）发展进程与目标评价

1. 反应性行为

6—9个月，对呼唤自己的名字做出反应。（5个月·7个月）

2. 非语言交流·肢体语

不仅能通过"伸手行为"触摸和抓住物品，而且通过"用手指示"并伴随"啊、啊、啊"等方法向周围大人表示"我想要那个东西""帮我拿"的意思。（5个月·7个月）

3. 发音

6—7个月，会做出咂舌声。发出声音的高度有变化。发怒时会咆哮。（→5个月）

4. 语音

能发出一些由辅音和元音拼在一起的简单的叠加音，如ba—ba、ma—ma，进入咿呀学语阶段。（5个月·7个月）

5. 辨音

能区别语气的严厉或和蔼。对严厉语气表示不安，对亲切语气表示出愉悦。（5个月·20个月）

6. 理解

能听懂一些简单的语言，如"拍手""再见"，并尝试照着去做。（5个月·7个月）

7. 模仿说话

6—8个月，开始出现咿呀学语声，从单纯地"玩"自己的发音，转向模仿从外界听到的声音，进入了前语言积累期。（5个月·7个月）

8. 倾听谈话

6—9个月，开始倾听别人之间的谈话。（→11个月）

（二）实现途径与教育指导

1. 注意和孩子说话的方式

父母要多用缓慢、清晰的短句和孩子说话。让孩子观察父母说话时的不同口形。不要对孩子说个不停，要给他反应的时间，等待他的模仿和重复，并清晰重复孩子的发音。

2. 语言游戏

多和孩子玩有声音的游戏，如听声寻物、听声取物等。

3. 模仿发音

父母经常发出各种简单的叠加音，如 ba—ba（爸爸）、ma—ma（妈妈）、da—da（打打）、na—na（拿拿）、wa—wa（娃娃）、pai—pai（拍拍）等，让孩子模仿发音。

4. 教孩子用手势表达

父母可适当教孩子做一些非常简单的动作，如用摇头表示“不要”，拱手表示“谢谢”，挥手表示“再见”等。

5. 为孩子创造说话机会

比如，对孩子以动作所表达的意思和要求，父母不要立刻去做，要促成他把行为语言变成开口说话。比如，孩子用手指向玩具熊，他的意思是想让父母帮他拿玩具熊，这时父母不要马上就把玩具递给他，可以说：“你是要小熊吗？”当孩子做出肯定反应时，父母可以说：“哦，宝宝要小熊！”并鼓励孩子模仿说：“小熊”。

6. 与孩子“交谈”

当孩子与父母共处或玩耍时，父母可用简单的词语来描述孩子正在做的事情以及父母正在做的事情，就像和孩子交谈一样。比如，可以说：“明明，你正在敲打积木。妈妈在看着你敲打积木。”

十一、数理逻辑

（一）发展进程与目标评价

1. 动作发展·重复性动作

6—9个月，为了取得同样的结果而做重复动作。（5个月·7个月）

【小贴士】孩子通过动作及与外界物体的直接接触来认识世界。因此，婴儿期的智力发展状态是以他能完成哪一类动作作为标志的。

2. 客体永存性·寻物

如果把他正在玩的玩具藏起来，他会开始四处寻找。（→7个月）

【小贴士】从6个月到大约24个月，孩子会非常喜欢捉迷藏和躲猫猫的游戏。

3. 因果关系

孩子对因果关系有了进一步了解。通过把玩具扔到地板上这件事，孩子注意到了随后的一连串反应，从而对“自己对周围环境的影响力”有了一定的认识。结果，他们会故意再继续扔掉东西。（5个月·8个月）

【小贴士】因果关系：在第一年的生活中，孩子能够了解到无生命物体需要外力作用（如推拉或施以外力）才能运动，物体自己是不会动的。比如，6个月大的孩子就能够区别有生命与无生命的运动，即有生命物体具有潜在的运动能力，能自我运动，而无生命物体不能自我运动，必须借助外力。

4. 比较

有了大小的笼统反应(比如要大苹果)。(→8 个月)

(二) 实现途径与教育指导

1. 寻物游戏

把一件小玩具放在桌子上,先让孩子玩一会儿。然后用一块手帕盖住玩具的一半,看孩子是否会去拿玩具。还可当孩子的面将整个玩具盖住,并问孩子“xx 哪里去啦?”以形成孩子对物体客观存在的理解,使他明白东西即使看不见了也仍然存在。

2. 让孩子拉玩具

妈妈在绳子的一端拴一个玩具,另一端系一个容易握的环,让孩子拉拉看。妈妈先在孩子面前示范通过拉线把玩具拉过来。示范几次后让孩子也试试看,试过之后,他会发现用线将玩具拉近比较好拿。

3. 移动小鸭子

在孩子面前铺一块大毛巾,在毛巾的另一头放一个孩子喜欢的玩具(如小鸭子),鼓励孩子去拿这只鸭子,并且说:“抓住毛巾,拽毛巾,拉,让鸭子过来!”

4. 选择物体

可同时给孩子两件种类相同但形状或颜色不同的玩具,让他进行选择,从而建立“比较”“分类”的概念。比如,给孩子吃苹果前,把一大一小两个苹果放在孩子面前,告诉他“这是大苹果,那是小苹果。你要吃大苹果还是小苹果?”在指认大小苹果时,家长可以反复说几次,以示强调和比较。

十二、认知与探索

(一) 发展进程与目标评价

1. 好奇与兴趣

6 个月以上,对在认知和运动方面不具有过大挑战性的物体进行观察

时表现出探索欲和好奇心。(5 个月 · 7 个月)

2. 认知 · 物品

能认出熟悉的事物。(5 个月 · 7 个月)

3. 探究 · 摆弄

6 个月以后,摆弄物体成为孩子认识事物的主要途径。开始有意识地摇晃、敲打、扔玩具以听发出的响声。(5 个月 · 7 个月)

4. 探究技能 · 观察

拿到东西后会翻来覆去地看看、摸摸、摇摇,表现出积极的感知倾向,这就是观察的萌芽。(→23 个月)

【小贴士】6 个月大的孩子能结合坐、爬与触觉经验,利用整个身体去感受世界。

(二) 实现途径与教育指导

1. 在生活中认识事物

利用孩子对某些事物感兴趣这一特点,首先教会他认识这些事物。平时无论做什么事都要尽可能地对孩子边做边说,特别是他日常接触的事物、经常看到的物体都要用语言加以强调,让他逐渐听并熟悉这些名称,或教他看并指这些东西,将词和物联系起来。

2. 培养孩子认知能力

分辨大小;识图认物,看图片认识小动物和物品;认识大自然,抱孩子到户外认识树木、花草、小鸟;认识室内物品、玩具。

3. 让孩子的小手"动"起来

孩子的智慧在手上。在半岁到 1 岁这一时期,主要是训练孩子手的抓握能力和手指的自主活动能力，培养孩子用手感觉外部世界的触觉能力，以及孩子的眼、耳、手、口的协调配合能力。要让孩子的小手充分“动”起来，有事可做。

十三、情绪情感

（一）发展进程与目标评价

1. 情绪表达・表情/语音

6个月大的孩子，见到家人或熟人会微笑，或要抱，高兴时会咯咯大笑。能用声音表示拒绝，不高兴时会大声怒叫。会改变音量、音调、语速，并可用语音来表达高兴、舒服、愉快、不高兴和不舒服等情绪。（5个月・7个月）

2. 情绪表现・复杂性

情绪变得复杂，不仅具有喜、怒、哀、乐等基本表情，而且开始出现害怕和恐惧的情绪。（5个月・7个月）

3. 情绪表现・焦虑

6—7个月开始出现分离焦虑，会在家人离开时变得沮丧。6—12个月的孩子与父母分别时难度较大。（5个月・7个月）

4. 情绪表现・胆怯

出现认生行为，见到陌生人会躲避，并表现出害怕的样子。对许多东西表现出害怕。（5个月・7个月）

【小贴士】惧怕大约在出生后的第6个月发生。这是由于6个月左右，孩子大脑机能趋于完善，记忆力明显提高，能清楚地分辨熟悉和陌生的事物，同时也具备了一定的理解能力，能够明白陌生的事物可能潜藏着危险，因而会表现出一定的陌生焦虑。害怕陌生人正是这时期惧怕情绪的突出表现，随着成长，慢慢会有所改变。

5. 情绪体验·感知/反应

能够觉察大人的情绪变化,会根据大人的表情推测究竟是高兴还是生气。会对其他人的情绪反应做出回应。(5 个月·7 个月)

6. 情感表现表达·依恋

6—7 个月时依恋行为变得明显,会对妈妈产生过分的依赖。(5 个月·7 个月)

【小贴士】6—24 个月的孩子处于依恋关系单一化阶段,对妈妈的依恋感会越来越明显,并在 24 个月到达高峰。此阶段是亲子依恋关系形成和发展的关键期。

(二) 实现途径与教育指导

1. 营造良好的家庭情感氛围

婴幼儿情感起源于父母的抚爱和家庭温馨氛围的熏陶。良好的家庭情感氛围,是孩子形成初步的情绪调控能力的重要条件。

2. 表情模仿游戏(让孩子模仿父母)

父母要尽可能多的以各种各样的表情和不同的语调来帮助孩子了解各种情绪的意义,跟孩子交流时,表情要尽可能更丰富些,适时地将当时的表情恰如其分地表达出来,以便给孩子提供更多观察情绪表达的机会,让他学会通过情绪来对周围环境和人群施加影响。

3. 模仿孩子的声音和动作

对孩子咿呀学语时发出的呢喃声,父母要尽可能去模仿,父母也可以发出别的声音等待孩子的回应。父母还可以模仿孩子的动作和表情,这些都会使孩子兴奋不已。

4. 骑大马

父母坐着，把孩子抱坐在大腿上，轻柔地颠晃你的腿，和孩子保持眼神交流。父母可边颠晃边有节奏地念儿歌或说话。轻松愉快的亲子游戏不仅可以愉悦身心，还可以丰富亲子间的情绪和情感体验。

5. 亲子依恋

以母亲为核心的稳定的养育者，对孩子的心理健康发展至关重要。父母要敏锐而适当地对孩子的行为做出反应，积极地、亲切地跟孩子接触，尽可能多地给予孩子爱抚和鼓励，尽可能地避免隔代抚养。父母要给予孩子更多的关怀。当孩子表现出强烈的依恋感时，父母要满足他这种需求，不要为了担心他变得黏人而故意“疏远”他。这个时候给予他更多的关爱，能更好地帮助他建立安全感。

6. 减轻分离焦虑

父母和孩子的分离应有一段缓冲时间，让父母和接替者之间有角色的传递，让孩子有心理准备，鼓励孩子继续自己的活动。父母离开时要和孩子说再见。

7. 应对惧怕

(1) 对于诸如突如其来的响声等所造成的惧怕，父母无须紧张地用夸张的言语和动作去保护孩子，只需要轻轻地抱住孩子，用言语给他解释那是什么声音就可以了。

(2) 当孩子跟陌生人相处表现出怕生的情绪时，也不要为了急于改变他而强迫他跟陌生人打交道，而要给他时间慢慢地适应陌生人。先让他跟陌生人保持一定的距离，直到孩子对这个人逐渐熟悉起来为止。

十四、社会认知与交往

(一) 发展进程与目标评价

1. 认识他人·认生

6个月时，对人的选择性加强，大多数孩子都能区别出陌生人。看到

陌生人会变得敏感、紧张、躲避，甚至会哭，不愿与陌生人接近。（5个月·7个月）

【小贴士】6个月大的孩子大都会表现出程度不同的认生行为，8—12个月认生达到高峰，以后会逐渐减弱。

2. 交往态度

会以伸手、拉人或发音等方式主动与人交往。（5个月·7个月）

3. 交往技能·互动

6—8个月，能以手势跟妈妈打招呼。孩子与孩子间的相互作用增加。（5个月·7个月）

（二）实现途径与教育指导

1. 正确对待认生

孩子认生，说明孩子已具备初步的记忆力，已能敏锐地辨认陌生人、陌生的东西和环境，大人应该感到高兴。但也有的孩子到了2—3岁才会认生，而有的则完全不认生。孩子怕生的程度和持续时间的长短与教养方式有关，如果平时父母能经常带孩子出去接触外界，多和陌生人交往，则怕生的程度就会轻一些，持续的时间也会短些。

2. 有意识地让孩子接触陌生人

对于开始认生的孩子，家长首先要给予孩子适度的爱抚和呵护，使孩子获得安全感和依靠，这样孩子才会放心大胆地继续去探索和适应周围环境中的人和事。同时，要有意识地让孩子接触一些陌生人，使之逐渐习惯于经常见到陌生人。

十五、自我意识与个性

（一）发展进程与目标评价

1. 自我认识·镜像

6—8个月的孩子处于“镜像阶段”。能认出镜中的自己。照镜子时会笑，会用手摸镜中人，并与这个新伙伴“聊天”。（5个月·7个月）

2. 自我认识·名字

已知道自己的名字。有人叫他的名字，他会转头朝向发声者。（5个月·7个月）

3. 所有权意识

当大人想拿走玩具时，他会故意握住不放。（5个月·7个月）

【小贴士】6个月以后的娇惯：孩子到了6个月左右，肠痉挛和其他身体不适的原因就基本消失了。很自然的，有些在肠痉挛期间经常被抱着走动的孩子，已经习惯了那种不间断的关注，他们希望那样的走动和陪伴能够继续下去。于是，只要大人一把他放下，他就会马上哭起来，还会伸出胳膊让大人再把他抱起来。如果大人忍受不了孩子的哭闹，只要孩子一哭就把他抱起来，就会导致大人越是对孩子的要求让步，孩子的要求也就越多，这样就不由自主地陷入娇惯孩子的误区了。

（二）实现途径与教育指导

1. 镜像游戏

让孩子通过照镜子或类似镜子的物品（如照片、录像、水面等）来了解自己的模样、表情，逐渐意识到自己的存在。也可利用玩具娃娃来辅助照镜子指认身体部位。比如先照镜子，指认自己的身体部位，然后在玩具娃娃身体上找到相关部位。

2. 分辨与选择

经常提供机会让孩子从自己认识的物品中挑选喜欢的，以此训练孩子按自己的喜爱决定自己的选择。“选择”是培养孩子独立自主能力的开始。

3. 怎样才能不宠孩子

（1）家长必须知道，为了孩子的健康成长，有些东西是必须拒绝的。当然，对于十分疼爱孩子的家长来说，你需要坚强的毅力才能对孩子的不合理要求说“不”，才能以这样或那样的方式给孩子设定限制。从长远来看，那些不合理的要求和过分的依赖给孩子带来的危害最终会大于带给你的麻烦。当你深信自己的做法是正确且合理的时候，也就不要因为自己的坚持而感到自责了。

（2）假如孩子已经习惯了整天让人抱着，当他哭着伸出双臂的时候，你要用友好而坚定的语气跟他解释，告诉他你必须先把手上的事做完。虽然他听不懂你的话，但是他能理解你的语气，你要专注地干你的活。如果孩子没能从婴儿期（大约6—12个月期间）就慢慢地学会忍耐，以后再学就困难多了。

名家名言

国民的命运，与其说是操在掌权者手中，倒不如说是握在母亲的手中。因此，我们必须努力启发母亲——人类的教育者。

（德国儿童教育家　福禄贝尔）

第八章　7—8个月儿童的发展与教育

本章导读

敏感期:7个月大的孩子处于信任感建立敏感期(0—1.5岁)、依恋明确期(7个月—2岁)、大脑发育第二加速期(5—10个月)、语音辨别敏感期(6个月—1岁)、味蕾敏感期(6个月—1岁)、视觉敏感期(0—1岁)、口腔敏感期(0—1岁)、感知动作思维发展敏感期(0—2岁)、听觉敏感期(0—2.5岁)、大肌肉发展敏感期(0—3岁)、感官发展敏感期(0—6岁)、空间敏感期(0—6岁)等多个敏感期。相关敏感期的表现特点与教育指导详见“第二篇 0—1岁儿童敏感期与教育指导”。

营养与保健:6个月—1岁是味蕾敏感期,也是培养良好饮食行为的关键期。家长要有意识地为孩子提供丰富多样的味觉刺激,提高孩子对多种口味的适应性,以避免以后孩子偏食、挑食。

护理与自理:7个月大的孩子开始尝试使用工具,比如喜欢拿勺子、拿杯子等。家长可以给孩子自己拿勺子吃饭、拿杯子喝水的机会,当然此时家长的辅助工作是必不可少的,也不必介意孩子会做得怎么样。

精细动作:7—9个月是练习双手配合及手指动作的关键期,要着重训练孩子拿取、拨弄、撕纸、拍手、双手配合以及扔等动作。

学习能力:7 个月以后,孩子的记忆力、模仿力、注意力、观察力和专注力等学习品质都有所提高,家长可以有意识地培养孩子模仿学习、认识事物和识记名称的能力。

语言发展:7 个月大的孩子的语言发育处在重复连续音节阶段,能将声母和韵母连续发出,已能和大人进行简单的言语交往。家长要多和孩子交流,着重提高孩子的语言模仿能力和语义理解能力。

数理逻辑:7 个月大的孩子正在建立“客体永存性”的概念,家长可以通过“躲猫猫”和“寻找东西”等游戏,来帮助孩子建立“东西虽然看不见了,但还依然存在于某个地方”这一概念。

社会认知与交往:7 个月—1 岁左右是孩子原始交往的阶段,喜欢和熟悉的人一起玩,喜欢接触同龄孩子。家长要有意识地扩大孩子的交往范围,学习慢慢地接触并适应陌生人和陌生环境。

发展进程与教育指导

一、营养与保健

(一) 营养保健常识

1. 抗病能力下降

一般从6个月开始,由于孩子体内来自母体的免疫物质逐渐耗尽,而孩子自身合成抗体的能力又很差,因此,孩子抵抗感染性疾病的能力逐渐下降,容易患各种感染性疾病,如各种传染病以及呼吸道和消化道疾病,尤其常见的是感冒、发烧。

2. 饮食

7个月大的孩子,不论有没有出牙,都会吃小饼干,有咀嚼动作,已能吃些鱼肉、肉末、肝末等食物。添加辅食时,最好肉、菜、豆类都有,以确保食品丰富、营养均衡。在喂鱼汤、肉汤时要同时喂肉,因为汤的营养成分远不如肉。

3. 饮食个性

孩子一过7个月,与饮食有关的各种个性就表现出来了。喜欢喝粥的孩子和不太喜欢喝粥的孩子,在喝粥的量上就拉开了距离。吃菜也是一样,有喜欢吃蔬菜的,也有喜欢吃鱼类的。因此,给孩子代乳食品也要因孩子而异。孩子不喜欢吃的食物,不管其营养价值如何,都不应强迫孩子吃。

(二) 家庭养育指导

1. 疾病预防

要按期预防接种,以预防传染病。要保证充足睡眠,多到户外活动,多晒太阳,多呼吸新鲜空气。要适量饮水。而且从出生起,无论是母乳喂养还是人工喂养,都应额外喂点白开水。

2. 7—9个月孩子每日膳食安排

一日三餐时间可与成人一致,并在早餐与午餐间、午餐与晚餐间及晚上临睡前各加餐一次，一般夜间不再进食。

（1）膳食安排参照：7 点，母乳或配方奶，加少量米粉或饼干。10 点，母乳或配方奶，加水果片或水果泥。12 点，面条（加一些猪肝泥、菜泥等）。15 点，母乳或配方奶，加饼干、馒头。18 点，婴儿粥（加鱼泥、肉末、菜泥、豆腐等）。21 点，母乳或配方奶。

（2）膳食量：7—9 个月孩子每天喂奶 3 或 4 次，共 600 毫升左右；厚粥或烂面条 200 克；菜泥或切碎的蔬菜约 150 克；肉泥或肉末约 150 克；中等大小的苹果或香蕉等水果一个。

3. 锻炼

对 6 个月过后的孩子来说，每天最好在室外活动 3 小时以上。若不能在室外进行空气浴，可以在室内进行裸体空气浴，但室温必须保证在 20℃左右。一直坚持做婴儿体操的孩子，有的到 6 个月后就开始不爱做了。如果这样，可以停止做体操，改成孩子喜欢的能活动全身的游戏。

二、护理与自理

（一）发展进程与目标评价

进食：会自握饼干吃。可以用附吸管的杯子学习喝水。开始尝试使用工具，如想自己拿勺子吃饭、拿杯子喝水。（6 个月 · 8 个月）

【小贴士】（1）泥状食物和块状食物。6 个月以后的孩子可以慢慢适应块状食物或剁碎的食物。如果孩子 6 个月以后很长一段时间内还只吃糊状食物，他就会越来越难接受块状的食物。人们以为，只有孩子长出一定数量的牙齿之后，才能处理块状食物。其实不然，他们能用牙床和舌头把煮熟的块状蔬菜或水果磨成糊状，还能把面包片和吐司“嚼烂”。(2) 生活规律。7个月大的孩子开始喜欢有规律的生活。家长要有意识地培养孩子的生活规律:①按时按量进食的进食规律。②定时大小便的排泄规律。③晚上多睡、白天少睡的睡眠规律。④定时外出、做游戏的活动规律。

(二) 实现途径与养育指导

1. 进食训练

鼓励孩子自己拿饼干吃、自己握奶瓶喝水喝奶,并学习用带吸管的杯子喝水。

2. 尝试自己握杯

7个月左右的孩子应该能拿住又小又细的空塑料杯子,或者给他一只带两个把的婴儿水杯。等他能拿得很稳的时候,你就可以往他的杯子里倒几滴奶或一点水,让他自己喝。随着握杯能力的不断提高,你就可以往他的杯子里多倒一点奶或水。如果他失去了兴趣,而且坚决不再自己拿着杯子喝,你也不要催促,等一两顿饭之后再给他杯子用。在刚开始练习的几个月里,孩子总是一次只喝一口,很多孩子直到12—18个月期间才能学会连喝几口。

3. 向剁碎的食物过渡的时候需要牢记的几个问题

(1) 要慢慢地改变。比如,第一次给孩子吃剁碎的蔬菜时,要用叉子把它彻底搅烂。不要一次往孩子嘴里喂得太多。当你的孩子习惯了这种浓度的时候,再逐渐地减少搅拌。

(2) 要允许你的孩子用手拿起小块食物,自己放进嘴里吃。不过要事先给孩子洗手或用湿毛巾擦手。

三、味觉与嗅觉

（一）发展进程与目标评价

婴儿时期的味觉改变：孩子出生时的味觉体验虽已相当灵敏，但在此后的一年内一直处于发展变化之中。

咸味，刚出生对咸味没有好恶可言，5个月大时却会突然喜欢咸味，这是因为味觉感受细胞膜在此时生出对钠有敏感性的蛋白质。

苦味，出生时就能辨识一些苦味，以后能辨识的样式与成分又逐渐增多，到2岁时，苦味感受性便与成人近似了。

酸味和甜味，孩子对甜味和酸味的感觉似乎不会变，爱吃甜味的习惯会持续到进小学以前。

（二）实现途径与养育指导

味觉训练

7个月左右孩子已开始形成比较完备的味觉，因此妈妈应给婴儿期的孩子提供各种味道的食品，使孩子的味蕾感觉各种味道，并逐渐适应各种味道的刺激。这样，孩子的味觉发育会相对完善，可以有效地避免偏食和挑食。在添加各种口味的食物时，应以某一味道为主，隔时更换，最好不要两种或两种以上味道并重，更不要在很长时间内只吃某一种口味的食物。需要注意的是，各种偏食（尤其是偏糖、偏盐）均可能造成孩子营养不良，并对其视觉、听觉以及嗅觉的发展产生重大影响。所以，父母应尽量避免孩子偏食和挑食。

四、视觉空间

（一）发展进程与目标评价

1. 视力

7个月大的孩子，能较长时间看3—3.5米内的人物活动。（5个月·12个月）

2. 视觉偏好

对婴儿的图片特别感兴趣。(→5个月)

3. 视觉辨识

能分辨人物细微差别。能辨别物体的颜色、大小、形状及移动的速度。(→9个月)

4. 空间感

7个月,开始对容器内的空间感兴趣。(→16个月)

(二) 实现途径与教育指导

1. 颜色感知

继续系统感知“黑、白、红、黄、蓝、绿、紫、灰、棕、橙”等颜色。日常生活中,看到什么颜色就有意识地引导孩子关注这种颜色,如各种颜色的气球。

2. 捉迷藏

妈妈在不同的地方叫孩子的名字,让孩子找一找妈妈藏在哪里(躲藏距离不要超过3米),可吸引他爬着去寻找。

3. 婴儿图片故事

家长可在孩子经常看到的地方挂一些婴儿图片故事,这样当大人抱着孩子在屋里转悠时,就可以带着他看图片并讲述图片上的故事。

五、听觉

(一) 发展进程与目标评价

1. 声音定位

7个月大的孩子,能寻找视野以外的声音(如妈妈在远处的呼唤声)。

2. 倾听

倾听自己发出的声音和别人发出的声音,能把声音和声音的内容建立联系。

3. 辨音

能分辨出不同物体敲打发出的不同声响。

4. 制造声音

能在示范下有意识地用一物敲打另一物以发出声音。

（二）实现途径与教育指导

1. 辨别声响

将同一物体放入不同制品的盒中，摇一摇，让孩子听一听声响有何不同，以发展孩子听觉的灵活性。

2. 音乐感知

让孩子听不同旋律、音色、音调、节奏的音乐。家长可握着孩子的两只手教他合着音乐学习拍手，也可边唱歌边教孩子舞动手臂，以发展孩子的节奏感。

3. 奏乐

让孩子分开双腿坐稳，在两腿间放一个金属盘（或其他可以敲响的东西，如壶、平底锅、盖子、塑料碗等），再递给孩子一把木勺，示范并鼓励孩子用这两样东西敲打出声音来。

六、触觉

（一）发展进程与目标评价

1. 触觉探索

7个月大的孩子已会运用手来进行触觉探索了，喜欢触摸柔软、光滑的物质和其他自己喜欢的东西。

2. 触觉刺激

7个月大的孩子很喜欢由全身滚动对身体各部位的触觉刺激所带来的快乐体验，这对孩子触觉及前庭固有平衡的发展也有帮助。

（二）实现途径与教育指导

1. 触觉刺激

提供多种不同材质的触摸玩具和按钮玩具，让孩子的小手去体验不同玩具的纹路和质感。

2. 毛巾春卷

拿一条大毛巾或被单，让孩子躺在毛巾或被单上，将孩子卷起来（需露出头），接着用滚动轻压的方式刺激孩子，或拉住毛巾的一端，让孩子滚出毛巾外。

3. 梳刷皮肤

用梳子轻轻地梳孩子的头发，在孩子的身体各处皮肤上轻轻地梳刷。也可用软毛刷轻轻地刷皮肤。

七、粗大动作

（一）发展进程与目标评价

1. 翻身

7个月大的孩子能熟练地由俯卧翻成仰卧，或由仰卧翻成俯卧。（6个月·31个月）

2. 扶站

扶着人或东西时能把自己从坐着时拉起来，可用双腿承重站立。（6个月·8个月）

3. 匍匐爬

能匍匐爬行，但最初可能会原地转圈甚至后退。（6个月·8个月）

4. 坐趴转换

可从趴着转变成坐姿；能独坐自如；可坐着玩。（→8个月）

5. 扔

会把手里拿着的东西扔出去。（→10个月）

【小贴士】孩子不应终日抱在怀里，使得他不能自由行动，肌肉得不到锻炼，动作得不到发展。孩子能坐就让他坐，能爬就让他爬，能站就让他站，能走就让他走。

（二）实现途径与教育指导

1. 巩固性训练

翻身训练；独坐训练；交替蹬腿训练；扶站弹跳；平衡训练。

2. 扶物站立

将孩子放入有扶栏的床内，先让孩子练习自己从仰卧位扶着拉杆坐起，然后再练习拉着床栏杆站起。也可训练孩子扶手站立。

3. 匍匐爬行

当孩子两条小腿具备一定的交替运动能力后，可在孩子前面放一个逗引玩具，孩子就会使劲向前匍匐爬动。由于孩子腹部还抬离不了床面，双腿也用不上蹬力，所以开始时孩子可能并不前进，而是原地转圈甚至后退。这时大人可双手稍用力顶住孩子双脚，孩子就会借力往前爬。爬对刚学习的孩子来说是一项费劲的运动，每次训练5—10分钟即可，贵在坚持。

4. 扔球游戏

准备一个带铃铛的小球，把小球放在孩子手中，让他把手举起来，然后让他把手张开，小手扔出小球。

八、精细动作

（一）发展进程与目标评价

1. 抓握

7个月大的孩子，能准确抓握玩具。（5个月·8个月）

2. 拿取

能用拇指、食指与中指拿玩具，其掌心与积木之间留有可见空间。可以用手指而不是手掌去拿东西。（→6个月）

3. 拨弄

能用手指拨弄小球。（→9个月）

4. 撕纸

能用手撕开皱纹纸。(6个月·9个月)

5. 拍手

会拍双手。(→8个月)

6. 互击

能将两只手里拿着的东西相互拍击,喜欢用一样东西去碰击另一样东西,如用玩具敲打桌面。(6个月·8个月)

7. 双手配合

出现了双手能相互配合、协调的动作,不再只玩一样东西,可以同时玩两个或者两个以上的东西。

(二)实现途径与教育指导

1. 手指训练

训练孩子用手指捏取小物品,捏着孩子的食指教他拨弄玩具,如小转盘、小按键、珠算等。

2. 双手配合训练

引导孩子同时运用两只手,抓起玩具对着敲,两手互相倒换玩具。还可练习撕纸、揉搓纸团。

3. 敲敲乐

把几件易于敲响的物品(锅盖、盆、碗、杯、瓶等)放在孩子面前,给他一根筷子,让他随心所欲地敲打。家长也可示范敲打出简单的节奏。也可让孩子双手各握一根筷子敲打。但要特别注意使用筷子的安全性。

4. 拍手训练

孩子刚开始很难做到自己拍手,家长可从背后握住孩子的小手做拍手动作,慢慢地让孩子自己做,节奏不要太快。不断练习,直到大人喊"拍手",孩子知道自己拍手为止。

5. 推倒积木

让孩子坐稳，家长在孩子面前把积木一层层叠高，然后引导孩子将积木推倒。反复搭建、反复推倒。

九、学习能力

（一）发展进程与目标评价

1. 记忆

7个月大的孩子，具有短时记忆能力，对经常照顾自己的人，隔一周不见后仍能认识。能想起不在眼前的熟人或熟物，无须任何具体提示就能想起他们。能记住父母经常反复说的话或做的动作，能记住间隔很短时间的事。（6个月·8个月）

2. 模仿

7—9个月是模仿能力形成期，已具有初步的模仿能力。会认真观察大人的举止，能模仿大人简单的动作，如拍手、挥手、摇头等。（6个月·8个月）

3. 注意

能有意识地较长时间注意感兴趣的事物，但这时的注意以无意注意为主。（6个月·8个月）

4. 观察

7—12个月的孩子已经懂得依据大人的视线和他们一同注视某样东西。（6个月·8个月）

5. 专注

给一个新鲜玩具，孩子会拿着这个玩具很专注地自己玩。（→17个月）

（二）实现途径与教育指导

1. 模仿

孩子天生具有模仿的本能，父母就必须随时教导他们哪些行为是可以模仿的，哪些是不可以的。也就是说，父母必须知道孩子每天接触到哪些人、哪些事、哪些行为。此外，父母以身作则尤为重要。孩子不一定听父母的话，但是他绝对是有样学样，模仿父母的行为。因此，一定要确保孩子模仿的都是正向行为。

2. 听钟表的声音

拿一个“嘀嗒、嘀嗒”响的钟表靠近孩子的耳朵，让他听秒针跳动的声音。孩子通常都会被钟表的声响所吸引，并产生好奇心。这对锻炼孩子辨别声音细小差别的能力很有好处，在刺激听觉的同时，还可以提高孩子的注意力。

3. 如何判断孩子的专心程度

把孩子置于一个安静、不受干扰的空间，只给他一种玩具，观察他在玩玩具时的反应，如果他能持续地一直玩，而且平时生活中对大多数事情也能够专心，就代表他拥有很好的注意力。如果孩子只是随便摆弄两下就开始表现出厌倦、烦躁的情绪，至少说明他对此玩具的注意力还不够专注。这也是判断孩子对哪些事物更感兴趣的一种方式。

十、发音与语言

（一）发展进程与目标评价

1. 反应性行为

6—9个月，听到有人叫自己名字时，会停止活动。（6个月·8个月）

2. 非语言交流·呀呀语

平时会咿咿呀呀地自言自语，会对着玩具或镜中的自己“说话”。（6个月·8个月）

3. 语音

语言发育处在重复连续音节阶段，能将声母和韵母连续发出，如 ba—ba—ba、da—da—da 等。（6个月·8个月）

4. 理解

能听懂大人简单语言的意思，开始用手、头或声音对简单词语或指令做出相应动作。如，听到“再见”就挥手；当大人说到一个常见物品时，他会用眼睛或手指向该物品。这说明孩子已能进行简单的言语交往。（6个月·8个月）

5. 理解·语义

能听懂不同语气及语调所表达的不同意义。如能区分肯定句与问句的语气，对严厉或和蔼的声调做出不同反应。（6个月·8个月）

6. 模仿说话

7个月大的孩子处在单纯模仿发音阶段，开始学习真正的发音。无论他听到什么声音都会试着去模仿。如会模仿成人的舌头“喀喀”声或咂舌声。（6个月·9个月）

7. 语词·名称

6—9个月，能辨别出家人的名字和熟悉物体的名称。（→8个月）

（二）实现途径与教育指导

1. 模仿声音

指导孩子发音和模仿各种声音。如模仿动物、汽车、火车的声音。如小狗的“汪汪”、汽车的“笛笛”、打鼓的“咚咚”、喇叭的“嘀嘀嗒嗒”声等。

2. 模仿发音

模仿发音从认人、认物开始。让孩子模仿大人说一些常见人、物的名称。人、物名称最好从单音节词和连续音节词开始。还可采用指认图片或实物的办法让孩子把字词和实物联系起来。

3. 运用多种感官感知事物、理解语言

比如，妈妈可拿一个苹果，对孩子说“苹果”，然后让孩子摸一摸、闻一闻、尝一尝。这样经过几次，妈妈在说“苹果”时，孩子就知道是什么意思了。

4. 执行口令

家长可以说一些口令让孩子执行，如让孩子把一个玩具交给某人，促进孩子对话语的理解能力。对于这个月龄的孩子来说，家长的口令要简单，以便孩子一步就能做到。

5. 多交流

孩子说话的规律是先懂后说。半岁以后，耳濡目染地接受妈妈的语言熏陶，孩子能听懂的词很多，会说的词很少，想说说不出来。这尤其需要有人多和孩子交谈，培养孩子的词汇理解能力。在日常生活中，不论为孩子做什么，都要像和孩子聊天一样把所做的事情说给孩子听，帮助孩子积累语言信息。

6. 大人与孩子说话的技巧

在跟孩子说话时不要总是用儿语，可以用大人正常的语音语调，但说话的节奏要放慢一些，重点词语要予以清晰重复，并作适当间隔，便于孩子回应或模仿。大人不应模仿孩子说出的不准确发音来逗引孩子。

十一、数理逻辑

（一）发展进程与目标评价

1. 动作发展·重复性动作

7 个月大的孩子，喜欢做重复动作，而且往往是同时运用两种物体的动作。如反复地捡球、扔球，反复地打开、盖上瓶盖等。这种反复重复的动作正是孩子在思考。现在，手成了孩子认识和探索事物的工具。（6 个月·8 个月）

【小贴士】孩子通过重复来学习。因此反复做一个游戏可增强孩子对自身和对物体所在环境的认识。

2. 因果关系

6—9个月，能注意到活动引起的环境变化的后果。（6个月·9个月）

3. 客体永存性

7—9个月孩子开始懂得跑出自己视线的东西依然存在，能找出在他眼前刚被隐藏的或部分被遮盖的玩具。这种被称作“客体永存”的概念是孩子今后认知能力发展的重要基础。（6个月·8个月）

【小贴士】7—9个月的孩子能发现那些全部被遮盖的物品；如果这件物品被藏匿在其他任何地方，孩子都能找出，才说明他具备了对该物体的恒常性知觉。

（二）实现途径与教育指导

1. 装进、倒出游戏

准备一个容器，如一个空罐子，把几个小球放在容器里，让孩子想办法把球弄出来。取出之后再把所有的小球倒进去，如此反复装进、倒出。

2. 盖上、打开游戏

给孩子一些大小不等的容器，让孩子多玩一玩放进去、拿出来、盖上、再打开的游戏和动作。

3. 躲猫猫游戏

妈妈可以和孩子玩躲猫猫的游戏，如拍拍手或叫唤孩子的名字，引导他循声找人。

4. 寻物游戏

在孩子学会玩躲猫猫游戏后，就可和他玩寻找玩具的游戏了。大人可当面把一件玩具藏在枕头底下（开始可藏一只能自动发声的玩具，如闹钟），或者将玩具熊或娃娃用被子盖住大部分，露出小部分，让他用眼睛寻找或用手取出，找到后将玩具作为鼓励给他或继续玩躲猫猫。把玩具藏起来，让孩子去寻找，可以促进“物体永存”概念的建立。家长可以利用生活中任何机会跟孩子玩这类游戏。

5. “够”取玩具

把玩具放在孩子努力才能“够”到的地方，引导孩子去拿，当孩子快接触到时，再移得稍远一点。保证在孩子没有失去信心和兴趣前让他能够拿到，感到快乐。这个游戏任何年龄都能玩：伸手够、举手够、爬着够、借助工具够、垫脚够、跳起够等。

十二、认知与探索

（一）发展进程与目标评价

1. 好奇与兴趣

7 个月大的孩子，好奇心非常强烈，所有能够到的东西都喜欢用手去触碰。（6 个月 · 8 个月）

2. 认知 · 物品

6—9 个月开始了解物体的感觉方面的特性，如颜色、大小和形状，对于物体的质地、重量等特征也有了更多的了解。（6 个月 · 8 个月）

3. 探索

开始对周围环境产生好奇心，出现了初步的探索性动作，如拿到东西后会翻来翻去地看、摸一摸、摇一摇，用手到处乱捅，伸手去够远处的物品，用食指抠或拨弄东西等。（6 个月 · 8 个月）

（二）实现途径与教育指导

1. 正确对待孩子的探索行为

对孩子积极的探索行为要加以鼓励和赞许。对可能存在危险的探索行为要及时制止，告诉孩子“不行”，并转移他的注意力。

2. 认一认、找一找

用纸箱子或塑料箱当作“百宝箱”，里面装上 10—20 个大小不同、形状不一的小玩具。将孩子熟悉的几件玩具或物品放在他面前,先说出玩具的名称,再把它拿起来给孩子玩一玩,然后放进“百宝箱”。放完后,再边说边把玩具一件件从“百宝箱”里拿出来。从中挑出几件玩具,隔一定距离放在孩子面前,说出其中一件的名称,看孩子是否看或抓这件玩具。

十三、情绪情感

(一) 发展进程与目标评价

1. 情绪表达

7个月大的孩子,情绪变化明显,高兴时手脚乱舞,不合心意时(比如打断他做事等)就会显得烦躁或发脾气,但一旦得到满足情绪就会很快平息。会拍手表示欢迎或快乐。(6个月·8个月)

2. 情绪表现

情绪表现更加明显,喜、怒、哀、乐皆形于色。(6个月·8个月)

3. 情绪表现·怯生/惧怕

陌生不安和恐惧更加明显,除了怕生人外,还会出现对新环境的惧怕。(6个月·8个月)

【小贴士】从7个月左右开始直到18个月,孩子害怕的情绪会表现得比较多。主要是对陌生人或意想不到的事物表现出害怕。

4. 情绪体验·感知/反应

能辨别成人的表情,会据此表现出不同的反应。比如,受到友善对待就会高兴,受到训斥就会哭。(6个月·8个月)

5. 理解幽默

半岁后的孩子已经有了初步的幽默感。(5个月·9个月)

6. 情感体验

已能体验到父母或他人所表现出来的直观感情。(5个月·12个月)

7. 情感表现表达·依恋/分离

7—8个月，表现出对母亲特殊的依恋——希望从她那儿得到食物、关心、刺激和赞同，即使可以得到别人的帮助也还是依恋母亲。只要孩子看到父母，他就玩得心满意足。当父亲或母亲离开时，就哭叫并想跟着走。(6个月·8个月)

（二）实现途径与教育指导

1. 父母以积极的示范，消除孩子对新事物的害怕

此阶段的孩子会依靠父母的经验来应对一些新的物体或不寻常的体验。如果父母对将发生的意想不到的事物表示出兴奋，孩子就会模仿着对这样的情形做出回应。父母向孩子示范兴奋且感兴趣的情绪会有助于孩子积极、主动地探究环境中的各种事物，减少对新经验的害怕。父母见到孩子的“陌生人”时，要以“亲切的问候、热情的态度、喜悦的笑容、愉快的交流”等向孩子示范。

2. 用表情引导孩子的行为

让孩子从父母赞许或反对的表情中感受自己行为是否被允许，从而逐渐提高辨别是非的能力。比如，孩子把掉在地上的东西捡起来，父母以愉快的表情说声“谢谢”，看到父母的笑脸，孩子会明白父母喜欢自己这样做。当孩子无意识地做出某些不适当的事情或某些危险的举动时，父母要以严厉的或不悦的表情以示制止。比如，如果孩子看到发亮的灯泡要去摸时，父母要严厉地告诉孩子“不能拿，危险”。虽然孩子并不懂得什么是“危险”，但看到父母严厉认真的表情，也会明白这个东西是不能玩的。若父母总觉得孩子太小，不管孩子干什么，父母都采取放任的态度。这样会使孩子不分是非。时间长了，就变得任性，为所欲为。

3. 建立良好的依恋

表现出依恋情绪的孩子最喜欢和亲近的人接近，这样的接近会给孩子

带来舒服、愉快和安全的情绪。当亲人一旦要离开，就会产生不愉快的情绪。依恋有各种不同的类型。父母在这个过程中能做的就是细心护理，用身体接触孩子，如抚摸、搂抱、摇晃等，孩子感受到这些触觉和运动觉的刺激，会产生愉快的情绪，能促进孩子的愉快情绪中枢的发展。孩子的回应也能促进对其本身的爱和进一步的交往。

十四、社会认知与交往

（一）发展进程与目标评价

1. 认识他人·熟人/生人

6—9个月，能区别经常照看自己的人和其他人。所以看到陌生人时，可能会哭闹不安。（6个月·8个月）

2. 交往态度

虽然还不能用语言表达自己的意愿，但与人交往的愿望却很强烈，经常想找熟悉的人与他一起玩。（6个月·8个月）

3. 交往技能·发声/肢体语言

开始有意识地发出声音指挥大人行动。比如手中东西掉落时会"啊啊"地发出求助信号。懂得分别用"点头"和"摇头"来表达自己要和不要的意愿。（6个月·8个月）

4. 交往技能·同伴互动

喜欢同龄孩子，以非语言及发声，试着跟对方互动。（6个月·8个月）

【小贴士】7个月—1岁左右是孩子原始交往的阶段。7—8个月的孩子开始接触同伴，关注同龄人，一个人独处或玩玩具，他就会哭。1岁左右的孩子见到熟悉的人会报以微笑，见到陌生人就转过脸表示害羞，甚至害怕地大哭。

5. 社会性游戏·亲子嬉戏

喜欢社会性游戏，比如喜欢爸爸妈妈和自己一起嬉戏。（→8 个月）

（二）实现途径与教育指导

1. 适应陌生人

遇到孩子不熟悉的人，不要让生人马上去抱孩子。父母可把孩子抱在怀里，大人先交谈，让孩子有一段时间的观察和熟悉，待恐惧心理消退后，孩子就会和生人交往。如果孩子出现了哭闹，可抱离一会儿再让孩子接近生人。

2. 适应陌生环境

不要让孩子独自一人处在新环境里，要陪他熟悉以后再离开，让他对新环境有个适应和习惯的过程。

3. 扩大交往范围

创造条件让孩子与他人交往，通过训练使孩子逐渐形成与人沟通、适应新事物、新环境的能力。

4. 学礼貌动作

大人离家时要对孩子挥手，说“再见”，这时将孩子单手举起，不断挥动，让孩子学习“再见”的动作。在孩子情绪好的时候，帮助孩子将双手抱拳，然后上下摇动，学做“谢谢”动作。每次给孩子玩具时，让他拱手表示谢谢。

5. 亲子游戏——荡秋千

把孩子放在床单里，再把床单提起来，让床单左右两边缓缓上下升降，使孩子在床单中左右翻滚。也可将床单提起轻轻摇晃，玩荡秋千游戏。

6. 亲子游戏——捉迷藏

爸爸站在妈妈背后，先从一侧伸出头或手吸引孩子注意，再从妈妈背后另一侧突然伸出头或手并叫喊孩子的名字。爸爸也可以再躲到孩子背后，逗引孩子前后左右寻找。此外，父母要多和孩子说话、嬉戏。

十五、自我意识与个性

(一) 发展进程与目标评价

1. 自我认识·镜像

7个月大的孩子，能意识到镜子中的小朋友就是自己。对镜子中的自己有拍打、亲吻和微笑的举动。在孩子的脸上涂一些有颜色的图案，当他照镜子时，就会用手去触摸自己脸上涂了颜色的部分。(6个月·8个月)

2. 所有权意识

能意识到有些东西是属于自己的。(6个月·9个月)

(二) 实现途径与教育指导

对着镜子给孩子化装

在镜子前给孩子穿衣服、戴帽子，拉着他的手摸一摸帽子，摸一摸自己的五官。对着镜子，在孩子的脸上点一个红点，给孩子柔软的纸巾，"宝宝把红点擦掉。"开始，孩子很可能去擦镜子里"宝宝"的红点，不要去纠正他，让他去擦镜子，擦不掉，再示意孩子擦自己的脸。反复这样做，孩子就会逐渐区分真实的自己和镜子里的自己。这是孩子自我认知发展中一个质的转变过程。

名家名言

把自己的孩子委托给他人教育，只有人类这样做，动物决不这样。罗马之所以灭亡，是由于罗马的母亲们把教育孩子的工作重任委托给了别人。

(美国　M.S.斯特娜)

第九章　8—9个月儿童的发展与教育

本章导读

敏感期:8个月大的孩子处于信任感建立敏感期(0—1.5岁)、依恋明确期(7个月—2岁)、大脑发育第二加速期(5—10个月)、语音辨别敏感期(6个月—1岁)、味蕾敏感期(6个月—1岁)、手的敏感期(8个月—2岁)、理解语意敏感期(8个月—1.5岁)、视觉敏感期(0—1岁)、口腔敏感期(0—1岁)、感知动作思维发展敏感期(0—2岁)、听觉敏感期(0—2.5岁)、大肌肉发展敏感期(0—3岁)、感官发展敏感期(0—6岁)、空间敏感期(0—6岁)等多个敏感期。相关敏感期的表现特点与教育指导详见“第二篇 0—1岁儿童敏感期与教育指导”。

粗大动作:8个月进入爬行阶段,是孩子学习爬行的最佳时间。爬行初期(7—8个月),孩子几乎都是以手肘撑着身体,腹部贴在地面,往前匍匐爬行——真正会爬(8—9个月)是用手和膝盖爬行,头颈抬起,胸腹部离开床面——然后再过渡到“手—脚”爬行(9—10个月)。

精细动作:8—9个月的时候,孩子的动作和肌肉控制能力开始形成,可以开始有计划地训练诸如“捏”“撕”“揉”“掏”“开启”等精细动作。也可以训练孩子自己拿葡萄干、饼干、水果片吃。

语言发展:8个月开始进入理解语言意义的关键时期。家长和孩子说话时要把语言和动作结合起来,边说边做,同时引导孩子将人、事物、动作等联系起来进行理解和表达。

数理逻辑:8—9个月是分辨多少、大小的年龄。家长要结合日常生活中接触到的具体物品,有意识地引导孩子感受事物的“大与小”“多与少”。

情绪情感与社会交往:8个月时,情绪抑制中枢开始发育。家长可以用“延迟满足”或转移注意力等方式逐渐让孩子学会等待。必要时,家长要善于用严厉的表情或制止性的言语让孩子感受到“有些事情是不被允许的、不能做的”。

发展进程与教育指导

一、营养与保健

（一）营养保健常识

1. 进食能力

对于8个月大的孩子来说，爬行进一步增大了孩子的进食量。现在，孩子或许很爱吃米饭、菜汁和软水果。如果孩子长了第一颗磨牙，他就能吃点儿水果和蔬菜了。

2. 偏食

8个月左右的孩子对食物已能表现出喜厌，形成最初的“偏食”现象。一般来说，味觉越敏感的孩子，对食物的好恶就越明显。

（二）家庭养育指导

1. 断奶

母乳充足的妈妈，只要孩子愿意吃辅食就不必急于断奶。

2. 正确对待孩子的偏食

父母不必担心这一时期的这种“偏食”会造成营养失衡，更不必强制孩子吃暂时不愿吃的东西，因为这个月不爱吃的东西到下个月又爱吃是常有的事。对待孩子的偏食，父母既要在食品花样上动脑筋，又要注意循循诱导。况且，即使不喜欢吃菠菜、卷心菜、胡萝卜，也可以从其他食物中得到补充，对无论如何也不吃蔬菜的孩子，可以用水果来补充。

二、护理与自理

（一）发展进程与目标评价

进食

8个月的孩子，能用拇指和食指指腹拿葡萄干、饼干、水果片吃。能尝试用杯、碗吃东西。（7个月·9个月）

【小贴士】到8—9个月的时候，大多数孩子都已经形成了良好的协调能力，可以拾起很小的东西了。这时候，就可以把小块的水果，或者煮熟的蔬菜和成块的豆腐放在盘子里，让孩子自己用手抓着吃。但很多的孩子都喜欢把所有的东西一下子塞到嘴里。所以开始的时候，最好一次只给他们一块食物。

（二）实现途径与养育指导

1. 和大人一起围坐喂饭

让孩子坐在有靠背和围栏的婴儿专用餐椅上，然后再喂饭。每次喂饭地方要一致，以养成定点吃饭的习惯。

2. 谨防被固体食物哽住

（1）在适应块状食物的过程中，孩子有可能被哽住。最容易哽住孩子的10种食物是：热狗、圆糖块、花生、葡萄、肉块或肉片、生胡萝卜片、花生酱、苹果块、小甜饼、爆米花。孩子吃这类食物时，最好切成碎块，并由大人仔细看护。

（2）孩子被哽住后，一般都能自己吐出来或咽下去。否则，你就可以用手指把它抠出来，也可让孩子脸朝下趴在你的大腿上，用你的手掌在他的肩胛骨之间连拍几下，这样一般都能解决问题。

三、视觉空间

（一）发展进程与目标评价

1. 颜色·感知

8个月大的孩子，能尝试指认对比度较为明显的颜色，如黑、白、红、黄、蓝等。（6个月·10个月）

2. 距离与深度知觉

距离感更加精细。能分辨自己所在位置的高低，害怕边缘和高处。（6个月・10个月）

（二）实现途径与教育指导

1. 颜色感知

继续系统感知“黑、白、红、黄、蓝、绿、紫、灰、棕、橙”等颜色。

2. 站在不同高度观看

抱着孩子站在不同的楼层观看同一处景物，或站在不同的楼层往下看，或站在桥面往下看，或将孩子举到不同高度来看同一个物体，以丰富孩子的视觉深度体验。

四、听觉

（一）发展进程与目标评价

1. 声音定位

对于8个月大的孩子，将微弱声音靠近他耳朵时，他能转头寻找声源。

2. 声音感知

已开始知道每种东西都会发出各种不同的声音。对外界的各种声音（如车声、动物叫声、雷声、流水声等）表示关注（如突然转头看）。

（二）实现途径与教育指导

1. 声音游戏

比如，让孩子听音乐盒的声音，让他敲打每一种东西等。孩子是特别喜欢听咚咚、锵锵的敲击声的。

2. 听觉训练

让孩子聆听并识别周围环境中各种不同的声音，如风声、雨声、流水声、各种动物的叫声、不同乐器演奏发出的不同声音、汽车行驶声和鸣笛声。

五、粗大动作

（一）发展进程与目标评价

1. 扶站

8 个月大的孩子，能攀扶家具站起、持续站立、自己坐下。扶物站立时背、腰、臀部能伸直。（7 个月 · 9 个月）

2. 坐卧转换

能自己从卧姿坐起来、从坐位躺下去。（7 个月 · 9 个月）

3. 手膝爬

开始手膝并用地爬行，但爬得不快，腿部不够灵活。（7 个月 · 9 个月）

【小贴士】孩子对爬有兴趣的时间比较短暂（8 个月大时），如果不在其尝试着爬的月龄抓紧训练的话，以后再刻意去训练就相对困难了。如果孩子越过爬行阶段过早学步，也会因骨骼尚未达到一定坚硬程度而易发生骨骼变形。一般来说，1 岁以后学步为好。

（二）实现途径与教育指导

1. 巩固性训练

翻身训练；交替蹬腿训练；平衡训练。

2. 扶物站立

让孩子扶着支撑物练习站立。成人可用玩具吸引他的注意，延长站立时间。

3. 扶手站立

练习只扶着孩子的一只手使之站立。可从开始的紧紧扶抓到逐渐放松，再逐渐过渡到让孩子自己扶着栏杆站立。

4. 仰卧起坐

让孩子仰躺，妈妈拉住孩子的双手让他依次坐起、站立、坐下、躺下。如此重复进行，可增强孩子的肌力。

5. “手—膝”爬行训练

当孩子能熟练地匍匐爬行后，可让孩子趴在床上，大人双手抱着孩子的腰部，将胸部、腹部悬空，使其用双手和双膝支撑身体。然后用玩具逗引孩子往前爬。可根据爬行情况给予适当辅助。一旦学会用膝盖和手掌一起协调爬行后，大人可放手让孩子自己爬行。

六、精细动作

（一）发展进程与目标评价

1. 捏

8个月大的孩子，能用食指和拇指拿起小东西。（→9个月）

2. 抓握

能长时间地握住两块积木。（7个月·13个月）

3. 释放

能主动伸开手指放开手里的东西，而不是被动地松手。（1个月·9个月）

4. 掏

能从一个大的容器中掏出小物品。

5. 揉

示范用一只手抓纸并揉成团，可照着做。（→9个月）

6. 拍手

会拍手。（7个月·9个月）

7. 换手

会熟练地换手取物。（→5个月）

8. 传递

会把玩具递给指定的人。(→5 个月)

9. 互击

能同时玩弄两个物体,如两手对敲玩具。(7 个月 · 9 个月)

10. 开启

开始用手启动各种东西,如打开盖子。(→11 个月)

11. 投放

喜欢反复将小物体放进、倒出大盒子。(6 个月 · 9 个月)

12. 操作玩具

会摇晃、敲打、丢落、扔、抛玩具。(→36 个月)

【小贴士】8—9 个月的时候,孩子的动作和肌肉控制能力开始形成。

(二) 实现途径与教育指导

1. 手指灵活性训练

手指是人类的第二个大脑。要准备一个孩子伸手就可以拿到各种东西的环境。多让孩子玩手指游戏,如拨转盘、按琴键、捏响玩具、拉绳子敲铃铛、打开盖子、撕纸、两手对敲玩具等。日常生活中尽量让孩子自己动手,如拿饼干、捏葡萄干、握水杯等。

2. 拉绳子敲铃铛

将铃铛挂起(也可用易拉罐、竹筒等制作"铃铛"),拉线长度在孩子伸手可及的距离,引导孩子拉线敲铃。开始时拉线末端可以系条手帕,以后逐渐换成细绳和细线。

3. 拍手练习

在听歌曲时练习跟着节奏拍手;在来客人时学习用拍手表示欢迎;在

兴奋时用拍手表示快乐等。

4. 从罐子里掏积木

在塑料大容器里放一些 5 厘米见方的积木,引导孩子把手伸到罐子里,把积木掏出来。

5. 揭盖子

准备几个带盖子的塑料杯,里面放些小玩具。家长先做揭盖子的动作示范给孩子看,并把杯里的小玩具拿给孩子看,以引起他的兴趣。然后盖上,再揭,再盖。随后让孩子自己去揭和盖盖子。

6. 换手取物

在孩子准确抓握的基础上可给他一些小玩具,首先训练他抓住一个再抓一个,或向他同一只手上送两次玩具,教他学会将玩具传递到另一只手上再拿第二个玩具。当他两只手均有玩具时,可教他对击两个玩具。

七、学习能力

(一) 发展进程与目标评价

1. 记忆

8 个月大的孩子,能记住父母反复几次的讲话或动作。(7 个月 · 9 个月)

2. 模仿

8—12 个月,能模仿他以前不会的声音和动作,即开始对还未掌握的声音和姿势进行模仿,但他们的模仿常常是不准确的。(7 个月 · 9 个月)

3. 注意

对周围一切充满好奇,但注意力难以持久,很容易从一个活动转向另一个活动。比如,对一个玩具注意力保持的时间最长为 2—3 分钟,随后注意力转向新的玩具。(7 个月 · 11 个月)

4. 观察

能注意观察大人的行动。(7 个月 · 10 个月)

(二) 实现途径与教育指导

1. 撕纸

七八个月的孩子通常喜欢撕纸。给孩子一些白纸或不易掉色的包装纸撕着玩,也能集中他的注意力。因为撕纸过程中,孩子的注意力会非常集中,并能坚持较长时间。

2. 追视蹦跳的小球

准备一个橡皮小球或乒乓球,抱着孩子坐在腿上,然后把球递给孩子。教孩子松开手,让小球滑落,随之来回跳动,这会让孩子睁大眼睛,追随小球的运动曲线,也会激发孩子的好奇心。

【小贴士】对于不足 1 岁的孩子,在游戏时家长要注意:(1) 给孩子看东西,一次不能太多,以免分散他的注意力。(2) 当看到孩子注意看一件事物的时候,家长可以用简短、清晰的语言和他说话,丰富他的视觉形象。(3) 孩子注意力水平有限,每次游戏的时间不要太长。如果孩子不耐烦,表明他已经疲劳或厌倦,应该适时停止游戏。

八、发音与语言

(一) 发展进程与目标评价

1. 反应性行为

8 个月大的孩子,能关注成人的语言,能对“不要”做出反应,如当听到“不”或“别动”的声音时能做出看、停止或退出等反应。(7 个月 · 9 个月)

2. 非语言交流 · 肢体语

8—9 个月大的孩子开始不断地使用一系列手势和发音等非语言行为

来表示种种意向。比如,向成人展示或给成人物品,或用手指一个他想要的物品。(7 个月 · 9 个月)

3. 语音

能含含糊糊地模仿大人发出的诸如“爸爸”“妈妈”“拜拜”等简单叠音。会跟随大人模仿一些动物的叫声。(7 个月 · 9 个月)

4. 理解

能把一定的语音和某个具体物体联系起来,比如问鼻子、眼睛、嘴巴在哪里时,能指得很准确。(7 个月 · 9 个月)

5. 语词 · 名称

能理解熟悉的人和物体的名字,能说出 2—3 个清晰的单词。(7 个月 · 9 个月)

(二) 实现途径与教育指导

1. 模仿发音

家长一定要用正确的发音来引导孩子学习说话,平时无论给孩子做什么事,最好边做边说,并适时留给孩子模仿发音的时间。这个阶段可重点模仿叠音词,如奶奶、爷爷、拜拜等。

2. 先懂后说

语言发育的重要法则之一就是“听懂在前,会说在后”。虽然这一阶段孩子还不会说,但理解能力已明显进步,因此“增加理解的事物”就是这一阶段最重要的事情。

3. 学用手势语

鼓励孩子做各种表示语言的动作,鼓励他与人交往。如“挥手”表示“再见”,“点头”表示“同意”,“拱手”表示“谢谢”。家长也可进一步借助手势和孩子交流,教会孩子更多的通过手势来表达自己需要的方法。

4. 听名称指出五官部位

家长可以问孩子:“宝宝的鼻子在哪里?用小手摸一摸自己的鼻

子!”如果孩子摸对了就鼓励他一下,再依次问“眼睛”“嘴巴”“耳朵”等。

5. 理解身边事物的名称

在日常生活中,每当遇到一件物品,都要向孩子说出这件物品的名称,并鼓励孩子尝试模仿。等孩子对这些常见物品比较熟悉后,家长可以说名称,让孩子指认物品。

九、数理逻辑

(一) 发展进程与目标评价

1. 动作发展·目的性行为

8个月大的孩子,有目的的动作逐渐增多,会有意识地摇铃铛。会设法取到较远处的玩具,如通过拉绳子获取系在绳子另一端的物品。(7个月·9个月)

2. 客体永存性

当人或物移出他的视线后,他不再以为他们消失了,会意识到他们依然存在,只是暂时不见了。会开始寻找被盖住的物体,能玩“躲猫猫”游戏,会到镜子后边去寻找自己。(7个月·9个月)

3. 因果关系

8—9个月开始能够认识到复杂行为和结果之间的关系(如开门、盖上盖子)。(6个月·11个月)

4. 关系性游戏

8—9个月,在关系性游戏中,开始将相关物体联系起来(如将物体放入容器里)。(→9个月)

【小贴士】关系性游戏表现出孩子在游戏中运用物体达到自己目的的能力。它包括正确地运用简单的物体,如用发刷梳头;把相关的物体结合在一起,如把玩具卡车和司机放在一起。

5. 整体感知

在摆弄物体的过程中，逐步形成了对事物的整体感知，如大小、长短、轻重。（5个月·19个月）

6. 比较

8—9个月是分辨多少、大小的年龄。此时的孩子开始有了“多少”的笼统概念，如会要两堆糖中数量多的一堆。（6个月·10个月）

（二）实现途径与教育指导

1. 拉线取物

将系有长线的玩具车放在孩子面前够不到的位置，将线头置于两手间，引导孩子伸手抓线，通过拉线拿到该玩具。

2. 由部分推断整体

趁孩子不注意，把玩具小鸭子藏在被子或枕头下面，故意露出玩具小鸭子的头或脚，问孩子：“小鸭子呢?”让孩子寻找玩具小鸭子。当孩子能熟练地找出玩具小鸭子以后，家长可以用毛巾盖住整个玩具小鸭子，让孩子根据鼓起的毛巾找到玩具小鸭子。

3. 盒子里有什么

先向孩子展示一个他喜欢的玩具，再把玩具放入一个容器中（如鞋盒），盖上盖子。鼓励孩子自己移开盖子，找到玩具。

4. 关系性游戏

为孩子提供一些功能性玩具，如杯子、梳子、碗、勺子、毛巾等，家长向孩子演示“用杯子喝水”“用梳子梳头”“用碗和勺子吃饭”“用毛巾擦嘴”等动作，让孩子模仿。

5. 结合实物来理解“多与少”

如“爸爸碗里的饭多，宝宝碗里的饭少”；妈妈抓一把花生或糖果，孩子也抓一把花生或糖果，“妈妈抓得多，宝宝抓得少”等。

6. 整体感知

（1）在孩子面前摆放一个乒乓球和小皮球，让孩子感受"皮球大、乒乓球小"。

（2）同样通过比较，让孩子感受"铅笔长、蜡笔短"。

（3）让孩子左右手各提一个相同大小的玩具桶，并不断向其中一个桶里放入重物，让孩子逐渐感受到一边重一边轻。

十、认知与探索

（一）发展进程与目标评价

1. 好奇与兴趣

八九个月的孩子正经历一个好奇心极强的早期探索时期。对新鲜的事情会引起惊奇和兴奋。（7 个月·9 个月）

2. 认知·物品

能了解物体的性质并加以应用，如把纸捏成团，用毛巾擦脸。（7 个月·9 个月）

3. 探索

8 个月，能通过自己的探索性动作以试图引起事情的发生。（7 个月·9 个月）

（二）实现途径与教育指导

1. 认识丰富多彩的事物

8—10 个月时，很多曾让孩子入迷的游戏和事物，他已厌烦。因此要拓展孩子的认识空间，采用多样化的认识方式，逐步让他接触各种新事物、新环境。

2. 正确面对好奇心

好奇是孩子最难能可贵的品质，因此，爸妈要保护孩子的好奇心。只要不会带来危险，就要尽可能为孩子创设丰富多彩的环境，给予他更多的新异刺激，让他的好奇心获得进一步发展。要提供机会让孩子做一些探索性的活动，不要一味地阻止或限制他的活动。

十一、情绪情感

（一）发展进程与目标评价

1. 情绪表达

会表达愉快、兴奋等情绪。被陌生人抱起会害羞。（7个月·10个月）

2. 情绪表现·焦虑

8—10个月，对分离表现出轻度到重度的焦虑，并越来越强。（7个月·9个月）

3. 情绪体验·理解/反应

能看懂大人的面部表情，区分高兴和生气。大人夸奖时会高兴、微笑，训斥时会表现出害怕、委屈。（7个月·9个月）

4. 情绪调控·自我安慰

8个月时，情绪抑制中枢开始发育。有的孩子会通过吸吮手指或安慰奶嘴等方式，来自我缓解分离焦虑和孤独感。（→12个月）

5. 情感表达·依恋

对亲人的感情在逐渐加深，比以前的任何时期都要依恋母亲。（7个月·9个月）

6. 情感表现表达

8个月大的孩子表现出明显的好恶感情，遇到不如意的事会哭泣或发怒；同时出现了喜怒哀乐等感情；会开怀大笑。（→9个月）

（二）实现途径与教育指导

1. 用“系统脱敏”法来克服孩子的胆小和认生

先由妈妈抱着让孩子在远处观望生人，然后离得近一点让他与生人接触，以后逐渐增加接触强度，鼓励他与生人相处，慢慢地使他的焦虑或恐惧程度降低。家里来了陌生人，不要让他一开始就抱或亲孩子，而应在相互交谈、孩子与他熟悉之后再亲热，以免引起不必要的恐慌。

2. 适度的延迟满足

比如孩子急于喝奶时，不要马上满足。家长可以一边慢慢和孩子说话，一边拍一拍后背，然后再给奶，逐渐延长延迟满足时间，让孩子逐渐学会等待。遇到困难，家长也不要马上给予帮助，要鼓励孩子坚持一下，忍受挫折带来的不愉快，再给予必要的帮助。要有意识地对孩子进行抑制锻炼。不好的生活习惯如果这个时候不纠正，将来纠正就比较困难。

3. 安慰哭闹孩子的策略

(1) 应在孩子刚开始哭的时候就去哄他开心，这样能省去很多麻烦。

(2) 不管孩子怎么哭闹，家长也不能心烦，要用微笑来面对孩子，否则他会越哭越厉害。

(3) 用温柔的话语来分散哭闹孩子的注意力。

(4) 带孩子出去看看外面变化的景物。

(5) 给孩子唱唱歌、跳跳舞，他会因为被吸引而忘记哭泣。

十二、社会认知与交往

(一) 发展进程与目标评价

1. 认识他人·认生

八九个月的孩子对陌生的成人普遍表现出怯生，但较易接受同龄的陌生小伙伴。(7个月·9个月)

2. 交往态度

半岁后的孩子已经有了强烈的融入周围社会环境的愿望，他开始主动模仿父母的一些行为和表情，以此来获得父母的注意。见到熟悉或喜欢他的大人，会伸臂要抱。(7个月·9个月)

3. 交往技能·拒绝

会通过简单的肢体动作、脸部表情或声音，回答简单问题。比如，对于

不喜欢的东西能表达出“不”的拒绝反应。(7个月·9个月)

4. 规则·感知

当听到“不行”“喂”等斥责声时,会把伸出的手缩回或哭泣。(→9个月)

5. 社会性游戏·亲子游戏

喜欢与大人一起玩拍手游戏和躲猫猫游戏(比如,大人躲起来又出现时,孩子会会意地微笑或大笑)。(7个月·9个月)

(二)实现途径与教育指导

1. 同伴交往

有意识地让孩子和同龄孩子接触,训练同伴相处的能力。如对小伙伴拍拍手表示欢迎,见面时握握手,与同伴一起玩耍、游戏(如一起互相追爬、推滚小皮球等)、交换玩具,分手时挥手再见等。

2. 感知规则——对孩子说“不”

8个月以后的孩子应当开始了解什么是不能做的,什么是被禁止的。通过成人严厉的表情和坚决地说出“不行”“不准”等表示禁止的语句,孩子才能了解到,世界上还有不能做的事情。

3. 亲子游戏——荡呀荡

爸爸双臂腾空抱孩子,做荡秋千的动作,说“荡秋千,荡得高,荡得低”。然后稳稳地递给妈妈,并说“宝宝飞啦”;妈妈搂抱孩子,蹲下、站起并旋转。这是一个令孩子兴奋的可以全家参与的亲子游戏。现在,孩子已经知道爸爸妈妈是他最亲近的家人,他喜欢和爸爸妈妈一起玩。让孩子享受与人交往的快乐有助于培养孩子开朗的性格和交往能力。

4. 亲子拍手游戏

拍手歌:你拍一,我拍一,宝宝小手洗一洗。你拍二,我拍二,宝宝眼睛眨一眨。你拍三,我拍三,宝宝身子翻一翻。你拍四,我拍四,宝宝走步试一试。你拍五，我拍五，宝宝手臂舞一舞。你拍六，我拍六，宝宝拳头抖一抖。你拍七，我拍七，宝宝小腿踢一踢。你拍八，我拍八，宝宝学着爬一爬。你拍九，我拍九，宝宝脖子扭一扭。你拍十，我拍十，宝宝站得直又直。

游戏玩法：在和孩子玩拍手游戏时，家长可以边念儿歌边伸手去拍孩子的手，慢慢地引导孩子主动来拍。也可以拍完一次手就做一下这一句儿歌里的动作，孩子能做的动作要引导孩子自己做，孩子做不了的动作大人可以先给孩子做示范，然后让孩子模仿，或带着孩子一起做。

在此阶段，拍手歌中的数字不重要，重要的是增加亲子互动和动作练习的愉悦性。

十三、自我意识与个性

（一）发展进程与目标评价

1. 自我认识·身体

一般孩子能在 8 个月时学习指认自己的身体。（7 个月·9 个月）

【小贴士】认识“自己”的第一步，是把自己和自己以外的东西区别开来。1 岁前的孩子没有意识到手指和身边玩具的区别。训练孩子认识小手、小脚是意识身体的开始。这是最原始的自我，是形成自我意识的基础。

2. 自我认识·镜像

已经开始明白镜中人是自己，能意识到自己就是镜像动作的发出者。会跟镜子里的自己玩耍。（7 个月·9 个月）

（二）实现途径与教育指导

1. 认识小手和小脚

（1）在镜子面前，让孩子看一看自己的小手、小脚，告诉他“这是宝宝的手，这是宝宝的脚”。让孩子做一些拍手、抬腿的动作，引导他观察镜中的影像。

（2）打开孩子的手掌，依次轻轻按下拇指，食指……并念儿歌：大拇哥，二拇哥，三中娘，四小弟，五小妞妞爱看戏。

2. 让孩子熟悉身体各部位的名称

妈妈在帮孩子按摩时，可以边按摩边说出身体各部位的名称，例如，这是小手、这是小脚等，让孩子渐渐熟悉这些部位。

3. 照镜子指认五官

对着镜子让孩子学会指认五官，并逐渐地不用镜子教孩子指认自己的、大人的、玩具娃娃的五官。比如，妈妈牵着孩子一只手的食指，让他指出自己的眼睛、鼻子、嘴、耳朵等，然后再让他指出妈妈的五官。

名家名言

如果有人问我，教育孩子需要哪一种资格，我会说那需要异乎寻常的耐心和适量的爱心。

（英国　伊罗丝）

第十章 9—10 个月儿童的发展与教育

本章导读

敏感期:9 个月大的孩子处于信任感建立敏感期(0—1.5 岁)、依恋明确期(7 个月—2 岁)、大脑发育第二加速期(5—10 个月)、语音辨别敏感期(6 个月—1 岁)、味蕾敏感期(6 个月—1 岁)、手的敏感期(8 个月—2 岁)、理解语意敏感期(8 个月—1.5 岁)、视觉敏感期(0—1 岁)、口腔敏感期(0—1 岁)、感知动作思维发展敏感期(0—2 岁)、听觉敏感期(0—2.5 岁)、大肌肉发展敏感期(0—3 岁)、感官发展敏感期(0—6 岁)、空间敏感期(0—6 岁)等多个敏感期。相关敏感期的表现特点与教育指导详见“第二篇 0—1 岁儿童敏感期与教育指导”。

护理与自理:9 个月前后,孩子会表现出一些独自进餐的倾向。可以鼓励孩子自己拿着杯子喝东西,自己拿着勺子吃东西,自己用手指捏东西吃。

粗大动作:9 个月大的孩子已有走的意识,可以训练孩子借助墙、桌椅或其他支撑物向前挪步。

语言发展:9 个月大的孩子进入了学说话的萌芽期。日常生活和游戏中可有意识地教孩子模仿学说一些常用的叠音词和单词句。

数理逻辑:9个月大孩子的行为开始有了明确的目的,在摆弄物体时能把某些相关性的物体(如碗和勺子)联系起来。可以引导孩子玩一些简单的功能匹配性游戏,如“瓶子和瓶盖”“碗和勺子”“小鼓和鼓槌”等。

情绪情感:9个月时形成了对幽默的初步辨认能力,开始出现幽默感。家长可经常以各种幽默(如做鬼脸)的方式逗乐孩子。

社会认知与交往:9个月大的孩子已对同龄的孩子显示出相当大的兴趣,家长要为孩子创造更多与同伴交往的机会,并教给孩子简单的交往技能。

自我意识与个性:9个月大的孩子已开始出现真正的个性表现。这就要求家长在教育孩子的方式方法上要体现一定的个性化,也就是说要根据孩子的个性特点来教育孩子。

发展进程与教育指导

一、营养与保健

(一) 营养保健常识

1. 牙齿

孩子乳牙的萌出时间,大部分在6—8个月。孩子乳牙的计算公式:月龄减去4—6。有的9个月大的孩子已长出了4颗门牙,已习惯了母乳以外食物的味道,可以吃柔软的固体食物了。此时可以考虑给孩子断奶了。如果孩子能吃下硬度同嫩豆腐的食物,就代表可以进入咀嚼阶段了。

2. 饮食

孩子一过8个月,大部分已不喜欢吃糊状食物,而喜欢吃有点嚼头的。如果把苹果、梨、桃子等水果切成薄片的话,大部分孩子可以用手拿着吃,香蕉、橘子、葡萄(把籽取出后)则可以直接给孩子吃。对经常便秘的孩子要给一些菠菜、卷心菜、洋葱、萝卜等含纤维多的蔬菜吃。还可以把奶粉换成酸奶试一试。

3. 体重

从9个月到10个月这段时间,孩子体重增加的速度就没有以前那样快了,一般每天平均增加5—10克。如果体重平均每天增加15—20克,发展下去就有成为肥胖儿的危险。

4. 微量元素

9个月左右的孩子易缺钙、缺锌。缺锌的孩子一般食欲不好,免疫力低下,易生病。

(二) 家庭养育指导

1. 断奶食物

食物硬度以香蕉为标准。应及时给孩子添加饼干、面包等固体食物,以促进孩子牙齿的生长,锻炼咀嚼和吞咽能力。

2. 断奶食谱

9个月大孩子的标准断奶食谱如下:

(1) 7点,牛奶200毫升、饼干适量;

(2) 11点,粥100克、蔬菜末30克、鸡蛋1/3个、汤适量;

(3) 15点,牛奶200毫升、水果适量;

(4) 18点,粥80克、鱼或肉末30克、豆腐40克、汤适量;

(5) 21点,牛奶200毫升。如果觉得一天煮2次粥比较麻烦,可以在午餐前多煮一点,午餐前用1次,剩下的放入冰箱中冷藏,傍晚时热一热再给孩子吃1次。需要说明的是,每日给2次粥还是3次粥,这要根据孩子的食欲。如果能在10—15分钟内,轻松地吃完儿童用碗中的大半碗粥,就可以给他每天3次粥。不过,对于具有肥胖倾向的孩子,饮食就要有所控制,每天牛奶的总量不能超过1 000毫升,粥也不要超过一儿童碗。孩子饿时,可以用酸奶、苹果等食物来代替。

3. 微量元素

每天坚持户外活动,接受紫外线照射,促使皮肤制造维生素D。继续服用钙片和维生素AD滴丸。9个月大的孩子最好能检查一下体内的微量元素。

4. 培养良好的饮食习惯

婴儿期是饮食习惯培养的最佳时期,健康的饮食习惯是在出生后的第一年养成的。喂食要基本定时、定量,有固定的吃饭场所;营造愉快的进食气氛,可播放轻松优美的背景音乐。

二、护理与自理

(一) 发展进程与目标评价

进食:能自己双手拿着奶瓶喝奶或喝水。能坐在饭桌边让妈妈喂饭。(8个月·10个月)

【小贴士】9个月前后，孩子会表现出一些独自进餐的倾向。他想自己拿勺子，要是你想喂他吃饭的话，他还会把头扭向一边。这种行为常常是孩子形成自我意志的最初信号。9—12个月也是从母乳喂养（或用奶瓶喝奶）过渡到使用杯子喝奶喝水的最佳时期。如果9—12个月的孩子每天都能用杯子喝480毫升的奶，而且没有表现得十分想念奶瓶，就可以完全不用奶瓶了。

（二）实现途径与养育指导

1. 从使用奶瓶过渡到使用杯子喝奶、喝水

如果从孩子6个月起，就经常让他用杯子喝一口奶或别的饮料，那么他就能慢慢适应杯子。到了9个月的时候，你就可以鼓励孩子自己拿着杯子喝东西了。

2. 早早练习自己吃饭

（1）对9—12个月的孩子来说，如果有机会练习，大多数孩子到了15个月就能很好地独立用勺子吃饭。

（2）给孩子喂饭时，可以给他一把勺子，让他随便使用，家长用另一把勺子喂他吃饭。

（3）吃点心时，可以准备几粒葡萄干、几片小饼干放在孩子面前，鼓励孩子自己拿来吃。

三、视觉空间

（一）发展进程与目标评价

1. 追觉

9个月大的孩子，能随着大人的视线或手势而注视某人或某物。（→5个月）

2. 视觉辨识

能注视画面上单一的线条。(7 个月 · 18 个月)

(二)实现途径与教育指导

1. 注视游动的线条

用各种颜色的粉笔在地面或墙面上画线条给孩子看,吸引孩子的目光注视笔画行走的方向、线条曲直蜿蜒的姿态及五彩缤纷的色彩。

2. 追视行走的动物

在室外或野外寻找并追视动物的行踪。

四、触觉

(一)发展进程与目标评价

触觉是孩子认识世界的主要手段,孩子是依靠触觉或触觉与其他感知觉的协同活动来认识世界的。孩子从触觉系统中得到的刺激与讯息最丰富。适当的抚触按摩及亲子间的皮肤接触有助于婴幼儿的身心发展。如果父母每天能和孩子一起玩 10—15 分钟的触觉游戏,孩子会更聪明、更快乐。

(二)实现途径与教育指导

1. 大笼球游戏

让孩子以腹部为支点趴卧在大笼球上,或以腰部为支点仰躺在大笼球上,父母抓住孩子的双脚,配合大笼球的转动,轻微地前后推拉和左右转动。也可将孩子扶坐在大笼球上,扶着孩子的腰部或手臂,做前后、左右转动,或有节奏地上下振动。

2. 纸箱游戏

在大箱子内放进大量揉过的旧报纸,让孩子在里面活动玩耍,或撕报纸、揉报纸。

五、粗大动作

（一）发展进程与目标评价

1. 独坐

9个月大的孩子，坐得比较稳，可以转身够取身边、身后或离身体稍远处的玩具。（→6个月）

2. 靠站

能依靠支撑物站着玩玩具；会偶尔独站。（8个月·10个月）

3. 手膝爬

能腹部离地，用双掌与双膝四点式爬行，并从手膝爬行逐渐过渡到手足爬行。能自由地爬到想去的地方。（8个月·10个月）

4. 坐卧转换

能由仰卧姿坐起再躺下；能从俯卧反身到坐。（8个月·10个月）

5. 扶物挪步

已有走的意识，借助墙、桌椅或其他物体能双脚横向挪步。牵着大人的手可以向前挪步。（→10个月）

（二）实现途径与教育指导

1. 转身取物

把孩子喜欢的玩具放在他身后或离身体稍远的地方，使他转身或伸长一点手臂才能拿到，以训练坐立平衡能力。

2. “坐魔毯”游戏

让孩子坐在毛巾毯的一端，家长拉着另一端，保持孩子不倒的速度往后拖拉移动。

3. 靠站训练

将孩子放在高度适中的桌子或茶几前，把他喜欢的玩具放在上面，让他依靠家具站着玩玩具。

4. 追爬游戏

妈妈爬着追孩子,妈妈可用“汪汪”叫等方式增加游戏气氛。也可在玩具上系一根绳子,使玩具与孩子之间保持若即若离的距离,慢慢拉动玩具,吸引孩子爬过来抓玩具。

5. 扶持挪步

让孩子手扶支撑物(家具边缘、墙壁等)或让爸爸拉着一只手,妈妈离开孩子一段距离,用玩具吸引孩子一点一点地扶物向妈妈挪步拿玩具。

六、精细动作

(一)发展进程与目标评价

1. 摇

9个月大的孩子,能抓住铃铛自如地摇。(→6个月)

2. 释放

9个月,能随意控制手的释放动作。(8个月·10个月)

3. 捏

拇指和食指能协调地捏起细小东西。(8个月·10个月)

4. 抠

能用食指抠东西。(→12个月)

5. 拨弄

能拨弄小东西。(7个月·10个月)

6. 揉

能将纸张揉成团。(→8个月)

7. 撕纸

能用指尖力量撕纸。(7个月·11个月)

8. 敲击

双手会灵活地敲积木。(→8个月)

9. 拍手

能连续拍手。(→8 个月)

10. 投放

8—9 个月大的孩子能将物体放入容器中,或用勺子在碗中搅拌。(8 个月·11 个月)

11. 推、滚

能推或滚玩具,比如和大人一起把球滚过来滚过去。

(二) 实现途径与教育指导

1. 手指捏物训练

先捏取稍大物品(如小饼干),再捏取稍小物品(如花生米),逐步过渡到捏取较小物品(如黄豆、绿豆等),循序渐进地进行。也可让孩子把小物品捏到广口瓶等容器中,可以是孩子放一个,大人放一个,然后大人渐渐做得快些,让孩子也渐渐学会快取快放。

2. 揉纸

家长和孩子各拿一小张纸,家长示范将纸揉成团,让孩子模仿,然后再把纸团展开、撕碎。

3. 投入训练

训练孩子将小物品投入大容器中,如把积木或小球放入或投入盒子中,反复投进去、倒出来。

4. 拍拍手,点点头

家长和孩子相对而坐,一起边说边做“拍拍手,点点头”,即说“拍拍手”三个字的同时做“拍拍手”的动作;说“点点头”的同时做“点点头”的动作,这样动作和语言可同时训练,还让孩子学会简单节拍。

5. 滚球游戏

准备一个能发声或闪光的吹塑气球,和孩子一起玩来回滚球的游戏。

七、音乐与律动

（一）发展进程与目标评价

0—1 岁，天生的音乐家：孩子对音乐的兴趣是与生俱来的。即使是刚出生，他们就具备了欣赏音乐所不可缺少的听觉能力。这一阶段，孩子的音乐能力具体表现为：听觉迅速发展；能区别不同的声音；试图模仿声音；会用动作对熟悉的音乐做出反应（比如会合着音乐摇摆自己的身体）；对重复的、匀称的节奏有一种天然向往，能感知节奏，体会节奏带来的心理满足；快 1 周岁时，能尝试制造声音和节奏。

（二）实现途径与教育指导

1. 多和孩子交流

母亲的声音是世界上最动听的音乐，语言中有自然的节奏存在，父母和孩子说话时，应注意语言的节奏性，例如“爸爸”“妈妈”“奶奶”“花”“狗”“猫”“小皮球”等都可以说成轻快的节奏感。

2. 选好音乐作品

有研究证明，莫扎特、巴赫等作曲家的作品能开发孩子智力并使孩子安静满足，可让孩子多听这类音乐。

3. 玩声音游戏

声音游戏可以使孩子对声音更加敏感。可以让孩子碰响一种能发出声音的玩具，有节奏地念儿歌给孩子听或伴随音乐节拍抱着孩子有节奏地走路。

八、学习能力

（一）发展进程与目标评价

1. 记忆

9 个月大的孩子，活动记忆能力开始发育，他的大脑已经能够准确地捕捉到发生在他面前的事情。能记住母亲的某个特殊标志并将其从人群

里认出来。一旦将孩子和母亲分开,所谓的“分离性焦虑”就会产生。(8个月·10个月)

2. 模仿

9—12个月,会有意识地模仿一些动作,如抱娃娃、拍娃娃。能模仿由熟悉的行为组成的而自己又无法看到的动作。(8个月·11个月)

(二) 实现途径与教育指导

1. 记忆力训练

家长对孩子边做边说:每当家长一边照看孩子一边做事时,都可以对孩子边做边说,尤其是为孩子做的事情。比如,“妈妈要给宝宝倒水喝喽,妈妈在打开水杯盖子,妈妈在打开水瓶盖子,妈妈在往水杯里倒水,妈妈在把水瓶放下,妈妈在把水瓶盖上盖子,妈妈要用水杯给宝宝喂水喝喽……”诸如穿鞋、穿衣、戴帽、洗手、洗脸、洗澡、喂饭此类程序性的事情每天都会重复发生,边做边说给孩子听,能增强孩子对眼前正在发生事情的理解与记忆,为此后相应能力的发展储存记忆信息。

2. 模仿游戏

(1) 妈妈把孩子抱在怀里,说:“小脑袋,摇一摇。”同时做摇头动作,鼓励孩子模仿。

(2) 妈妈说:“小眼睛,眨一眨。”同时眨眼,请孩子模仿。

(3) 妈妈说:“小手指,挠一挠。”同时用手做抓挠的动作,一边说一边握着孩子的手腕引导孩子模仿。

(4) 妈妈还可以根据孩子的具体情况,做出一些孩子较为熟悉的动物的动作让孩子模仿。

九、发音与语言

(一) 发展进程与目标评价

1. 反应性行为

9个月大的孩子,能对不同指令做出不同反应,如当听到“不”或“别

动”的声音时能暂时停止手中的活动；听到“妈妈在哪儿”或“爸爸在哪儿”时会转头找。（→8 个月）

2. 非语言交流·肢体语

能学会用几种简单手势来表达语意，如用拍手表示“欢迎”，用挥手表示“再见”，用摇手表示“拒绝”，用手指出要去的方向等。（8 个月·10 个月）

3. 语音

发出一些类似“爸爸、妈妈”的简单叠音。会把不同的音节组合起来，如 ma—da、a—ma 等。（8 个月·10 个月）

4. 音韵

9 个月左右的孩子虽然还不懂儿歌的意思，但喜欢儿歌的欢快韵律和节奏，更喜欢家长给他念儿歌时亲切而又丰富的表情和动作。（→11 个月）

5. 理解

能听懂简单的话，可以区分肯定或否定的意思。能将语言与人、物、动作联系起来。（8 个月·10 个月）

【小贴士】8 个月—1.5 岁这段时期，孩子理解的词语远比能说出来的多得多。

6. 模仿说话

能模仿自己听到的熟悉的声音，进入学说话的萌芽期。已能模仿和说出一些具有一定具体意义的词音。（7 个月·10 个月）

7. 语词·单词句

9—15 个月，常用一个特殊的字来代表一个具体的东西（如“喵”与儿童的“猫”字有关）。（8 个月·10 个月）

（二）实现途径与教育指导

1. 多和孩子说话

要注意多和孩子说话，使孩子每次感知某物体或某动作时都听到成人说出关于这个事物（或动作）的词，这样在孩子的大脑里就会逐步建立并巩固关于这个事物（或动作）的形象和词之间的联系，从而促进孩子言语的发展。反之，如果认为孩子听不懂话、不会说话而不和他说话，则会造成孩子言语发展的迟缓。

2. 理解语言

训练孩子执行简单的指令，通过语言和示范告诉孩子怎么做。比如，和孩子一起玩"撕纸"游戏时，可采取语言讲解和动作示范相结合的方式，让孩子理解如何把一张纸撕开。

3. 学说叠音词和单词句

孩子发音并理解成人语言的能力，很大程度上取决于环境与教育。如果父母平时能多和孩子交流，多和他说话，鼓励他发音，孩子的语言能力一定会发育得快些。父母可有意识地让孩子模仿学说简单的话，如学叫"爸爸""妈妈"之类的叠音称呼，学说一些单词句，如猫、狗、坐、走、站、拿等。

4. 给孩子念儿歌、童谣

1 岁以内的孩子喜欢有韵律的声音和欢快的节奏。给孩子念儿歌、童谣，能让孩子初步感受儿歌和童谣的韵律和节奏，增强孩子语言和记忆能力。适合这个阶段的儿歌应短小精悍、朗朗上口，并配以丰富的表情和动作。父母每天至少给孩子念 1—2 首儿歌，每首儿歌至少要念 3—4 遍。可以看到什么事物就对孩子说相应事物的儿歌，而且经常反复地说给孩子听。

5. 备选儿歌

（1）小飞机——小飞机，嗡嗡嗡，飞到西，飞到东。

(2) 小汽车——小汽车，嘀嘀嘀，跑过来，跑过去。

(3) 牛奶——鲜牛奶，瓶里装，宝宝喝，身体壮。

(4) 饼干——小饼干，脆又香，小宝宝，快来尝。

(5) 大苹果——大苹果，圆又圆，尝一尝，甜又甜。

十、数理逻辑

(一) 发展进程与目标评价

1. 动作发展·目的性行为

9 个月大的孩子，开始有了明确的目标和有意识的行为，比如会找出藏在手帕下的玩具，会主动拿着手帕玩躲猫猫游戏。会设法取到较远处的玩具，如绕过椅子去取椅子后面的玩具。(8 个月 · 10 个月)

2. 客体永存性

9 个月左右的孩子已能意识到即使母亲不在自己的身边，她仍然存在于其他某个地方。(8 个月 · 10 个月)

3. 预期

6—9 个月，预期物体在空间的运动。(→18 个月)

4. 关系性游戏

9 个月以上的孩子可以将常见的具有相关性的物体(如碗和勺子)放在一起。这种将功能相关的物体联系起来的能力不断增长，并在出生后的第一年到第二年占主要地位。(8 个月 · 10 个月)

5. 功能性游戏

9—12 个月，在示范下，能模仿用相应的方法玩功能不同的玩具，如"推动"小汽车、"扔"球。(→15 个月)

(二) 实现途径与教育指导

1. 藏在哪里

用枕头或成人的身体去挡住玩具，鼓励孩子爬着去寻找玩具。

2. 躲猫猫

家长先用手帕遮住脸再移开，和孩子玩躲猫猫游戏。然后把手帕交给孩子，引导孩子模仿大人刚才用的方法来和家长玩躲猫猫游戏。

3. 认识三维

找一个大玩具（高度要超过孩子趴下后头的高度），放置在孩子面前，告诉他玩具的名称，让孩子用手摸一摸。引导孩子绕着玩具爬一圈，再让他用手摸一摸，告诉他玩具的名称。最后，把孩子抱起来，让他从高处看到玩具，再把玩具的名称告诉他，让他摸一摸玩具。

4. 接住物体

让孩子伸开双手，家长向孩子的双手间滚一个大小适中的气球，训练孩子通过自己对气球运动的判断来接住气球。

5. 关系性游戏

家长将“碗、勺子、小鼓、鼓槌”四件玩具放在一起，家长示范“拿起碗和勺子吃饭”，同时对孩子说“我们可以用碗和勺子吃饭”，然后再示范“用鼓槌敲小鼓”，并对孩子说“鼓槌能把小鼓敲响”，然后让孩子模仿着玩这四件玩具。

十一、认知与探索

（一）发展进程与目标评价

1. 好奇与兴趣

9个月大的孩子，开始对周围世界表现出极大的探索兴趣，对什么都想看一看、摸一摸。遇到感兴趣的东西甚至会试图去撞击、拆开它以看个究竟。（8个月 · 10个月）

2. 认知 · 物品

知道常用物品的名称。（8个月 · 12个月）

3. 探索性行为

9个月大的孩子从一般性的探索转向任务指向的行为，会重复产生因果关系的行为或者手段—目的的任务。9—12 个月，表现出有目的的探索行为。比如，通过摆弄来探索瓶子和瓶盖的关系。（8 个月 · 10 个月）

（二）实现途径与教育指导

1. 认识事物

9 个月之后，孩子进入新异性探索阶段，对一些已经熟悉的事物不再那么感兴趣，而是对一些新异事物和现象表现出明显的喜好和兴趣。因此，要让孩子最大限度地接近他所生活的区域。让自然界的各种动植物、自然景观给孩子以丰富的感官刺激。尽量满足孩子急于想探索世界的要求。

2. 敲敲打打

帮助孩子通过敲打不同物体来了解各种各样的物体，了解物体与物体之间的相互关系。

3. 利用形象玩具认识事物

如玩动物玩具时，可告诉孩子动物的名称，逗引他模仿小动物的叫声。玩玩具娃娃时，可教他认识五官。玩交通工具玩具时，可告诉他交通工具的名称及发动的声音。

十二、情绪情感

（一）发展进程与目标评价

1. 情绪表达

9 个月大的孩子，哭闹次数明显减少。哭闹的原因比较明了，如闹觉、不满等。（8 个月 · 10 个月）

2. 情绪表现 · 怯生

懂得害羞。面对陌生人会害羞、怕生。（8 个月 · 10 个月）

【小贴士】陌生焦虑：一旦孩子开始掌握客体永存性的概念，就会因不熟悉的面孔而感到害怕。这一反应在9—15个月大的孩子身上体现得最典型。过了这一阶段，孩子的苦恼会逐渐减少。

3. 情绪体验·理解

能区分高兴、悲伤及生气等不同的表情。(8个月·10个月)

4. 理解幽默

9个月时形成了对幽默的初步辨认能力，开始出现幽默感。会通过自己能做出的行为来引起他人和自己发笑，比如有意地把东西扔得到处都是并兴奋得大笑。(7个月·12个月)

5. 情感表现表达·依恋

喜欢黏人，9个月大的孩子是依恋情感最突出的时间段。(8个月·11个月)

6. 情感表现表达

9个月时，孩子已经经历了四种核心情感：喜悦、愤怒、悲伤和恐惧。(8个月·10个月)

7. 情感表现表达·共情

看到大人或其他孩子难过，也会跟着难过。(→12个月)

(二) 实现途径与教育指导

1. 安慰哭闹孩子的技巧

在孩子耳边轻轻说话，偶尔吹一口气；抱紧孩子，让他听到你的心跳声；把孩子的鞋子脱了，将他放到自己的膝盖上，然后一次次地举起来；用手帕或者毛巾举到孩子触手可及的地方来回摇晃，吸引孩子来抓，就要抓到时妈妈赶快抽离；用嘴巴发出各种各样有趣的声音来哄孩子开心；给孩子唱一些调子简单的儿歌，并配上一些简单的动作；拿一个小动物玩具，然后嘴里发出该动物的叫声；妈妈可以学孩子的哭声，当孩子听到自己哭啼的声音时会非常吃惊，自然会停止哭闹了；把气球吹大，然后捏住气球的尾巴把气慢慢放出，放气时气球会发出有趣的声音，一松手气球还会弹开去，这会使孩子很开心；轻轻地咬孩子的肩膀，孩子会立刻停止哭泣；尽可能地给孩子做可爱、有趣的鬼脸，再加上各种有趣的动作；让孩子骑在自己头上，一下子视线变高了，会让孩子充满兴趣；把孩子放在镜子前方，妈妈通过镜子和孩子的视线汇合，这样做会让孩子感到非常神奇且有趣，不由自主地微笑起来；和孩子模仿打电话的场景；让孩子俯卧在自己的膝盖处，然后做飞机起飞的动作。

2. 表情游戏

多跟孩子玩表情游戏，帮助他更好地理解各种情绪。

3. 分离游戏

比如，妈妈说："要走了！"然后佯装离开。当孩子因为妈妈的离开而大哭时，妈妈又探头出现了。可经常做分离游戏，逐渐延长佯装离开的时间。

十三、社会认知与交往

（一）发展进程与目标评价

1. 认识他人 · 辨识熟人

9—12 个月，能认出熟悉环境中的人。（8 个月 · 11 个月）

2. 交往态度

8—18 个月，对同龄的孩子显示出相当大的兴趣，一见到同龄孩子会表现出兴奋，可能会屏神注视或用肢体接触。（8 个月 · 10 个月）

3. 交往技能 · 拒绝

会对不想要的物品做出摇头或推开的表示。（8 个月 · 10 个月）

4. 交往技能·求抱

看见熟人(如父母或其他看护人)会主动伸手要求抱。(8个月·10个月)

5. 交往技能·喊叫

为了吸引父母的注意,学会了大声喊叫。(8个月·10个月)

6. 规则·感知

已能听懂爸爸妈妈最常说的、表示赞许的话语。(8个月·10个月)

7. 社会性游戏·亲子游戏

能配合大人玩躲猫猫游戏,比如有意识地去寻找躲起来的大人。(8个月·10个月)

(二)实现途径与教育指导

1. 教给孩子具体的交往方法

孩子最容易做的是拍手叫"好"和拱手表示"谢谢",这两种是用手来做的,也是大人经常做的孩子看见过就容易学会的。此外大人可以示范让孩子表示"要"时伸手,表示"不要"时摆手或者用手推开;也可以用点头表示"要",摇头表示"不要",等等。

2. 父母要多陪伴孩子

不是亲自照料孩子的父母,下班回家时,如果孩子没有伸手要抱,也不必着急,拿着玩具先玩给他看,让他因好奇而接近,再慢慢亲近他。尽量利用周末的时间多给孩子做一些生活料理,带他到户外玩耍。爸爸也要多同孩子做一些如"举高高"等活动量大的亲子游戏。孩子做事做得好时大人要热烈地表扬,表现不好时大人马上表示不高兴,大人的表现会感染孩子,让他也明确表示,这样就容易相处。

3. 摇啊摇

准备一把大靠背椅,让孩子面对椅背坐好,两腿从椅背下面的空档伸出，双手抓住椅背两边。父母扶住椅背，以椅背两条后腿为交叉点，前后摇动椅子，边摇边唱儿歌《摇到外婆桥》。

十四、自我意识与个性

（一）发展进程与目标评价

1. 独特性

9个月以后的孩子，个性开始真正地表现出来：有的好动，有的好静；有的喜欢与人交往，有的有些害羞；有的热情开放，毫不犹豫地接受别人的怀抱，有的比较谨慎地接受别人。（新生儿·10个月）

2. 自我认识·镜像

9—12个月大的孩子会和镜中自己的形象玩躲猫猫游戏。（8个月·10个月）

3. 自我认识·名字

能记住自己的名字，听到有人叫自己的名字会转头。（8个月·10个月）

4. 自我认识·喜好

能表达自己的喜好，会用动作表示“要”或“不要”。（8个月·10个月）

5. 所有权意识

当从孩子处拿走东西时，会遭到强烈的反抗。（7个月·10个月）

6. 自主与独立

开始表现出意志力，可以清楚且坚定地表达愿望，不如意时会表示不满，甚至哭闹。（5个月·10个月）

7. 自尊与评价

受到大人赞赏时会重复做动作。（→10个月）

【小贴士】患有自闭症的孩子在三个重要方面发展不正常：思想交流、人际关系和行为举止。举例如下：(1) 思想交流。患有自闭症的孩子可能不会在正常的年龄牙牙学语(大约在6个月—1岁的时候),会说单个字词的时间一般也比较晚。即使他们能够说话,经常也只是重复一些没有什么意义的词语。他们还很难与别人进行交流,也不会用目光的交流来表示他们正在倾听,也不会指着什么东西来表示他们觉得那很有意思。(2) 人际关系。有自闭症的孩子可能不会正常地拥抱别人,也不会伸出双手要求别人的拥抱。有的孩子在别人逗弄他们的时候会不高兴。有自闭症的孩子经常忽视自己的伙伴。他们还会做出错误的反应,因为他们看不懂别人的行为暗示(如“别理我”等)。他们可能对自己的父母充满感情,但他们的表达方式却是奇怪的,比如用后背倒向一个人来要求拥抱。(3) 行为举止。有自闭症的孩子经常会特别喜欢一两个动作,还会一遍又一遍地重复这个动作。比如,有的孩子会把一个玩具放进盒子里,拿出来,再放进去,就这样持续不断地重复很长时间。如果有人想改变他们的行为习惯,他们就会发脾气。旋转的东西对他们似乎具有特别的吸引力。有自闭症的孩子会经常旋转自己的身体,拍打或扭动自己的手腕,或者不停地前后摇晃。他们也许会对声音、气味、触摸做出出人意料的反应。比如,很多这样的孩子喜欢被人紧紧抱住,却不喜欢轻轻的触摸。

(二) 实现途径与教育指导

1. 如何看待孩子的个性

每个孩子的个性都不一样,这也是为什么不同的孩子需要不同的抚养方式的原因。父母的教育方法必须适合各个孩子各自的个性特征,尤其是不要因为个性特征而惩罚孩子。比如,如果孩子是害羞的,他不应该因为在陌生人面前犹豫而受到责备。但孩子的个性是可以引导和培养的，而且是一个非常艰难和漫长的过程。只要孩子有积极的个性表现，父母就应该及时给予肯定和表扬。

2. 和镜中的“我”玩

大人可抱着孩子在穿衣镜前玩“藏猫猫”，抱着孩子照一下镜子，让孩子看镜子里的自己，然后抱着孩子移开，同时说：“宝宝不见了。”然后再照镜子，同时说：“宝宝又出来了”。这样，孩子对镜子里的自己就发生了兴趣。以后逐渐过渡到把孩子放在镜子前，引导他和镜中的自己躲猫猫。

3. 呼唤姓名

父母平时有意识地用孩子的名字代替“宝宝”，训练孩子对自己名字的初步记忆，培养自我意识的萌芽。

4. 积极地评价孩子

孩子是通过身边人对自己的一次次评价来认识自己的。如果经常正面评价孩子的行为，孩子对自己的印象就是积极、正面的。如果经常消极地评价孩子，则孩子对自己的印象就会是消极、负面的。

5. 自闭症问题的范围

自闭症有轻重不同的等级。自闭症通常还伴随着严重的智力缺陷、听力障碍，或者顽固的强迫症等。自闭症会影响大脑对那些通过神经传来的信息的处理，就像一台信号接收不好的电视机一样。有的信号接收得还可以，有的信号会有点失真，还有的则完全丢失了。有可能自闭症的核心障碍就是思想交流、人际关系和行为举止。还有一些更为严重的症状可能是一种宣泄。孩子由于被迫与别人隔绝而感到极度的灰心和痛苦，于是他们就可能暴躁地发脾气。另一种常见的症状就是喜欢旋转。

6. 自闭症的早期发现

如果自闭症能在早期发现，就能够在很大程度上改善它的状况。在孩子还很小的时候，父母也许会隐隐约约地感觉到有什么地方不对劲。比如，孩子并不像别的孩子那样看着他们的眼睛，或者从来没有真正喜欢过大人的逗弄。其他的早期表现还包括：孩子到了12个月的时候还不会指着东西让父母看；到了15个月的时候还不会用任何词语来表达需求或简单的想法；或者到了2岁的时候，还不会把两个词连在一起组成简单的句子。上述这些情况并不一定就是自闭症的先兆，但是，如果你在孩子身上发现了上述一种情况，都应该对孩子的发育做一次评估，不要想当然地认为他会"长大点就好了"。

7. 自闭症的治疗

治疗自闭症的主要方法就是重点针对人际交往进行早期的强化教育。提高孩子语言能力和交流技巧的活动一般都需要每天几个小时的练习，而且一天都不能间断。孩子参加的康复项目也许不止一个。因为这种训练的强度很高，所以必须有一位家长全身心地投入对自闭症孩子的照顾和教育中去。这是一场非常严峻的挑战。至今还没有发现治疗自闭症的潜在问题的药物。但是，很多药物都被用来缓解自闭症的症状，减轻患者的愤怒、焦虑或强迫行为。

名家名言

抚育子女是一项理性的行为，只有父母掌握必要的常识和工具，才能真正做好。

（英国哲学家　布莱恩·巴利）

第十一章　10—11 个月儿童的发展与教育

本章导读

敏感期：10 个月大的孩子处于信任感建立敏感期(0—1.5 岁)、依恋明确期(7 个月—2 岁)、大脑发育第二加速期(5—10 个月)、语音辨别敏感期(6 个月—1 岁)、味蕾敏感期(6 个月—1 岁)、手的敏感期(8 个月—2 岁)、理解语意敏感期(8 个月—1.5 岁)、视觉敏感期(0—1 岁)、口腔敏感期(0—1 岁)、感知动作思维发展敏感期(0—2 岁)、听觉敏感期(0—2.5 岁)、大肌肉发展敏感期(0—3 岁)、感官发展敏感期(0—6 岁)、空间敏感期(0—6 岁)等多个敏感期。相关敏感期的表现特点与教育指导详见“第二篇 0—1 岁儿童敏感期与教育指导”。

粗大动作：10 个月大的孩子大动作越来越灵活，且具有一定的动作转换能力，可以让孩子练习坐卧转换、坐立转换、蹲站转换等动作。另外，一般来说，孩子 10—12 个月期间开始学走路，可以训练孩子挪步了。

精细动作：10 个月大的孩子能够用拇指和食指配合捏起细小物品，可以继续训练孩子的捏取动作，并在按键游戏、插板游戏和垒积木游戏中进一步锻炼手指的灵活性。

语言发展：10 个月大的孩子已能把词音和具体的事物联系起来，能对简单的指令做出相应的动作反应。家长可以通过让孩子“执行简单指令”的方式，进一步训练孩子理解语言、执行指令的能力。

自我意识：孩子的自我意识是从记住自己的名字、认识自己的身体、认识自己的所有物开始的。10个月大的孩子已能指认自己身体的部分部位，知道自己的名字，对自己的东西已经有了初步的保护意识。这都是自我意识开始发展的表现。因此，认识自己、保护自己、学会处理自己与他人（成人和同伴）的关系也就成为家庭教育的重要内容。

独立性：10个月大的孩子已经具备了一点自己玩的基本能力，在确保孩子安全的情况下，家长应该给孩子创造一些“自己玩一会儿”的机会，这是培养孩子独立性最基本的一步。

发展进程与教育指导

一、营养与保健

（一）营养保健常识

1. 进食能力

10个月大的孩子，已具备一定的咀嚼能力，辅食可以从稠粥或半固体逐渐过渡到松软的固体食物。能吃各种饼干、蛋糕、薄饼、苹果片。

2. 进食量

一般来说，孩子在10—12个月时完全断奶，这时孩子每天大约每3小时进食一次，以一日三餐为主，两餐之间以及晚上临睡前各加餐一次。此时孩子可以吃厚粥、面条、面包、馒头、软饭、碎菜、碎肉。每天必须保证400—500毫升的配方奶和1个鸡蛋。

3. 食物口味

孩子的肾脏发育尚不成熟，食物中不能过量放盐。一般1岁以下孩子每天摄盐2克以下即可。食品最好是原汁原味，适当加点盐、醋、料酒、酱油来提高色香味即可，不提倡使用调味品。

（二）家庭养育指导

1. 10—12个月食谱参照

早餐：7点左右，馒头、配方奶、1个鸡蛋。早点：9点到10点，水果。中餐：12点左右，软饭、碎肉、碎菜，浓缩鱼肝油2滴。午点：15点，饼干等糕点、配方奶。晚餐：18点，肉汤煮饺子或其他食品（如面条加鱼肉），浓缩鱼肝油2滴。晚点：21点，配方奶。

2. 每日膳食量参照

400—500毫升配方奶、50—100克米或面、50—100克荤菜、100克蔬菜或水果，也就是一小碗厚粥或面条、半小碗切碎并煮熟的蔬菜、1个中等大小的苹果或香蕉、半小碗煮熟去骨和去皮的鱼或肉、1个鸡蛋。

【小贴士】2周岁以内的婴幼儿最好不要喝豆浆或豆奶。豆浆虽含有丰富的蛋白质、铁、不饱和脂肪酸等各种营养成分,但缺少了最重要的有益于脑部发育的营养素DHA。况且,2周岁以内的婴幼儿肠胃功能尚未发育完全,胃内还没有分解豆类的消化酶。因此,家长也可以选择配方先进、营养充足的配方奶粉。

二、护理与自理

(一) 发展进程与目标评价

1. 进食

10个月大的孩子,能较熟练地自己吃小甜饼。喝奶或喝水时能自己捧住奶瓶。会抓住汤匙。(9个月·11个月)

【小贴士】10个月以后的孩子总想自己动手,喜欢摆弄餐具,这正是训练孩子自己进餐的最佳时间。

2. 穿戴

穿衣时能伸手。能尝试把帽子摘下来。(→11个月)

【小贴士】穿鞋子:孩子在1岁之内,如果地板不是特别凉,就没有必要给他穿毛线织的鞋子或脚套。学会站立和行走以后,在条件适合的环境下,孩子应该尽量光一光脚,这样足弓和脚腕才能得到很好的锻炼。当然,在寒冷的天气,或在人行道或不安全的路面上行走时,是需要穿鞋的。孩子一开始最好穿半软底的鞋子。鞋子大小是否适合的判断方法:当孩子穿鞋站立时,脚趾前面还有半个大拇指(约0.6厘米)的空间为宜。

(二) 实现途径与养育指导

1. 进食训练

鼓励孩子自己抱奶瓶、自己吃东西。鼓励孩子尝试自己用杯子喝水。开始可以让孩子使用有两个把手和带含嘴的杯子。

2. 餐桌上的混乱

即使孩子非常努力地练习自己吃饭,也会把吃的东西撒得到处都是。对此,你要容忍。如果你担心把地毯弄脏,不妨把一大块塑料桌布铺在孩子的座椅下面。

3. 教孩子配合穿衣

家长在给孩子穿衣服时要一边穿一边用语言引导他。如穿上衣时,叫孩子"伸手";穿袜子、鞋子时说"伸脚"等。也可用游戏的方法,使孩子乐于配合。如穿裤子时告诉他要做一个"小鸭子钻山洞"的游戏:先捉住"小鸭子"(小脚丫),再让"小鸭子"钻"山洞"(裤筒)。让孩子模仿家长摘下自己的帽子。

4. 负载孩子的用具——背包式背篼

当孩子大一些,那种柔软的胸前吊兜已无法使用的时候,就可以选择背包式的背篼。这种背篼配有金属支架和底部夹层带,这些设计可以帮助家长轻松地背起大些的孩子或开始学步的孩子。孩子可以越过家长的肩膀看到前面,可以跟你聊天,还可以把头靠在你的脖子上酣然入睡。

三、视觉空间

（一）发展进程与目标评价

1. 颜色·指认

10个月大的孩子，能分别指认"红、黄、蓝、绿、紫、灰、棕、橙"等颜色。（8个月·11个月）

2. 深度与立体知觉

能发现空间深度，感知物体是立体的。（8个月·12个月）

【小贴士】孩子不宜看电视：看电视有开阔视野、增长知识的作用，但对1岁以内的孩子，即使有好看的动画片，也只能在2米以外的位置看几分钟，而且不能每天都看。因为电视图像不仅比实物显得模糊，而且不停颤动，会增加孩子眼睛疲劳，降低视力。

（二）实现途径与教育指导

1. 指认颜色

先指认红色，如给他一个红气球，告诉他这是红色，然后让他找一找、指一指周围环境中其他红色的玩具或物品。等孩子能指认红色后，再依次教他指认"黄、蓝、绿、紫、灰、棕、橙"等颜色。每天指认一种颜色，每周一个循环，重在反复感知和指认。

2. 摆弄大型立体几何玩具（球、立方体、三棱柱）

用废纸盒制作立体几何玩具，里面可用废纸团或棉絮填充以保持形状。让孩子自由摆弄。

3. 感知深度

准备两三个深浅不同的大纸箱（足以容纳孩子坐在里面），让孩子分别坐在不同深度的箱子里，体会不同深度的感觉，并反复对孩子说"这个箱子深，这个箱子浅"，以突出"深""浅"的概念。

四、触觉

（一）发展进程与目标评价

10—12个月开始发展触觉局部化与触觉辨识功能，能知道身体哪个部位被触摸，有自觉性反应，约略可以辨识所摸到的物品是什么。

【小贴士】适当的抚摸、按摩及亲子间的皮肤接触有助于婴幼儿的身心发展，而触觉学习不足则容易造成触觉敏感及迟钝的现象。

（二）实现途径与教育指导

1. 吸尘器游戏

用吸尘器的管子，直接吸孩子的脸颊、手臂、手心、大腿、脚底，让孩子感觉吸力。也可在吸尘器管口加一块薄布，让孩子用手或脚来感觉吸力。

2. 做手心游戏

大人用食指当虫子，在孩子的手心、脚心爬来爬去或做摩擦运动，同时可有节奏地念一些孩子熟悉的儿歌。

3. 脚底按摩

让孩子光着脚从土地、草地、沙地、树叶、报纸、毛毯、塑胶垫子等上面走过，感受不同的触觉刺激。

五、粗大动作

（一）发展进程与目标评价

1. 独站

10个月，能独站片刻。（9个月 · 12个月）

2. 手膝爬

基本熟练地掌握了爬行的本领，能自由地爬到想去的地方。（9个月 ·

11 个月）

3. 坐卧转换

自己能从卧姿坐起来。（9 个月 · 11 个月）

4. 坐立转换

可有意识地从站到坐，并控制身体坐下时不跌倒。能毫不费力地坐到矮椅子上。（9 个月 · 11 个月）

5. 蹲站转换

能用一只手扶着支撑物蹲下，用另一只手捡起玩具再站起来。（9 个月 · 11 个月）

6. 扶物挪步

扶着支撑物能走几步。（9 个月 · 11 个月）

7. 扔

喜欢扔东西，然后又捡起来，再扔掉。（7 个月 · 11 个月）

【小贴士】当孩子能够单手，最好是双手离开支撑物，蹲下捡起玩具再站起来，并能够保持身体平衡时，就说明到了孩子学走路的最佳时期。一般来说，孩子 10 个月—1 岁期间开始学走路，到 1 岁半左右就可以独自行走了。

（二）实现途径与教育指导

1. 独站训练

大人可以脱手让孩子站上 1—2 秒钟，并慢慢延长独站时间。

2. 蹲站训练

让孩子扶站在桌子旁，妈妈站在桌子的对面说："宝宝，妈妈在这里！"然后妈妈躲入桌子下说："宝宝，妈妈在哪里？"诱导孩子下蹲；妈妈在桌子下与孩子对视:"妈妈在这里!"妈妈站立说:"宝宝,妈妈在哪里?"逗引孩子站起。在孩子处于扶站姿势时,家长也可把玩具放到他下面,鼓励他蹲下去拿。

3. 穿过隧道

把大纸板箱的两头拆开,把孩子放在大纸板箱的一头,大人站在大纸箱的另一头逗引孩子穿过大纸箱爬向大人这一边。

4. 推纸箱走

把房间收拾干净,让孩子推着纸箱走。也可在纸箱里放点东西,让孩子能倾力去推。

5. 挪步训练

用玩具逗引孩子在父母之间来回挪步。一开始父母可以用单手轻轻辅助领走,逐渐减少辅助力度,逐渐拉大父母之间的间距。

6. 扔乒乓球

乒乓球体积小、分量轻,适合孩子小手抓握,落到地面或碰到墙壁会发出清脆而有规律的声音,是非常适合1岁前孩子的玩具。

【小贴士】孩子学步不宜使用学步车,这样容易使孩子过早学会立姿,而跳过爬行这一阶段,这对身体的协调运动功能是很不利的。

六、精细动作

(一) 发展进程与目标评价

1. 捏

10个月大的孩子,拇指和食指能熟练地捏起细小物品。(9个月·11个月)

2. 拨弄

能用食指拨弄小丸。(→9 个月)

3. 按

能食指伸直、其余手指弯曲地用手指指示、按键、按开关。(→12 个月)

4. 拔

能将插在洞洞板内的三根小棍子取出。

5. 倒出

能把杯子里的东西(水)倒出来。(→13 个月)

6. 释放

9—10 个月,能手腕伸直,将东西放在一个容器内。(9 个月 · 12 个月)

7. 双手持物

两手各拿一块积木时,仍企图去拿第三块积木。(→6 个月)

8. 叠高

10 个月开始玩积木,能尝试把一块积木搭在另一块上。(→11 个月)

(二) 实现途径与教育指导

1. 手指训练

可选择“综合性盘面玩具”给孩子玩,这种玩具通常具有多种功能,包括左右拨动、上下移动、按压等,借此训练孩子的手眼协调能力。

2. 按键游戏

引导孩子玩能发声的玩具电话、玩具钢琴或其他有按键的玩具。给他演示如何用一个手指按按键。

3. 倒豆子

准备托盘一个、有把有口同等大小的塑料杯两个、豆子若干(装在右侧杯子中)。装有豆子的杯子放在右手侧,右手拿杯子的把,左手护杯,将豆子倒入左侧杯中。

4. 插板游戏

准备三根吸管和一个带盖的塑料瓶，将瓶盖钻出三个比吸管稍微粗一点的洞孔。把三个吸管插进去（吸管长度应比瓶子深度多出一点），给孩子示范如何把吸管一一拔出来。也可买专门的插板玩具。

5. 叠高积木（2层）

给孩子提供大一点的积木，示范如何在一块积木上叠另一块积木，然后引导孩子模仿。

七、音乐与律动

（一）发展进程与目标评价

1. 律动

10个月，能用身体动作对音乐做出反应。比如，会随着音乐有节奏地摇晃。（→12个月）

2. 辨音

能区分音的高低。比如，在和孩子玩击木琴时，孩子有时会专门敲高音，有时又专门敲低音。（→16个月）

【小贴士】孩子的音乐活动包括律动、倾听音乐、使用音乐玩具、唱歌等。孩子最初喜欢轻柔的律动、儿歌和音乐，之后开始想要自己摆动身体，并使用发声玩具或物品敲打出自己喜欢的声音。

（二）实现途径与教育指导

1. 音乐游戏

在播放音乐时可以同步进行亲子活动，如抱着孩子随节奏摇摆、起舞；抱着孩子站在镜前，随音乐节拍轻轻摇晃孩子的身体，当音乐改变时，变动舞动方式;为孩子洗澡或更换衣服时,也可作为共享音乐的时光,随着音乐节拍按摩孩子肌肤,活动一下孩子的小腿和上肢。

2. 敲打木琴

家长在和孩子一起玩敲打木琴的游戏时,可引导孩子敲几下高音,再敲几下低音,观察孩子的后续行为,看孩子是否知道敲长的木条发出的声音低,敲短的木条发出的声音高。

八、学习能力

(一) 发展进程与目标评价

1. 记忆

10 个月大的孩子,有了明显的记忆力,能认识自己的玩具、衣物。当大人问他某件物品在哪里时,能用手指出来。能记住自己、爸爸妈妈的名字及常见物品的名称。(9 个月 · 11 个月)

2. 观察

能对感兴趣的事物进行长时间地观察。(8 个月 · 12 个月)

【小贴士】观察力是在综合了视觉、听觉、触觉和嗅觉、方位和距离知觉、图形辨别等多种能力的基础之上发展起来的,是感知觉发展的最高形式,是形成智力的重要因素。1 岁前观察力的培养可从提供看、听、摸、嗅、品尝等各种感官刺激开始。

(二) 实现途径与教育指导

1. 藏玩具

当着孩子的面,妈妈把他喜欢的某个玩具藏在右手,然后把双手都放在背后,再把双手伸到前面来,玩具仍藏在右手里。伸开两只手,让孩子看见右手的玩具。反复几次后,妈妈再把双手伸到孩子面前并紧握,让孩子自己拿玩具,看孩子会伸向哪只手。如果孩子的注意力集中在妈妈的右手上,则说明孩子已经记住了刚才的行为。可以隔几天再重复这个游戏,看孩子能否在第一时间就去右手找玩具。

2. 气球飘起来

准备几个彩色气球。父母先将一个气球吹起来,用绳子将口扎紧,然后手心向上,将气球轻轻地往上托起来,尽量不让气球落到地上,让孩子观察气球在空中悬浮和落下的样子。这个游戏很容易吸引孩子的注意力。

九、发音与语言

(一) 发展进程与目标评价

1. 非语言交流·手势伴语音

10个月大的孩子,能主动地用“手势伴随咿呀声”的方式来传达信息,如要成人捡掉在地上的玩具时,会发“哎哎”和“嗯嗯”的音。(9个月·11个月)

2. 语音

能有区别地叫“妈妈”“爸爸”。(9个月·11个月)

3. 理解

能把词音和具体的事物联系起来。比如,问“灯呢?”孩子就会去看灯,但这种反应往往同某一盏具体的灯联系起来,其他的灯都不能引起孩子的反应。(9个月·11个月)

4. 模仿说话

能模仿大人说一些简单的词,如“拿”“走”等。(9个月·11个月)

5. 听从指令

能对简单的指令或要求做出相应的动作反应。如能按照指令拿玩具(如“把娃娃给我”)。(→11个月)

6. 语词·单词句

会使用个别单词,如用手指着他想要的东西说“拿”。常常用一个单

词表达自己的多种意思,如“外外”,根据具体情况可能是指“我要出去”或“妈妈出去了”等。(9个月·11个月)

7. 语词

会有意识地说出“爸爸”“妈妈”“帽帽”“拿”“抱”等少数简单的词。(9个月·11个月)

【小贴士】当孩子嘴里咿咿呀呀,手指着远处的物品时,就说明快要会说话了。

(二)实现途径与教育指导

1. 创造良好的语言环境

父母在照顾孩子生活、玩游戏时都要伴随语言,用语言逗引孩子活动和玩玩具;多为孩子唱儿歌、童谣;听儿歌、童谣;和孩子咿呀对话;观看周围的人物交谈。

2. 努力听懂孩子

父母要耐心地听孩子那些难以理解的发音,尽力找出适合的词回答他。当孩子以“手势”表达需求时,父母要仔细观察和揣测孩子的意图,并说出孩子想说的话,如“你想要饼干吗?”并让孩子尝试模仿说“我要饼干”,以促使其使用言语来表达需要。

3. 帮助孩子理解语词

教孩子说话时,首先要教他熟悉的物体名称,让他在看到物体的同时能听到这种物体的名称,逐渐使他能将词和物体联系起来。

4. 模仿发音

可以让孩子模仿熟悉人的称呼(如爷爷、奶奶、叔叔、姑姑、姐姐等)、熟悉物品的名称、人的五官及简单动词等。

5. 执行简单指令

日常生活或游戏中，可以采用发出简单指令的方式让孩子去做某事（如“把积木捡起来”），或不要做某事（如“站着别动”），或怎么做事（如“把一块积木放在另一块积木上”）等。

6. 表达愿望

引导孩子有意识地发出一个字音，来表示一个特定的动作或意思，如“走”“坐”“拿”“要”等。

7. 备选儿歌

（1）香蕉——香蕉甜，像月牙，穿一件，黄大褂。

（2）橘子——橘子黄，甜又香，真好吃，有营养。

（3）荔枝——荔枝果，红又圆，白白肉，鲜又甜。

（4）山楂——山楂果，圆溜溜，一个个，像红球。

（5）鸭梨——大鸭梨，黄外衣，雪白肉，甜如蜜。

十、数理逻辑

（一）发展进程与目标评价

1. 动作发展·目的性行为

10—12个月的孩子开始能预料行为的效果，有意识地运用已有的手段去对付那些未曾遇见过的新情境，出现了比较完备的实际智慧动作。（9个月·12个月）

2. 客体永存性

10—12个月的孩子有了比较明确的客体永存性观念，会寻找消失了的东西。比如，当着孩子的面把积木扣在杯子下，孩子能够主动拿开杯子，取出积木。（9个月·11个月）

3. 关系性游戏

9—12个月，能够把相关的物体联系起来。（9个月·11个月）

4. 比较

10个月左右的孩子已能区分两个物品的大小。这一时期是辨别物品大小的关键期。(8个月·11个月)

(二) 实现途径与教育指导

1. 拉布取物

在桌上放一块布,布的一头靠近孩子,另一头放一个孩子想玩的玩具。妈妈先示范,慢慢拉动布将玩具拿到。然后照原样把布和玩具放好,引导孩子模仿着拉布拿到玩具。游戏中,布成了工具,学会使用工具是孩子思维的进步。

2. 寻找物体

取一个不透明的杯子(塑料杯或纸杯)和一个小玩具(如一块小积木)。家长当着孩子的面把小玩具扣在杯子里,然后神态疑惑地对孩子说"唉,积木哪去啦?宝宝帮妈妈找一找!"然后看孩子会怎么做。如果孩子找到了,就惊喜地鼓励他。

3. 关系性游戏

继续让孩子玩"碗和勺子""小鼓和鼓槌""水杯和杯盖"等相关性玩具,但每次最多提供两组。孩子玩游戏时,家长可给予必要的示范或引导,但如果孩子把两件玩具自由组合(如用勺子敲打小鼓),家长也不要阻止或纠正他,要允许并鼓励孩子自由探索和尝试。

十一、认知与探索

(一) 发展进程与目标评价

1. 好奇与兴趣

10—12个月孩子的好奇心逐渐增强,喜欢到处触摸,到处看。喜欢摆弄玩具。(9个月·13个月)

2. 探索

9个月以上的孩子喜欢重复地练习、摆弄玩具或物品。比如,因果关系的玩具(反复地扔东西,反复地敲击发声玩具等)、联合性任务(将木块投到洞中)、手段—目的任务(从栅栏后面拿一个玩具)(9个月·11个月)

(二) 实现途径与教育指导

1. 进进出出

用硬纸卷一个直径约10厘米、长约1米的纸筒。把纸筒一头放低、一头抬高,再把小玩具一个一个地从高的一头放进去,从低的一头滚出来。在松手放开玩具之前,可以问孩子:"我一松手,玩具会跑哪里去了呢?"再给孩子描述一下:"从这头进去,从那头出来。"然后再让孩子玩一玩这个游戏。

2. 指认挂图

可在墙上贴、挂一些挂图,大人可随时提问、随时指认。内容熟悉后再更换。也可同时悬挂几张不同内容的画片,让孩子在比较中加深印象。

十二、情绪情感

(一) 发展进程与目标评价

1. 情绪表达

10—12个月孩子开始把更多的注意力集中在他喜欢的人和玩具上。比如,喜欢依偎在大人身旁听故事,乐于花时间玩玩具以自我娱乐。(9个月·11个月)

2. 情绪表现·焦虑/害羞

仍有分离焦虑情绪,一旦意识到母亲要离开就会不安、哭泣等。见到陌生人仍然害羞。(9个月·11个月)

【小贴士】害羞:马里兰大学内森·福克斯最近的研究发现,婴儿期的害羞最早是出于本能。他用脑电图扫描仪监测一组9个月大孩子的脑部活动。面对陌生人的问候,那些性格内向的孩子显得紧张、焦虑不安，大脑中掌控忧虑、恐惧情绪的区域变得很活跃。而性格外向的孩子则会向陌生人伸出手去，脑电图扫描显示他们大脑中掌控积极情绪的区域会活跃起来。

3. 情绪体验·感染

心情开始受父母的情绪影响。（9个月·14个月）

4. 情感表现表达

能通过身体动作以及类似语言的发音来表达自己的感情。（9个月·11个月）

（二）实现途径与教育指导

1. 安全感影响孩子行为

威斯康辛大学哈洛教授曾做过一个实验，他将小猴子与母猴隔离，然后观察无母爱的小猴子在社会行为上的偏差。他发现这种幼年的影响深远，小猴子变得孤僻、不合群，长大无法正常交配。如果以人工授精方式使她怀孕，她也无法成为好母亲，会将幼猴虐待致死。这种没有安全感的小猴子有个特性，即会常常观察母亲的脸色，母亲稍有不悦之色，他就立刻抛下他的玩伴，爬到母亲身上，紧紧抓住她，生怕母亲又弃他而去。

2. 家庭暴力改变大脑知觉

研究显示，人类小时候的不安全感也会影响孩子以后的人际关系及认知发展，他们通常比较有攻击性，血液中压力荷尔蒙量比较高，不太会交到知心朋友。另一个受虐儿的研究发现，家庭暴力会改变孩子大脑对愤怒表情的知觉，他们对环境中很细微的愤怒线索敏感，这使得他们在学校中不善与人交往。另一个试验也显示，如果父母有忧郁症，孩子对悲哀的脸部表情也比较敏感。这表示经验会修改大脑内部的结构。先天与后天其实是一个无时无刻不在进行的交互作用,我们应该把教养的重心放到孩子的精神层次,而不要在乎物质的享受。哈洛和受虐儿的研究都让我们看到,幼年期安全感对以后情绪发展的重要性。

十三、社会认知与交往

(一)发展进程与目标评价

1. 交往态度

10个月左右的孩子已经有意愿想和其他小朋友一起玩,主动亲近小朋友。会主动拥抱大人。(9个月·11个月)

2. 交往技能·表情/语言/动作

会用面部表情、简单的语言和动作与成人交往。(9个月·11个月)

3. 交往技能·分享

会伸手把玩具给别人,但不松手。(9个月·11个月)

4. 规则·感知

能懂得父母的赞许表扬和不满意的表情、动作和简单语言。(9个月·11个月)

5. 人际关系·广度

10—12个月,将逐渐度过害羞期,急于到外部世界中去。(8个月·12个月)

6. 社会性游戏·亲子游戏

喜欢可以互动的游戏。比如,和大人玩躲猫猫游戏时,自己会主动去寻找。(9个月·11个月)

(二)实现途径与教育指导

1. 和玩具娃娃玩

当孩子玩娃娃时,给他演示如何摇晃、轻拍、拥抱、捡起以及抱住娃娃等动作。然后,孩子边模仿,家长边指导。比如,妈妈同孩子一起抱起娃娃哄它不哭，然后用毛巾盖着娃娃拍它睡觉。过不久妈妈说："娃娃饿了要喝奶啦！"拿个小瓶子代替奶瓶，让孩子把娃娃抱起来喂奶，如果有小勺和小碗，让孩子喂娃娃吃饭，拿小罐子让孩子把娃娃尿尿。

2. 让孩子替大人拿东西

妈妈在看书、择菜或打毛衣时，可以让孩子给妈妈递东西。孩子很愿意替大人拿东西，大人也要称赞孩子能干。孩子爬得快，钻到家具下面很方便，很愿意替大人寻找大人难以拿到的东西并且递给大人。

3. 区别对待孩子的行为倾向

对孩子表现出好的行为，大人要及时加以肯定和赞许，用点头、微笑、拍手叫好等方式鼓励孩子。对表现不好的行为，则更要及时表示出不满意，用摇头、摆手、绷脸等表情辅以"这样做不好""不能这样"等简单词汇制止孩子的行为。

十四、自我意识与个性

（一）发展进程与目标评价

1. 独特性

10个月大的孩子已有了显著的个性倾向，有的孩子表现得活泼、有的沉静、有的灵活、有的呆板。有的孩子见别人有什么玩具就想要什么；有的孩子则显得很大方，把自己的东西送给别人，与别人一起分享。有的孩子很安静，任人摆布；有的孩子则不允许别人碰自己，见到陌生人显得戒备。但这种个性并不是固定不变的。（9个月·13个月）

2. 自我认识·身体

能模仿父母指出自己身体的一两个部位，如小脚、小手等。（9个月·11个月）

3. 自我认识·名字

知道自己的名字。（9个月·11个月）

4. 所有权意识

如果有其他孩子靠近，会藏起自己的玩具。不愿意母亲抱别人。（9个月 · 12个月）

5. 自主与独立

已经具备了一点自己玩的基本能力。（9个月 · 11个月）

【小贴士】孩子不需要成人始终陪伴左右，他们需要有自己玩耍的时间。自我娱乐是孩子需要掌握的最重要技能之一。单独游戏为孩子掌握这一技能奠定了基础，这将有助于他们今后应对孤独感和厌倦情绪。

（二）实现途径与教育指导

1. 指认自己

通过镜子游戏、娃娃游戏或与家长面对面的学习，继续训练孩子指认身体部位，如五官、手、脚、肚子等。

2. 训练孩子自己玩

从让孩子做自己想做的事情、玩自己最想玩的玩具开始。妈妈先和孩子一起玩一会儿，然后停下来，看着孩子玩，偶尔插话告诉孩子怎么玩。这样做过两天之后，可以试着坐在一旁看着孩子玩或在孩子旁边做自己的家务事，再试着与孩子保持一定的距离，让孩子开始有自己的空间，逐渐拉大共处距离，逐渐淡出孩子的游戏空间。但要保证孩子能看见妈妈，能听得见妈妈的声音，便于及时回应孩子。不要一下子破坏了“妈妈存在”的安全感。一段时间的独立适应训练之后，妈妈可尝试短暂地、短距离地离开孩子一会儿。孩子呼喊时，妈妈可一边呼应孩子的呼喊，一边有意给孩子一两分钟的等待，再回到孩子的视线之内。但要随时留意孩子的举动以确保安全。

3. 以父母的良好个性影响孩子

10个月大的孩子已有了较强的模仿力，而家庭成员的性情和行为则是孩子形成个性的最主要影响源和最直接模仿对象，良好的榜样作用与和睦的家庭氛围是孩子形成良好个性的基本保证。因此，不论环境怎样辛苦，父母的正向乐观态度，是造就孩子拥有自信心与信任的最大因素。父母不要妄自菲薄，不要小看自己的孩子，要找出他的长处，肯定他，他以后会十倍地来报答你。

十五、综合益智玩具

玩具名称：粉红塔。

玩具组件：由10个体积为1—10立方米，且长、宽、高等差为1厘米的粉红色立方体构成。

近期教育功能：锻炼抓捏、敲击、垒高等动作和手眼协调能力；认识红色；培养立体知觉；透过视觉辨别物体大小；孩子自由摆弄。

后期教育功能：垒高搭塔（3层、4层、更多层）；比较大小（最大的和最小的比较，较大的和较小的比较，任意两个比较）；排序（从大到小，或从小到大；从2个排序，到3个排序，到更多个排序）；感知正方体的特征；自由想象（亲子想怎么玩就怎么玩，孩子想怎么玩就怎么玩）。

玩具的运用：可与本丛书中的相关游戏活动结合（多见于“精细动作”“视觉空间”“数理逻辑”“认知与探索”活动中），也可单独开展游戏活动。但不要勉强孩子玩超越其能力水平的玩具和游戏。

名家名言

如果教育者希望从一切方面去教育人，那么，就必须首先从一切方面去了解人。

（苏联教育家　乌申斯基）

第十二章　11—12个月儿童的发展与教育

本章导读

敏感期：11个月大的孩子处于信任感建立敏感期（0—1.5岁）、依恋明确期（7个月—2岁）、语音辨别敏感期（6个月—1岁）、味蕾敏感期（6个月—1岁）、手的敏感期（8个月—2岁）、理解语意敏感期（8个月—1.5岁）、视觉敏感期（0—1岁）、口腔敏感期（0—1岁）、感知动作思维发展敏感期（0—2岁）、听觉敏感期（0—2.5岁）、大肌肉发展敏感期（0—3岁）、感官发展敏感期（0—6岁）、空间敏感期（0—6岁）等多个敏感期。相关敏感期的表现特点与教育指导详见“第二篇 0—1岁儿童敏感期与教育指导”。

营养与保健：对以母乳喂养为主且至今尚未断奶的孩子，家长可以考虑从本月开始，最多到12个月结束的时候完成断奶任务。

视觉空间：在“认识颜色”方面，以前的“认识”方式是“感知”（主要是视觉刺激，再加上大人对刺激物的描述），从本月起，要求孩子能够用手“指认”（用手指出来）某一指定的颜色。

粗大动作：本月动作发展的主要任务是锻炼孩子独自站立、手足爬行、扶持迈步的能力。

语言发展:11 个月左右的孩子进入了“语言—动作”的条件反射快速形成时期,教孩子说话时,家长仍要以“肢体语言和发音”相结合的方式,以帮助孩子加强“语言与事物”之间的联系。

看图与阅读:11 个月大的孩子具有了初步的看图能力,家长可以为孩子选择一些识图卡片或图画书,和孩子一起看。重在引起孩子对看图画书的兴趣,千万不要强迫孩子和你一起看。

情绪情感:11 个月大的孩子已能用表情和动作清楚地表达自己的情绪和情感。在日常生活和亲子交往中,家长要以身示范、潜移默化,引导孩子用正确的方式表达自己的情绪和情感。

发展进程与教育指导

一、营养与保健

（一）营养保健常识

饮食能力与断奶：11个月左右的孩子咀嚼和消化能力已大大提高。辅食开始变成主食，母乳、牛奶变成辅食。如果孩子饮食已成一定规律，数量和品种增多，营养能够满足身体生长发育的需要，就可以考虑给孩子断奶了。况且，此时母乳分泌量及营养成分已大大减少，如不断奶，孩子易患佝偻病、贫血等营养不良性疾病。

（二）家庭养育指导

1. 辅食

辅食种类可适当增加，多尝试肉质食品。孩子吃的东西要弄得碎小一点，少放盐、少放糖。

2. 婴儿不宜食品

像瓜子、花生、糖果等小而滑、坚而硬的食品。像元宵、年糕、粽子等黏性食品。像咖啡、浓茶、辣椒等刺激性食品以及太甜、太腻的食品。以上这些都是婴儿不宜食品。家长应该给孩子选择营养丰富、易消化、口味淡的食品。不要吃糖和巧克力，不喝碳水化合物饮料，如汽水。

二、护理与自理

（一）发展进程与目标评价

1. 进食

11个月大的孩子，会从一般的杯子中喝水。吃饭时想拿勺，拨弄食物。会旋转手腕，用汤勺在杯中搅动、尝试自己进食。（10个月 · 12个月）

2. 穿戴

能伸胳膊伸腿配合妈妈给自己穿衣服。大人给自己穿袜子、穿鞋时能

伸脚。(10 个月 · 12 个月)

(二) 实现途径与养育指导

妈妈喂孩子,孩子喂娃娃:用一大一小两个鞋盒为材料制作一个娃娃模型(小鞋盒做成头,大鞋盒做成身体,连接处用胶袋黏合。)“头部”画上五官,把“嘴巴”切割成大大的“开口”。“头部”后面打开一扇门,以便把喂进去的“饭”倒出来。也可把娃娃稍作装饰,如戴个帽子。以后,妈妈喂孩子时也给他一套餐具(真假均可),让孩子模仿给娃娃喂饭(以颗粒状物品或玩具当作“饭”)。

三、视觉空间

(一) 发展进程与目标评价

颜色 · 指认:11 个月大的孩子,能准确分辨红、黄、蓝、绿。(10 个月 · 12 个月)

【小贴士】一般来说,教孩子认识和分辨颜色可以从周岁左右开始。开始时主要是认识红、黄、蓝、绿四种基本颜色。

(二) 实现途径与教育指导

分辨颜色:先将“红”“黄”“蓝”“绿”中任意两种颜色的物品摆在一起,让孩子分辨并指认这两种颜色。反复辨认两周后,再将“红”“黄”“蓝”“绿”四种颜色的物品混在一起,让孩子辨认:“哪种是红色?请宝宝用手指出来。”“哪种是黄色?请宝宝用手指一指。”

四、粗大动作

(一) 发展进程与目标评价

1. 手足爬

11 个月大的孩子,能以双掌与双脚做熊式四点式爬行。(10 个月 ·

12个月）

2. 坐立转换

能从坐姿站起来。能稳稳地独自站立。（10个月·12个月）

3. 蹲站转换

能从站姿蹲下去。能弯腰捡东西。（10个月·12个月）

4. 转身

坐姿时能左右自如地转动或移动身子去够取玩具，不跌倒。（10个月·12个月）

5. 扶物迈步

拉着两只手能走；能一只手扶栏挪步。（10个月·12个月）

6. 扔

可以把东西扔出去，且喜欢扔东西，听到东西落地的声音会显得很开心。（10个月·12个月）

（二）实现途径与教育指导

1. 独站训练

让孩子拿一些较大的单手拿不住的玩具，如大皮球，孩子要拿稳它就必须双手接住，这时他就会暂时放掉扶着东西的手来接玩具，迫使自己双脚站稳。

2. "手—脚"爬行训练

让孩子趴在床上，大人双手抱着孩子的腰部，使其小屁股抬高，膝盖离开床面，小腿蹬直，两条胳膊支撑着。然后用玩具逗引孩子往前爬。以后可根据爬行情况逐渐减少辅助，用玩具和语言鼓励孩子自己爬行。

3. 亲子协同迈步

家长拖着孩子腋下或双手，让孩子的双脚分别站在大人的双脚面上。大人小幅向前迈步，同时带动孩子向前移步，以培养孩子行走的感觉。

4. 扔玩具

给孩子一些能发出响声、耐摔打的玩具，如响铃、内有铃铛的小球等，和孩子一起来回扔玩具，或让孩子自己把玩具扔出去，再爬或走过去把玩具捡回来。

五、精细动作

（一）发展进程与目标评价

1. 捏

能用拇指和食指指端捏取小东西。（10个月·12个月）

2. 戳

会用拇指及食指戳穿、拉扯东西。

3. 投放

会把东西装入容器内，再将它取出。（→9个月）

4. 揭盖

会对盒子、瓶子的盖子感兴趣，并试图打开。（8个月·14个月）

5. 撕纸

能将纸撕成碎片。（9个月·15个月）

6. 叠高

用拇指、食指与中指，自积木的上端拿起，将2块积木叠高。（10个月·12个月）

（二）实现途径与教育指导

1. 手指戳面团

引导孩子将面团或橡皮泥用手指捏或用手掌压成薄饼后放在桌上，再用手指在薄饼上戳出洞洞。

2. 打开杯盖

拿一个带盖的塑料杯，让孩子练习用大拇指和食指将杯盖掀开，再盖上，反复练习。

3. 学习撕纸

把纸交给孩子，让他任意地撕、扯、拉、揉。撕完后可引导孩子继续玩撕碎的纸，但要防止孩子吃纸。

4. 模仿搭积木

家长示范，边堆积木边说“大的在下，小的在上”。把堆好的两块积木放在一边，让孩子照样子堆积木。如果孩子不感兴趣，家长可先搭第一块，让他搭第二块，必要时可手把手地教他搭，搭好后立刻表扬他。

六、音乐与律动

（一）发展进程与目标评价

节奏：11 个月大的孩子，能跟着成人的节拍，尝试用简单的音乐玩具（如响板或铃鼓）敲打节拍。（→11 个月）

【小贴士】随着音乐做动作可增强孩子对肢体的控制，音乐不仅可以使孩子动起来，还可以培养孩子安静倾听的能力，使孩子易分散的注意力较长时间的集中。

（二）实现途径与教育指导

1. 学敲节奏

妈妈和孩子拿着简单的乐器，如响板或铃鼓。妈妈敲一下，让孩子跟着敲一下，妈妈敲两下，孩子跟着敲两下，或者妈妈敲出一个简单节奏让孩子跟着学。

2. 跟妈妈学拍手

妈妈和孩子面对面，让孩子注意观察并倾听妈妈是怎样拍手的，然后让孩子学着妈妈拍手的方式拍手。妈妈可根据孩子的模仿情况调整拍手方式和难易程度。

七、学习能力

(一) 发展进程与目标评价

1. 记忆

11个月大的孩子,能认识自己的玩具、衣物;会用目光寻找或用手指出成人说的东西;当面把东西藏起来,会去寻找。记忆保持时间只有几天,不加强化就会忘记。记忆还是无意识的,只对一些形象具体、鲜明、有兴趣的东西容易记住,记忆还很不准确。(10个月·12个月)

2. 注意

11个月大的孩子注意力的持续时间短暂,只能在短时间内坐着,常常只有几分钟。因此,即使是孩子喜欢的活动也要尽量做到短小。(8个月·15个月)

3. 模仿

乐于模仿大人的活动和面部表情。(9个月·12个月)

(二) 实现途径与教育指导

1. 照镜子

在孩子面前放面小镜子,孩子可以由妈妈抱着照。照的同时妈妈可以指点孩子认五官,和孩子说话,来吸引孩子的注意力。

2. 镜像游戏

家长和孩子面对面,家长做一个动作,孩子跟着模仿。刚开始给孩子的动作要简单一些,速度也尽量放慢,等孩子熟悉后,可以互换角色,增加活动的趣味。

3. 小手指一指

家长和孩子面对面坐好,让孩子跟着家长做动作。比如,家长一边指着自己的鼻子,一边说:"鼻子、鼻子、鼻子。"孩子也指着自己的鼻子。当家长指着嘴巴，说“嘴巴、嘴巴、嘴巴”时，孩子也用手指着自己的小嘴巴。这样可以吸引孩子的注意，让他学会观察和模仿。

八、发音与语言

（一）发展进程与目标评价

1. 非语言交流·应答

11个月，对简单的问题能用眼睛看、用手指的方法做出回答。会一些表示词义的动作。（10个月·12个月）

2. 语音

会连续发da—da—da等简单的音。（10个月·15个月）

3. 音韵

能正确模仿音调的变化。（9个月·13个月）

4. 理解

能领悟一些简单的动作或手势而有所反应。比如，会听名称指物，当被问到孩子熟悉的东西或图片时，会用小手去指。（10个月·12个月）。

5. 模仿说话

开始模仿成人说话的发音，而且所发的音开始与一定的具体意义相联系，但这种联系是极为有限的，发音也还不确切，不清楚，要靠成人去猜才能懂。（10个月·12个月）

6. 倾听

能听懂一些有具体实物或动作伴随的词语。（6个月·13个月）

【小贴士】11个月大的孩子所能听懂的词还很少，如果词语没有实物或动作的伴随，孩子是听不懂的。

7. 听从指令

11 个月左右的孩子进入了“语言—动作”的条件反射快速形成时期。开始渐渐懂得一些词义，会按照妈妈的指示去做一些事情。（10 个月 · 13 个月）

8. 语词

能含含糊糊地说一些单字词或叠音词。见到常用的东西能用单音重叠的方式说出它的名字，如“帽帽”。有时自言自语地说些别人听不懂的话。（10 个月 · 12 个月）

【小贴士】在 9—12 个月之间，一些孩子开始明白事物是有名称的。一旦坚定地树立了这个观念，他就想听到每件事物的名称。图画书是了解名称的最好工具。

9. 阅读

11 个月大的孩子具有了初步的看图能力，会饶有兴趣地看各种色彩鲜明、形象逼真的图片和照片。（→12 个月）

（二）实现途径与教育指导

1. 说话训练

从 11 个月开始，可以从训练孩子学说人的称呼开始教孩子说话，先从家庭成员开始，妈妈、爸爸、奶奶、爷爷等，还可以用照片引导孩子将认识的事物和发音结合起来。学说五官和自己的身体的名称，一边指着器官或肢体，一边教孩子说鼻子、眼睛、嘴巴、耳朵、手、脚丫等。结合具体场合，一边做手势，一边教孩子说“是”“不”“拿”“要”等词汇。经常把声音和动作结合起来，比如说到“我不吃”的同时，伴以摇头动作；说到“我要吃”的同时，做点头动作。在日常生活中，应当经常对孩子在生活环境中能接触到的事物进行语言描述，让具体事物与声音经常联系在一起，以便于孩子的理解和记忆。

2. 给孩子提供识图卡片

运用专门的孩子识图卡片，让孩子辨识卡片上的图画，如水果、蔬菜、动物、日常生活用品等，给孩子读出卡片上的内容，每天坚持。一旦孩子对熟悉的卡片不感兴趣，就要更换新的，撤换掉的卡片过几天再拿回来以便温习。

3. 和孩子一起看图画书

所选的图画书应比较结实，书中图画要大一些、颜色鲜艳、线条简单。1岁以内的孩子主要看单幅的识物图画（即一张图片上只有一个人或一个物品）。图片最好能反映出与孩子贴近的生活环境。看图画书时，家长指着图片的同时用语言来说明每张图片。要不时地向孩子提出有关图片的简单问题，以鼓励孩子参与谈话，每个问题后都要停顿一下，留给孩子反应的时间。对孩子发出的每个声音和做出的手势都要给予及时的肯定与评价。

4. 备选儿歌

（1）枇杷——枇杷果，黄又圆，吃起来，甜又鲜。

（2）红枣——大红枣，个儿小，甜又脆，营养好。

（3）菠萝——大菠萝，金黄黄，削掉皮，喷喷香。

（4）萝卜——大萝卜，圆又大，红衣服，绿头发。

（5）积木——大积木，真漂亮，搭火车，搭楼房。

（6）布娃娃——布娃娃，真听话，我带你，过家家。

5. 备选读物

（1）《0岁视觉 & 触觉 BOOK · 黑白世界》

（2）《0岁视觉 & 触觉 BOOK · 彩色世界》

(3)《0岁视觉 & 触觉 BOOK·真实的世界》

九、数理逻辑

(一)发展进程与目标评价

1. 客体永存性

11个月大的孩子,喜欢玩藏东西的游戏,而且会坚持寻找藏起来的东西。(10个月·12个月)

2. 因果关系

逐步建立了时间、空间、因果关系,如看见母亲倒水入盆就等待洗澡。(9个月·12个月)

3. 关系性游戏

开始把事物的特征和事物本身(如狗叫声与狗)联系起来。(10个月·15个月)

4. 比较

已能明确区分两个物品的大小,并能尝试区分物品的细小部分。(10个月·12个月)

【小贴士】一般从10个月开始,孩子的感觉运动反应的发展进入了新时期。孩子能够把一个玩具拿在手里,仔细地观看,改变几种不同的握法,从不同的角度观看、把玩等,因而孩子已能把许多不同的动作整合成一个活动系统。到1岁左右,这种动作系统更加多样和复杂,孩子的动作会更具有灵活性和自主控制能力。对孩子来说,他把玩具扔出去并看着玩具落地,然后又要求大人帮他把玩具捡起来,反复之间可能就在探索把玩具抛掷后从哪里能够得到它,孩子正是通过这种游戏的过程构建他自己的感觉运动系统的。

（二）实现途径与教育指导

1. 找玩具

准备一些颜色鲜艳的玩具，用一块透明的玻璃挡在玩具前面。游戏时，孩子看见玩具会马上伸手去抓，但只能碰到玻璃，拿不到玩具。家长可当着孩子的面，从玻璃旁绕过去在玻璃后面把玩具拿过来玩，并教孩子这个动作。

2. 引入概念

大人指向一个物体，然后描述这个物体是“大”还是“小”，是“红”还是“绿”，是“热”还是“凉”，等等。只要可能，就用物品或动作来说明概念。当然，所引入的概念必须是具体的，孩子可感知的。

3. 分辨大和小

将大和小的饼干各一块放在桌上，告诉孩子“这是大的”“这是小的”。用口令让他拿大或小的，拿对了就奖励给他吃，拿错了就再教一次。再用玩具和日常用品让孩子反复练习，巩固“大”和“小”的概念。

4. 大盒装小盒

给孩子两个大小不同但形状相同的鞋盒（或保鲜盒），家长示范、孩子模仿，将小盒装入大盒。

十、认知与探索

（一）发展进程与目标评价

1. 探索性行为

11 个月大的孩子，喜欢到处翻看；喜欢拿东西当鼓敲；喜欢把东西从容器中拿出、放进；会对盒子、瓶子的盖子感兴趣，并试图打开。（10 个月 · 12 个月）

2. 探究领域 · 使用工具

9—12 个月，在看到示范之后，能使用工具。（→15 个月）

【小贴士】会使用工具是孩子认识和探索世界的必要技能，而使用工具首先是从学会操作玩具开始的。

（二）实现途径与教育指导

1. 鼓励孩子自由探索

在确保孩子安全的情况下，放手让孩子自由自主地探索。在孩子探索的过程中，父母只需静静地守望，不随意催促、不随便插嘴、不随便出手帮忙。在孩子遇到困难时不露痕迹地给予适当的帮助。如果父母对孩子的探索行为妄加阻止或训斥，不但会压制孩子的好奇心和探索欲，还会伤害孩子的自信心。

2. 操作玩具

提供按钮、杠杆、罗盘等能产生视听效果的玩具。父母首先示范如何操作这些玩具，然后让孩子模仿。在提供操作性玩具时，最好每次只提供一种，以便孩子能够对一种玩具进行充分地操作和探索。

十一、情绪情感

（一）发展进程与目标评价

1. 情绪表达

11 个月大的孩子，能对成人的吩咐用表情或动作来表达乐意或不乐意。当希望落空时，很容易受挫或是会轻易发脾气。（10 个月 · 12 个月）

2. 情绪表现 · 恐惧

10—12 个月的孩子对陌生的场所或场景已经有了恐惧感，他会仔细地观察父母的表情，通过父母的表情来判断自己所处某种情景是否安全可靠，是否可以尝试。（10 个月 · 12 个月）

3. 情感表现表达·依恋

对亲人特别是对妈妈的依恋仍在增强。(9 个月·14 个月)

4. 情感表现表达·好恶感

能清楚地表达自己的情感,对人和事物有喜憎之分,比如不喜欢的东西,他会用手推开,或者干脆扔到一边。(10 个月·13 个月)

(二) 实现途径与教育指导

1. 正确地表达情绪

(1) 多带孩子外出玩耍,遇到事情时,父母要适当地表达自己的情绪,让孩子通过观察父母的行为,学习表达情绪的正确方式。

(2) 当孩子发脾气的时候,一定要冷静地对待他,不要以吼叫对吼叫来跟他对抗。

(3) 当孩子去探索一些陌生的事物时,只要不是确实危险的事情,父母那种大惊小怪的表情就不要露在脸上,多一些鼓励的表情,能让他变得更加勇敢。

2. 将照片作为慰藉物

处在分离焦虑期的孩子,当他与家人分离时,可把父母的照片拿给孩子看,既可以转移孩子的注意力,也可以慰藉孩子的依恋情感。

3. 分辨表情

父母在孩子面前经常做出高兴和生气的表情,让孩子知道什么是喜,什么是怒。也可做出喜欢(如笑着拍手,嘴里说“我喜欢! 我喜欢!”)或不喜欢(如皱着眉、摇着手,嘴里说“不喜欢! 不喜欢”)的表情。也可以让孩子尝试模仿。

十二、社会认知与交往

(一) 发展进程与目标评价

1. 认识他人·辨识熟人

11 个月大的孩子,能指认出家庭成员的照片。(9 个月·12 个月)

【小贴士】孩子一般是先能认出他人的照片，然后才能认识自己的照片。

2. 交往态度

开始表现出对他人的关怀和注意，如会轻抚正在哭闹的孩子。（10个月·12个月）

3. 交往技能·分享

当别人用手势或语言提出分享要求时，会把玩具给别人玩。比如，在游戏中自己拿玩具并把玩具给别人。（10个月·12个月）

4. 规则·执行要求

能执行大人提出的简单要求。（10个月·12个月）

5. 社会性游戏·亲子游戏

和大人玩躲猫猫游戏时，自己会躲猫猫（比如用毛巾把自己的头蒙起来），等待大人去找。（10个月·12个月）

（二）实现途径与教育指导

1. 看图片认家人

找几张家庭成员的近期单照和合影。先让孩子看着照片，然后大人一边握捏着孩子的手指指着照片中的人，一边问孩子“这是谁呀?”然后再牵着孩子的手指指着在场的照片中的人“这是爸爸”。再给他看自己的照片，认一认自己。

2. 独立与合群

1岁左右的孩子看似一个矛盾体，他一方面会变得更有依赖性（比如，每次父母一走出房间，他就可能开始哭叫），同时也更有独立性，他会越来越渴望自己做事，渴望探索新的地方，还愿意和不熟悉的人交朋友。因此，

1岁左右的孩子正处在一个交叉路口上。给他机会，他就会逐渐变得更加独立，比如更愿意跟外人交往（不管是成人还是孩子），更加自立，更加开朗。如果他被管得很紧，远离别的孩子，而且习惯于父母的陪伴，那么，他就需要更长的时间才能学会跟外人交往。最重要的是，要让1岁左右的孩子与一直照顾他的人有一种牢固的依恋关系。有了这种坚实的感情依靠，交往的能力就会最终形成。

十三、自我意识与个性

（一）发展进程与目标评价

1. 自我认识·镜像

11个月大的孩子，会伸手试拍镜子中自己的影子。（10个月·12个月）

2. 自我认识·身体

有初步的自我意识，能模仿父母指出自己身体的某些部位，如头、脚、鼻子、嘴巴、眼睛等。（10个月·12个月）

【小贴士】自我意识：就是一个人认识、洞察、反省自身的能力，表现为能正确地意识和评价自身的情绪、动机、欲望、个性、意志，并在正确的自我意识和评价基础上形成自尊、自律和自制的能力。对于幼儿来说，自我意识主要包括三个方面的能力：自我认识的能力、自我评价的能力，以及自我调节的能力。自我认识的对象包括自己的身体、自己的动作行为以及自己的内心世界；自我评价包括掌握他人对自己的评价、在与他人的比较中对自己进行评价，以及自我反思；自我调节则包括活动的起始和终止、活动的转移和变换，心理过程的加速和减缓、加强和削弱，以及行为举止的自我监督和校正等方面。

3. 自主与独立

不喜欢大人搀扶和抱着,显示出更大的独立性。(10 个月 · 12 个月)

4. 自尊与评价

喜欢赢得大人的赞赏。(10 个月 · 24 个月)

(二) 实现途径与教育指导

1. 认识自己的身体

1 岁左右,妈妈就可以开始引导孩子逐渐认识身体的各个部分了。妈妈可以一边指着孩子身体的各个部位,一边清楚而缓慢地说出相应名称,如果能以有韵律的儿歌的形式说出来就更好了。也可以以游戏的形式教孩子,比如,妈妈先指着自己的嘴:"妈妈的嘴巴在这里。"而后手指在孩子面前画大圈:"宝宝的嘴巴在哪里? 在哪里……"可以重复问几遍以增加孩子的注意力和兴趣,最后快速地指向孩子的嘴:"在这里!"

2. 认识自己的行动

1 岁之前,孩子并不知道外在事物和他的关系,也不能将自己和外在的事物加以区分。妈妈可以通过强化偶然关系来加强孩子的理解。例如,孩子无意中碰到玩具小车,玩具小车就向前走了,孩子由此隐约感觉到了自己的动作的力量和结果,但还不能确信。妈妈就可以趁机肯定并强化孩子的这种认识,拿着孩子的小手再去有意识地碰玩具小车,然后和孩子一起观察玩具小车向前移动,并配合言语和眼神的交流,告诉孩子:"你的手一碰,玩具小车就走了。"多反复几次,孩子就会自然地将自己的动作和玩具小车的移动联系起来了。

3. 自己动手

独立性的建立始于自己动手,包括自己拿饼干、吃水果、抱瓶喝奶、用杯子喝水、自己进餐、配合穿衣服、戴帽子、独立坐便盆大小便等。因此,为了培养孩子的独立性,凡是孩子力所能及的事情都应该尽量让孩子尝试自己做。而成人包办代替的结果只能是孩子逐渐变得依赖和懒惰。

十四、综合益智玩具

玩具名称:泡沫软体积木。

玩具组件:积木有圆形、三角形、拱形、圆柱体、正方形、长方形等多种造型。

近期教育功能:锻炼孩子的抓握、敲击、垒高等动作和手眼协调能力;感知各种颜色;感知各种图形。

后期教育功能:垒高;感知各种立体几何积木的不同特征;归类(按不同颜色、不同形状归类);拼图(两个半圆拼成一个整圆等);建构与造型(搭建各种造型);自由想象(想怎么玩就怎么玩)。

玩具的运用:可与本丛书中的相关游戏活动结合(多见于"精细动作""视觉空间""数理逻辑""认知与探索"活动中),也可单独开展游戏活动。但不要勉强孩子玩超越其能力水平的玩具和游戏。

名家名言

母亲是儿童最好的教师,她给孩子的教育比所有的学校教育加起来还多。

(苏联教育家 克鲁普斯卡娅)

本篇重要参考资料

· 许积德,顾菊美.家庭育儿全书[M].上海:上海科学技术出版社,1997.

· 许积德.0—3岁育儿全程指导(第二版)[M].上海:上海科学技术出版社,2009.

· 范秀华.图解养育宝宝大百科[M].杭州:浙江科学技术出版社,2011.

· [美]克莱尔(Cryer,D.).0—1岁婴儿学习活动指导手册[M].鲍立铣,等译.上海:少年儿童出版社,2006.

· [美]赫尔(Herr,J.),斯温(Swim,T.).摇摇铃,脸对脸:0—6个月婴儿教养方案[M].秦佳,等译.北京:北京师范大学出版社,2007.

· [美]赫尔(Herr,J.),斯温(Swim,T.).咿咿呀呀弄声响:7—12个月婴儿教养方案[M].寇丽娟,等译.北京:北京师范大学出版社,2007.

· 郎景和.孕育经典全书[M].长春:吉林科学技术出版社,2009.

· 区慕洁.玩游戏学数学:0—6岁儿童数学能力培养方案[M].上海:第二军医大学出版社,2001.

· [日]多湖辉.这样培养孩子行吗[M].王洁,译.北京:商务印书馆,2003.

· [日]松田道雄.育儿百科[M].王少丽,等译.北京:华夏出版社,2002.

· [德]卡尔·威特.卡尔·威特的教育[M].刘恒新,译.北京:京华出版社,2001.

· [美]M.S.斯特娜.M.S.斯特娜的自然教育[M].张艳华,译.北京:

京华出版社,2001.

· 陈鹤琴. 家庭教育[M]. 上海:华东师范大学出版社,2006.

· 戴淑凤. 中国儿童早期教养工程·1~3 岁方案[M]. 北京:中国妇女出版社,2006.

· 何松明,等. 0~6 岁宝宝养育万事通[M]. 南京:江苏科学技术出版社,2009.

· 张凡. 宝宝智能方程:0~4 岁婴幼儿能力训练与测评[M]. 上海:上海科学技术文献出版社,2008.

· 陈国鹏. 0~3 岁宝宝智能开发全书[M]. 上海:上海科学技术出版社,2009.

· 高丽芷. 感觉统合·上篇·发现大脑[M]. 南京:南京师范大学出版社,2008.

· 高丽芷. 感觉统合·中篇·全脑开发[M]. 南京:南京师范大学出版社,2008.

· 高丽芷. 感觉统合·下篇·因材施教. [M]. 南京:南京师范大学出版社,2008.

· GESELL 量表.

· 金正扬. 幼教儿歌[M]. 上海:上海社会科学院出版社,1999.

· 徐兴华,等. 实用儿童歌谣大全[M]. 南京:江苏少年儿童出版社,1993.

· 梁庆伟. 塑造完美品质的亲子游戏全集[M]. 北京:海豚出版社,2010.

· 洪兰. 让孩子的大脑动起来:如何成为孩子脑力发展的好帮手[M]. 南京:南京师范大学出版社,2010.

· 洪兰. 科学教养与学习:如何用对的方式教孩子[M]. 南京:南京师

范大学出版社,2010.

· [美]维科夫,优内尔. 孩子不好好吃饭,妈妈怎么办? [M]. 毛娜,译. 上海:上海锦绣文章出版社,2010.

· [英]艾莉森·马洛尼. 好妈妈的第一本亲子游戏书[M]. 刘国伟,译. 南昌:江西科学技术出版社,2010.

· [英]克里斯·斯蒂芬. 好爸爸的第一本亲子游戏书[M]. 杨永辉,译. 南昌:江西科学技术出版社,2010.

· [英]"合家欢"编辑部. 全家一起玩的亲子游戏[M]. 刘国伟,译. 西安:陕西师范大学出版社,2010.

· [德]卡斯特-察恩,莫根罗特. 每个孩子都能好好吃饭[M]. 陈素幸,译. 北京:中信出版社,2010.

· 张峰. 聪明宝宝科学养育全书[M]. 重庆:重庆出版社,2009.

· [美]布兰思福特,等. 人是如何学习的:扩展版[M]. 程可拉,等译. 上海:华东师范大学出版社,2013.

· 邓静云. 育儿万事通[M]. 南京:江苏科学技术出版社,1994.

· 王振宇. 儿童心理学[M]. 南京:江苏教育出版,2006.

网络资源

- 宝贝中心(baby center) http://www.babycenter.com
- 育婴百科大全 http://www.bbcms.net
- 太平洋亲子网 http://www.pcbaby.com.cn
- 搜狐母婴 http://baobao.sohu.com
- 育儿网 http://www.ci123.com
- 摇篮网 http://www.yaolan.com
- 中国家庭教育网 http://www.jiaj.org
- 中国育婴网 http://www.babyschool.com.cn
- 39 健康网 http://www.39.net

F

Family
Education